W0201452

Unvergessen

Unvergessen

Ein Buch von Ursula Elsner, Zeitzeugin
des Bombenangriffs am 13. Februar 1945

Literareon

MIX
Papier aus verantwortungsvollen Quellen
FSC® C003147
FSC
www.fsc.org

Bibliografische Information der Deutschen Nationalbibliothek:
Die Deutsche Nationalbibliothek verzeichnet diese Publikation
in der Deutschen Nationalbibliografie.
Detaillierte bibliografische Daten sind im Internet
über http://dnb.d-nb.de abrufbar.

Umschlagabbildung: df_m_0005031 von Walter Möbius,
Fotothek (Neumarkt, Blick vom Türkenbrunnen zur Frauenkirche

© 2013 Ursula Elsner

Printed in EU
Literareon im Herbert Utz Verlag GmbH
Tel. 089 – 30 77 96 93 | www.literareon.de

ISBN 978-3-8316-1654-1

Dresden, wie es einmal war

Blick über den Neumarkt mit Frauenkirche, Foto: Walter Hahn, 1943, Fotothek

Inhalt

Es gibt ein Leid, das keine Worte findet und einen Schmerz, den selbst die Zeit nicht heilt

Diese Zeilen fand ich im Nachlass meiner Mutter. Mit zittriger Schrift hatte sie den Satz unter ein Bild ihrer so geliebten Frauenkirche geschrieben. Ihr Herz hing an Dresden und die Tränen, die sie wegen der tragischen Schicksalsschläge, den Verlust ihrer Wohnstätte und des Gotteshauses weinte, sind für mich unvergessen.

Als meine Mutter, Johanna Jahn, im April 1994 im Alter von 89 Jahren ihre Augen für immer schloss, ging ihr sehnlichster Wunsch, einmal über die Schwelle der wieder errichteten Frauenkirche zu schreiten, leider nicht in Erfüllung. Obwohl sie sich Hoffnungen machte, deren Wiederaufbau in seiner Vollendung erleben zu dürfen, das Schicksal wollte es anders. Gott rief sie zu sich. Mutter fand ihre letzte Ruhe auf dem Heidefriedhof in Dresden.

Mein Vater starb schon mit 47 Jahren. Er hatte es nie verwinden können, dass er infolge der Luftangriffe am 13. Februar 1945 auf unsere Stadt seinen Arbeitsplatz für immer verlor. Zu sehr war er in seinem Amt als Kircheninspektor mit der Frauenkirche verbunden. Als sein Lebensinhalt zerbrach, er Dresden verlassen musste, war Vater ein gebrochener Mann. Er erholte sich von dieser Enttäuschung nicht mehr. Eine schwere Krankheit raffte ihn dahin. Die Beisetzung fand im Januar 1948 in aller Stille in seinem Geburtsort Crimmitschau statt.

Immer wieder denke ich an die Zeit zurück, als meine Eltern noch lebten. Mutters Blicke waren so verklärt, wenn sie von der wunderbaren Zeit schwärmte, die sie in Dresden verbrachte. Auch mein Vater war stolz auf seine Anstellung an der Dresdner Frauenkirche. Natürlich kann ich mich noch an viele Begebenheiten erinnern, die ich als Kind in meiner Heimatstadt erleben durfte. Dankbarkeit vermischt sich mit Wehmut, wenn ich mein Leben Revue passieren lasse.

Den Tod meiner Eltern habe ich als sehr schmerzhaft empfunden. Ihre Persönlichkeit prägte maßgeblich mein Leben. Es ist für mich ein Bedürfnis, dieses Buch ihnen zum Andenken zu widmen. Deshalb ist das Eintauchen in frühere Zeiten das Resultat einer aus dem Reichtum der Erinnerungen sprudelnden Quelle, die unerschöpflich zu sein scheint. Das Buch gibt Aufschluss über meine unbeschwerte Kindheit, das strenge Sittenbild der dreißiger Jahre und das bittere Ende, hervorgerufen durch ein totalitäres Herrschersystem, dessen Grausamkeiten keine Grenzen kannten. Der schwierige Neuanfang und das Wunder der Auferstehung aus Ruinen sind weitere Stationen meines Lebens, die sich lohnen, erzählt zu werden. Meine Aufzeichnungen, die den Versuch unternehmen, die Vergangenheit teilweise noch einmal in ihrer Schönheit und Tragik aufleben zu lassen, sollten als Vermächtnis für künftige Generationen verstanden werden. Als eine Mahnung, dass nie wieder ein Krieg unser schönes Dresden in Schutt und Asche legen möge und ein Appell an die Menschheit, dafür Sorge zu tragen, dass die neu errichtete Frauenkirche noch viele Jahrhunderte unbeschadet über der Elbe thronen werde.

Meine Eltern

Als mein Vater Georg Jahn, Sohn eines Tischlermeisters, im Mai 1929 Johanna, der jüngsten Tochter des Glasermeisters Bruno Ehrhardt aus Neumark im Vogtland das Jawort gab, besaß er bereits die Zusage, an der Frauenkirche in Dresden eine Tätigkeit im Pfarrbüro als Kirchenverwaltungssekretär aufzunehmen. Mutter war selig. Durch diese Eheschließung konnte sie endlich dem »Provinznest«, wie sie immer sagte, den Rücken kehren und das Großstadtleben genießen. Vielleicht war das ein ausschlaggebender Grund bei Mutters Partnerwahl. Möglich wäre das schon gewesen.

Großvater Jahn war keineswegs darüber erfreut, als sein ältester Sohn den Wohnsitz nach Dresden verlegte. Er hatte fest damit ge-

Meine Eltern

rechnet, dass die von Generation zu Generation vererbte Tischlerwerkstatt eines Tages von ihm übernommen würde. Doch mein Vater erlitt mit vierzehn Jahren in der Lehre einen Arbeitsunfall. Beim Bearbeiten von Holz erfasste der Antriebsriemen einer Kreissäge sein rechtes Bein und verletzte es so schwer, dass die Amputation des Unterbeins nicht zu vermeiden war. Dieser Unfall veränderte sein Leben. Die Gewissheit, auf Dauer behindert zu sein, belastete ihn sehr. Manche Tätigkeiten konnte er nicht mehr ausüben, auf vieles musste er verzichten. Fortan trug Vater ein Kunstbein. Das lange Stehen in der Werkstatt machte ihm zu schaffen. Die Tischlerlehre gab er auf.

Eigentlich hatte mein Vater kein besonderes Interesse an einem handwerklichen Beruf. Er wollte viel lieber ein Medizinstudium aufnehmen. Doch dieser Bildungsweg kostete eine Menge Geld und das konnten seine Eltern nicht aufbringen. Ein Kunde bekam von seinem geheimen Wunsch Kenntnis und war bereit, das Studium zu finanzieren. Und weil er selbst keine Nachkommen hatte, wollte er meinen Vater adoptieren. Doch Großvater Jahn lehnte entschieden ab. Wenn es ihm auch schwerfiel, sechs Kinder zu ernähren, aber eines davon wegzugeben, wäre für ihn völlig undenkbar gewesen. Später dachte mein Vater oft an die verlockende Perspektive und verschwieg nicht, dass er das Angebot gern angenommen hätte.

Mein Vater wandte sich dann einem ganz anderen Berufszweig zu, einem Werdegang, der seinem Glauben entsprach. Da ihm kirchliche Seelsorge und Bildung junger Menschen am Herzen lag, machte er sich in Bielefeld-Bethel mit der Wissenschaft der christlichen Erziehung vertraut und vertiefte im Anschluss daran sein Wissen noch einige Jahre in der Diakonie in Moritzburg bei Dresden. Die Ausbildung in dieser Einrichtung bestand in erster Linie aus christlicher Gemeindearbeit und Krankenpflege. Auch die Fächer Finanzwesen, Pädagogik und Psychologie standen auf dem Lehrplan. Ordnung, Disziplin und Sauberkeit wurden ebenfalls mit Strenge den jungen Diakonen anerzogen. Auch die Tonkunst kam nicht zu kurz.

Jeder Zögling musste ein Instrument beherrschen lernen. Dank des breit gefächerten Studiums entwickelte sich mein Vater zu einem bekennenden Christen und stellte sein Leben aufopferungsvoll in den Dienst der Kirche.

Anfang 1930 nahm mein Vater die Arbeit im Pfarramt der Frauenkirche auf. Meine Eltern zogen in eine Dienstwohnung auf der Moritzstraße. Der Umzug in das Kirchenhaus auf dem Neumarkt Nummer 3 sollte zu einem späteren Zeitpunkt erfolgen. Die Wohnung war noch belegt.

Schon nach kurzer Einarbeitungszeit wurde mein Vater in den Kirchenvorstand gewählt. In den darauf folgenden Jahren qualifizierte er sich neben seiner Tätigkeit noch an verschiedenen Bildungsstätten. Daraufhin betraute man ihn mit dem Amt eines Kircheninspektors, das heißt eines Beamten mit Pensionsansprüchen. Eine Stelle, die vollauf seinen Wünschen entsprach und ihn und die Familie finanziell absicherte.

Von Dienstbeginn an arbeitete mein Vater im Büro und nach Feierabend war er größtenteils in der Kirche zu finden. Bei seinen Rundgängen prüfte er die Sicherheit und Sauberkeit in den kirchlichen Räumen, schaute in die Betstübchen und kontrollierte die Vollständigkeit des Inventars. Einen nicht geringen Teil seiner Freizeit verbrachte er in seiner Funktion als Leiter des Posaunenchors. Mit seinen Bläsern studierte er stundenlang Musikstücke ein und oft übten sie auch bei uns zu Hause in der guten Stube. An kirchlichen Feiertagen, hauptsächlich am Heiligen Abend, blies Vater mit seinen Posaunisten fromme Weisen vom Turm des Gotteshauses, und auch der Jahreswechsel wurde mit Kirchenliedern und Chorälen begrüßt. Für mich brachte das immer Nachteile. Obwohl ich den Besuch des Christkindes kaum erwarten konnte, fand bei uns wegen Vaters Abwesenheit die Bescherung erst am späten Abend statt und das neue Jahr war auch schon einige Minuten alt, ehe er vom Turmblasen nach Hause kam.

Mit besonderer Vorliebe setzte sich mein Vater auf die Orgelbank vom »Dresdner Dom«, so wurde die Frauenkirche damals genannt, und spielte auf der Silbermannorgel kirchliche Werke. Ab und zu begleitete er auch in Kindergottesdiensten den Gesang des Nachwuchses auf diesem Instrument. Für Vater war das Spielen auf dieser berühmten Orgel die Erfüllung seiner Träume.

Auch meine Mutter war eine gläubige Christin und mit der Frauengemeinde eng verbunden. Es war für sie ein Bedürfnis, ihre wenigen freien Stunden mit sozialer Arbeit zu verbringen, da zu sein, wenn jemand Hilfe brauchte. Diese uneigennützige Tätigkeit nahm sie bisweilen sehr in Anspruch.

Mangelte es an Reinigungskräften in der Kirche, sprang Mutter immer ein. Mit Feuereifer polierte sie die silbernen Leuchter auf dem Altar und bestückte sie mit Kerzen. Auch die Abendmahlkelche wienerte sie so lange, bis sie sich darin spiegeln konnte. Mit Kamm und Bürste frischte sie das platt gesessene, dunkelrote Samtgestühl vor dem Altar wieder auf und so manche Heiligenfigur musste sich von ihrem Staubwedel an der Nase kitzeln lassen.

Auch beim Großreinemachen kurz vor Ostern war Mutter dabei. Stellte sich heraus, dass das dunkelbraune Kirchengestühl einer Auffrischung bedurfte, war sie nicht zu bremsen. Nach dem Auftragen der Möbelpolitur rutschte sie mit einem Flanelltuch auf der Bank so lange hin und her, bis sie alles schön verrieben hatte. Ihre findige Methode garantierte, dass keine Rückstände den Kirchgang der Besucher trübten.

Aufgrund ihrer klangvollen Stimme sang meine Mutter oft im Kirchenchor mit. Wenn Vater zu den Gottesdiensten mit ihr im Betstübchen saß und Mutters Gesang übertönte den seinen, war er von ihrem wohlklingenden Sopran sehr angetan. Vater ermunterte sie, sich ausbilden zu lassen, aber durch die familiären und anderweitigen Verpflichtungen fehlte ihr die Zeit dazu.

Des Öfteren ließ sich meine Mutter im Centraltheater auf

der Waisenhausstraße Plätze reservieren. Die Operette »Land des Lächelns« musste sich Vater mehrere Male mit ansehen. Auch verpasste sie kaum eine Premiere in den Filmpalästen der Prager Straße. Verzückt tanzte sie mit Johannes Heesters in den Himmel hinein und bei dem Revuefilm »Immer nur Du« war sie hin und weg. Sie bestätigte Zarah Leander, dass Liebe keine Sünde sei und die auf die Leinwand gebannte »Große Liebe« rührte sie zu Tränen. Mutter schwebte dann verträumt auf Wolke sieben und Vater hatte Mühe, sie wieder zurück auf die Erde zu holen.

Den Kaffee am Sonntagnachmittag trank meine Mutter gern im »Hotel Bellevue«, einem vornehmen Restaurant gegenüber dem Opernhaus. Die Gasträume gestatteten einen herrlichen Blick auf die Elbe und das japanische Palais auf der Neustädter Seite. Mein Vater ließ sich lieber im »Italienischen Dörfchen« am Theaterplatz verwöhnen. Es stand nicht weit vom Hotel entfernt und war ebenfalls eine Perle von Dresden. Beim Bau der Katholischen Hofkirche quartierten sich in dieser Herberge italienische Künstler und Bauarbeiter ein. Von da an nannten die Dresdner das ehemalige Domizil der Bauleute »das italienische Dörfchen«.

War meine Mutter bei Freunden eingeladen, behauptete sie stets, dass das Eis aus der italienischen Eisdiele von der Schlossstraße das leckerste sei, das sie je genossen habe und ihrer Meinung nach würde nur der Christstollen aus dem »Café Kreutzkamm« am Altmarkt die allerbeste Qualität aufweisen.

Auch vergaß sie nicht, das Missgeschick zu erwähnen, welches Vater ereilte, als er an einer Kirchenkonferenz in Berlin teilnahm. Bei dem anschließenden Kaffeetrinken bekam er vermutlich ein altbackenes Törtchen serviert. Als er das Stück mit der Kuchengabel mundgerecht teilen wollte, schnellte es über die Tafel und landete auf dem Teller des Kirchenrats. Der schaute ihn verdutzt an, lächelte aber gnädig. Vater wäre vor Scham am liebsten in den Erdboden versunken. Mutter durfte ihn niemals mehr daran erinnern.

Meine Kindheit

Eigentlich wollte ich gar nicht so schnell auf die Welt kommen. Wie meine Mutter mir später erzählte, wartete die Hebamme ungeduldig auf meinen ersten Schrei. Doch ich nahm mir Zeit. Die Geburtshelferin hatte vermutlich keine, denn als ich auf ihr mehrmaliges Schütteln nicht reagierte, gab sie mir ein paar spürbare Klapse auf den Po. Dieser unfreundliche Empfang brachte mich sogleich in Rage und schwer beleidigt kündigte ich mit einem krächzenden Laut am 8. Juli 1930 mein Dasein an.

Mutter war erleichtert, Vater hingegen ein wenig enttäuscht. Hoffte er doch, zuerst einen männlichen Nachfolger in den Stammbaum der Familie eintragen zu können. Wenn sich auch sein Wunsch nicht erfüllte, dennoch war er sehr stolz auf sein kleines Töchterchen.

Leider musste ich die ersten Tage meines Lebens auf die Körperwärme meiner Mutter verzichten. Über Nacht bekam sie im Wochenbett hohes Fieber. Die Gaumenmandeln schwollen an. Sie rang immerfort nach Luft. Ihr Zustand verschlechterte sich von Tag zu Tag. Nachdem der Hausarzt seine medizinischen Möglichkeiten ausgeschöpft hatte, versuchte meine Großmutter mit einem bewährten Hausmittel die Beschwerden ihrer Tochter zu lindern. Unentwegt legte sie ihr heiße, in ein Tuch gewickelte, gestampfte Kartoffeln auf Hals und Brustkorb. Das half. Endlich ging es mit meiner Mutter wieder bergauf. Überglücklich schloss sie mich in ihre Arme.

Die erste denkwürdige Begegnung mit der Frauenkirche hatte ich, als mein Vater mich über das Taufbecken hielt, und der Pfarrer mit der Namensgebung und dem Segen Gottes die Taufe vollzog. Er benetzte mein Gesicht mit kaltem, kirchlichem Weihwasser, und wenn ich den Worten meiner Mutter glauben darf, soll ich bei dieser Prozedur laut geschrien haben. Dieses unerwartete Nass riss mich unsanft aus meinem Schlummer und verschreckt fuchtelte ich mit den Ärmchen herum. Dabei verrutschte der Taufschleier und das Kleidchen geriet in Unordnung. Das war Vater peinlich. Störte ich doch mit meinem Gezappel und dem Geschrei die feierliche Handlung. Doch der Pfarrer ließ sich nicht aus dem Konzept bringen. Er segnete mich und gab mir den Taufspruch: »Befiehl dem Herrn deine Wege und hoffe auf ihn, er wird's wohlmachen.« Dieser Psalm 37,5 aus der Bibel begleitete mich ein Leben lang in Höhen und in Tiefen.

Bei der Namensgebung wählte meine Mutter den Rufnamen Ursula aus, mein Vater die Vornamen Minna und Emma. Die stammten von den Großmüttern. Mutter fand diese schrecklich altmodisch, doch Vater meinte, damit würde ich beide nie vergessen. Das tat ich dann auch. Was mich aber wütend machte, waren die Hänseleien meiner Spielkameraden. Sie riefen mich andauernd »Minchen« und das gefiel mir nun ganz und gar nicht. Außerdem neckten sie mich und sangen:

Meine Min, die alte Lerch,
Ging des Sonntags in de' Kerch.
Der Pastor sagte: »Minchen klein,
Setz brav dich in de' Kerche nein.
Und bet's Du fleißig und bist fromm,
Wird's Minchen in den Himmel komm«.

Die ersten drei Lebensjahre verbrachte ich mit meinen Eltern in einer kirchlichen Dienstwohnung auf der Moritzstraße Nummer 4 im vierten Stock. Zwei große, hohe Räume, die ihre besondere Note durch die üppigen Stuckverzierungen an der Decke erhielten. Außerdem gehörten noch eine Küche und eine fensterlose Abstellkammer, ein Alkoven, dazu. Wohn- und Schlafstube lagen auf der

Seite der Moritzstraße, und da die nicht sehr breit war, konnte ich direkt in die gegenüberliegende Wohnung blicken. Jeden Morgen turnte dort ein junger Mann mit Bartbinde am offenen Fenster. Er reckte und streckte sich, zeigte ungeniert seinen bloßen Oberkörper. Und wenn er dann noch seine im Dutzend dargebotenen Kniebeugen machte, rührte ich mich nicht von der Stelle. Die wollte ich auf gar keinen Fall verpassen. Zu Beginn erschien er am Fenster in voller Größe, dann tauchte er ab. Sein Kopf kam erneut zum Vorschein, doch ehe ich mich versah, war er wieder weg. Das wechselweise Hoch und Runter bereitete mir Vergnügen. Nur Mutter meinte, es schickt sich nicht, ihm dabei zuzusehen.

Wie ich mich entsinnen kann, flog das Luftschiff »Graf Zeppelin« Anfang der dreißiger Jahre einmal ziemlich tief über Dresden hinweg. Der Himmel verdunkelte sich und das Schiff warf seinen Schatten auf die Häuser. Meine Eltern standen mit mir am Fenster und beobachteten das ungewöhnliche Schauspiel. Beim genauen Hinsehen konnten wir sogar die Umrisse der Passagiere in der Gondel erkennen. Auch ich wäre gern einmal mit diesem Luftschiff um die Welt gefahren, aber leider stürzte es Jahre später ab und ging in Flammen auf.

Einen Musikschrank mit eingebautem Grammofon schafften sich meine Eltern gleich nach der Hochzeit an. Mutter legte immerfort »Heinzelmännchens Wachtparade« auf, während Vater Platten des seinerzeit berühmten Tenors Richard Tauber bevorzugte. Durfte ich einen Wunsch äußern, gab ich wegen der schellenden Glöckchen und dem Peitschenknallen der »Petersburger Schlittenfahrt« den Vorzug. Und weil beide Elternteile sehr musikbesessen waren, erklangen vorwiegend zu meiner Bettgehzeit ihre Lieblingsmelodien aus dem Lautsprecher. Dieses Gedudel ersetzte mehr oder weniger Mutters Schlaflied.

Als Erstes lernte ich von meiner Mutter das Beten. Schon als kleines Mädchen konnte ich ohne Fürbitte nicht einschlafen und

Graf Zeppelin, Foto: Walter Hahn, Fotothek

ohne die Anrufung Gottes, so glaubte ich, würde sicher manches schief laufen. Erfahrungsgemäß ließen sich komplizierte Aufgaben mit einem Stoßgebet gen Himmel besser lösen als ohnedies.

Eines Tages brachten Möbelträger ein Klavier angeschleppt. Mutter fiel aus allen Wolken. Eine gelungene Überraschung meines Vaters. Damit erfüllte er sich einen lang gehegten Wunsch. Ab sofort stand bei uns Hausmusik auf der Tagesordnung. Auch ich musste meinen Teil dazu beitragen. Mutter nahm mich unter ihre Fittiche und übte mit mir die Tonleiter rauf und runter, das leidige Notenlesen inbegriffen. Neben »Hänschenklein« und dem diebischen Fuchs brachte sie mir mit viel Geduld den »Flohwalzer« bei. Vermutlich stellte ich mich gar nicht so dumm an, denn meine Eltern befassten sich mit dem Gedanken, ihr Töchterchen beizeiten einer Klavierlehrerin anzuvertrauen. Diese Dame war schnell gefunden, und so gehörte das Üben auf dem Klavier ab dem vierten Lebensjahr zu meinen täglichen Pflichten.

Urplötzlich erkrankte meine Mutter an Leukämie. Ihr Blutbild gab Anlass zur Sorge. Der Hausarzt empfahl ihr, Malzextrakt in hoher Dosierung einzunehmen. Die Apotheken boten aber nur kleine Packungen an. Bei der Firma Liebig hingegen konnte man das Mittel in jeder gewünschten Menge und zu günstigen Preisen erwerben. Deshalb fuhren wir ziemlich oft mit der »Elektrischen« zum Fabrikgebäude der Firma außerhalb Dresdens und kauften kiloweise das in großen Blechdosen abgefüllte Pulver. Ich erhielt immer eine kleine Werbeprobe gratis. Von nun an musste meine Mutter davon täglich mehrere Portionen zu sich nehmen. Nach ungefähr einem Jahr trat Besserung ein und der Arzt war zufrieden.

Als bei so einem Einkauf der Direktor dieser Firma meine Mutter als treue Kundin begrüßte und einen Blick auf mich warf, wollte er unbedingt Fotos von mir anfertigen lassen. Seinem Wunsche nach sollte mein Bildnis die Etiketten der Dosen schmücken. Mutter freute sich, konnte sie sich doch mein Konterfei auf der Verpackung gut vorstellen. Nur Vater war dagegen. Eine Vermarktung seiner Tochter kam für ihn nicht infrage. Leider platzte durch diese Absage der Traum vom großen Geld. Die Enttäuschung darüber sah man meiner Mutter an, dem Direktor ebenfalls.

Bedingt durch seine Ausbildung achtete mein Vater sehr auf Ordnung und Disziplin. Seine Unnachgiebigkeit bekam ich zu spüren, als ich einmal beim Mittagessen lebhaft mit den Beinen baumelte. Fortlaufend stieß ich mit den Filzschuhen, die beiderseitig mit einer Metallschnalle versehen waren, an die Stuhlbeine. Ich hatte Spaß daran, mein Vater offenbar nicht. Ihm ging das kratzende Geräusch auf die Nerven. Wortlos lief er aus dem Zimmer, holte Bindfaden und band meine Füße am Sitzmöbel fest. Erschrocken verfolgte ich sein Tun. Ein äußerst unangenehmes Gefühl, die Beine nicht mehr bewegen zu können. Diese Erziehungsmethode war zwar ungewöhnlich, aber sehr wirkungsvoll. Um Vater nicht wieder auf die Palme zu bringen, ließ ich künftig das Baumeln in seiner Gegenwart sein.

Irgendwelche Sonderregelungen gab es bei uns zu Hause nicht. Vater billigte keine über den Rahmen hinausgehenden Extras. Selbst beim Essen achtete er auf das Einhalten der Regeln. »Was auf den Tisch kommt, wird gegessen«, gab er mir immer zu verstehen. Allerdings waren mir Spinat und Grünkohl zuwider. Schon der Geruch löste bei mir Übelkeit aus. Trotzdem durfte ich meinen Platz erst verlassen, wenn der Teller leer war. Auch Fisch schmeckte mir in keiner Weise. Doch Vater duldete keine Ausnahme. Aber an einem Neujahrstag, meine Mutter hatte »Karpfen blau« zubereitet, verlief das Festmahl anders als sonst. Widerwillig kaute ich an einem Stückchen Fisch herum. Plötzlich verfing sich beim Hinunterschlucken eine Gräte in meiner Speiseröhre und stach mich in den Hals. Ich schnappte nach Luft, lief rot an. Nur das beherzte Zugreifen meines Vaters weit in den Rachen hinein verhinderte Schlimmeres. Buchstäblich in letzter Minute holte er die Übeltäterin aus meiner Kehle. Das Gute daran war, vorerst ersparte mir Vater das leidige Fischessen.

Dennoch interessierte ich mich weiterhin für Mutters Einkäufe in den Fischhallen auf der Webergasse. In großen Glasbehältern schwammen, dicht aneinandergedrängt, die unterschiedlichsten Arten von Speisefischen. Entschloss sich meine Mutter zum Kauf, fischte der Verkäufer mit dem Köcher das gewünschte Exemplar aus dem Becken. Manchmal tauchte der Auserwählte im Fischgewühl wieder unter. Meine Freude war groß, wenn ihm die Flucht vor dem Kochtopf gelang. Natürlich musste dann ein Anderer dran glauben. Der bekam einen kräftigen Schlag hinter die Kiemen und endete in einem Stück Zeitungspapier.

Insgesamt gesehen hatte so ein Einkaufsbummel seine besonderen Reize. Oft schlenderte ich mit meiner Mutter durch die belebte Innenstadt und drückte mir die Nase platt an den zauberhaft dekorierten Schaufenstern der Spielzeugläden, die für jeden Kinderwunsch bestens gerüstet waren. Besuchten wir zu guter Letzt noch das Kaufhaus Renner auf dem Altmarkt, fuhr ich, während Mutter ihre Besorgungen erledigte, auf der Rolltreppe pausenlos hoch und runter. Ein Vergnügen, das ich voll auskostete.

Tropfte in der Küche der Wasserhahn oder streikte der Abfluss, schickte Vater meine Mutter in die Klempnerwerkstatt, die sich im Hinterhof der Kleinen Kirchgasse Nummer 11 niedergelassen hatte. Diese Gasse war eine höchst merkwürdige Gasse. Gleich am ersten Hauseingang begehrten oftmals Männer mittels eines Metallklopfers Einlass. Was mich allerdings wunderte, trotz mehrmaligem Betätigen desselben öffnete sich die Pforte nicht. Nur ein kleines Fenster in der Tür ging auf und ein Frauenkopf kam zum Vorschein. Nach kurzem Wortwechsel schlüpfte der Besucher ins Haus oder er machte sich wieder aus dem Staub. Erstaunt blieb ich stehen, zeigte auf das weibliche Wesen und wollte von meiner Mutter wissen: »Warum darf das Mädchen nicht heraus? Warum sperrt man es ein?« Ein grell geschminktes Frauenzimmer lächelte aus dem Rahmen und winkte mir zu. Mutter wechselte sofort die Straßenseite und zog mich mit sich fort. Die Antwort auf meine Fragen ist sie mir schuldig geblieben.

Im Hinterhof der Moritzstraße 4 besaß die Frauengemeinde einen großen Saal. Jahr für Jahr fanden dort die traditionellen Weihnachtsfeiern statt. Sogar an den Adventssonntagen wurden Krippenspiele aufgeführt. Und da man der Meinung war, ich hätte Talent, stand ich schon von klein auf mit meiner Mutter auf der Bühne. Entweder ich verkörperte ein Kind aus Bethlehem oder tänzelte als Engel über die Spielfläche. Für diese Auftritte nähte mir Mutter Kittel aus Leinengewebe, die sie mit Ornamenten-Borte verzierte. Erforderte es die Rolle, band sie an meine Schultern Flügel aus schneeweißen Federn. Wie im Morgenland üblich, lief ich barfuß oder trug geschnürte Sandalen. Häufig brannte sie mir mit einem Lockenstab,

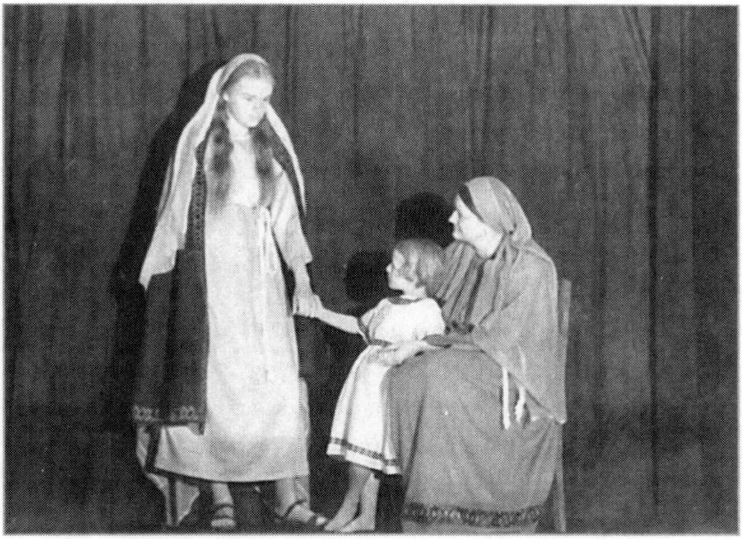

Meine Kindheit

den sie über einer offenen Flamme erhitzte, Löckchen ins Haar. Bisweilen kam es vor, dass sich bei unsachgemäßer Handhabung die Spitzen meiner hellblonden Haare bräunlich färbten. Das tat aber meiner Bühnentauglichkeit keinen Abbruch. Kleine Texte lernte ich auswendig und Lampenfieber hatte ich seinerzeit auch schon.

Auch bei der Ausgestaltung des Gemeindesaals legte meine Mutter mit Hand an und kümmerte sich um Speis und Trank. Selbst ich machte mich nützlich, deckte Tische mit ein oder trocknete das Geschirr ab. Als einmal bei einer Feier die Brötchen zur Neige gingen und ich welche holen sollte, vergaß ich den Namen der Backware. Es handelte sich um Schrippen, deren Name mir im Laden partout nicht einfallen wollte. Nach anfänglichem Stottern versuchte ich die Ware zu beschreiben und verlangte Semmeln, die in der Mitte einen »Strich« haben. Die bekam ich dann auch unter dem Gelächter der Bäckersfrau und ihrer Kundschaft.

Im Frühjahr 1933 verlegten meine Eltern ihren Wohnsitz von

der Moritzstraße in das Kirchenhaus auf dem Neumarkt Nummer 3. Wir bezogen eine geräumige Wohnung im 3. Stock, die in keiner Weise mit der vorherigen zu vergleichen war. Schon die einmalige Lage erwies sich als ein Gewinn. Auch Vaters Arbeitsplatz zwei Etagen tiefer konnte nicht vorteilhafter gelegen sein. Selbst ich profitierte von dem Umzug: Endlich hatte ich ein eigenes Zimmer.

Durch den Wohnungswechsel änderte sich an meinem Tagesablauf nichts Wesentliches. Der Freundeskreis blieb der gleiche und die Sorgen, die ich in dem Alter hatte, wurden dadurch auch nicht weniger. Denke ich zum Beispiel an die Rollerrennen auf den Gehwegen um das Lutherdenkmal, bekam ich ständig Minderwertigkeitskomplexe. Meine Freundin besaß schon einen modernen Tretroller, ich dagegen musste mich mit einem klapprigen Holzroller zufriedengeben. Und weil ich mich deswegen schämte, blieb ich von Mal zu Mal dem Rennen fern. Vater bemerkte das und ließ sich etwas einfallen. Als wir Wochen später das Osterfest feierten, ging ich gleich nach dem Frühstück auf die Suche nach den versteckten Süßigkeiten von »Meister Lampe«. Zuerst durchwühlte ich mein Zimmer, stellte alles auf den Kopf. Vergeblich, kein einziges Nest kam zum Vorschein. Auch als ich mich in den anderen Räumen umsah, entdeckte ich rein gar nichts. Zuletzt warf ich verstohlen einen Blick in die elterliche Schlafstube. Mir fiel auf, meine Mutter hatte die Betten noch nicht gemacht. Sie hingen locker über das Bettgestell herab und berührten fast den Fußboden. Diese Unordnung war ich nicht gewohnt. Neugierig kroch ich unter die Schlafstätte. Ich traute meinen Augen nicht. Am Fußende, von der Zudecke verhüllt, lehnte ein dunkelblauer Tretroller. Mein Wonneschrei war bis in die Küche zu hören. Mutter sagte: »Mit dem Paradestück gewinnst du garantiert jedes Rennen.« Erst wollte ich das gar nicht glauben, doch dann stand ich tatsächlich mit ihm auf dem Siegertreppchen.

Um einen Gegenspieler zu haben, brachte mir mein Vater beizeiten das Skaten bei. Eine Vorliebe von ihm, denn seine Mutter machte ihn von Kindesbeinen an mit dem Blatt vertraut. Ihr Standpunkt war: »Ehe sich meine Jungs auf der Straße herumtreiben, lehre ich ihnen lieber das Skatspielen.« Vater war der gleichen Meinung. Wo immer er es für angebracht hielt, bezog er mich in seine Freizeitgestaltung ein. Nicht nur für die Karten, auch für das Schachbrett hatte er eine Schwäche. Geduldig hämmerte er mir die Bedeutung der einzelnen Figuren ein und erwartete, dass ich mir jeden Zug gründlich überlege. Seiner Überzeugung nach brachte das Spiel das Hirn auf Hochtouren. Ich war mir da nicht so sicher. Obwohl ich mir stets Mühe gab, fiel es mir schwer, mich zu konzentrieren. Denn immer, wenn Vater bei einer Partie den Kopf auf seine Hand stützte und so ewig lange nachdachte, hätte ich in Morpheus' Arme sinken können.

Sogar in die Spielregeln des Tischbillards weihte mich Vater ein, wobei es schwierig war, sie zu befolgen. Denn einerseits reichte meine Nasenspitze nur knapp über die Bande und andererseits konnte ich mit dem langen Queue nicht so richtig umgehen. Vater nahm mir das nicht übel. Falls ich aber mit dem Ding den grünen Bezug des Tisches beschädigt hätte, was ohne Weiteres passieren konnte, wäre bei ihm keine Freude aufgekommen. Das Billard war ein Geschenk des Posaunenchors, und das hielt er in Ehren. Ansonsten machte es ihm Spaß, mir ständig etwas Neues beizubringen und meist war gute Laune angesagt, wenn ich ihm bei seinen Hobbys Gesellschaft leistete.

Bummel durch Dresden und Umgebung

Gelegentlich bummelte ich mit meinem Vater durch die Altstadt und bestaunte, ebenso wie er, die prächtigen historischen Gebäude und die unschätzbaren Kulturgüter, die nur wenige Städte aufzuweisen hatten. Neben der Frauenkirche konzentrierten sich im Zentrum zahlreiche Sehenswürdigkeiten. Viele der geschichtsträchtigen Baudenkmäler, sei es die Katholische Hofkirche, der Zwinger oder die Semperoper, um nur einige zu nennen, zogen uns angesichts ihrer architektonischen Schönheit in ihren Bann.

Häufig besuchten wir den Zwinger und auch im Schloss kannten wir uns gut aus. Aber am meisten beeindruckte mich das »Grüne Gewölbe«, die prunkvollste Schatzkammer Europas. Ehrfürchtig betrachtete ich die Kostbarkeiten in den Vitrinen. Besondere Anziehungskraft übte der in verschwenderischer Fülle mit Juwelen und Gold ausgestattete »Hofstaat des Großmoguls« aus, wie auch der berühmte »Kirschkern« mit den eingeschnitzten Gesichtern. Viele der erlesenen Schätze waren meinem Vater wohl bekannt. Wie ein erfahrener Kunstkenner führte er mich durch alle Räume.

Ein beliebtes Ziel war auch die Brühlsche Terrasse. Vom Neumarkt aus liefen wir am Hotel Stadt Berlin vorbei durch die Augustusstraße. Längs der Nordwand des Schlosses war der Fürstenzug zu sehen, eines der schönsten Kunstwerke Dresdens. Vater erklärte mir ausführlich die auf meißener Porzellankacheln dargestellte Geschichte der Wettiner. Was mich aber in Staunen versetzte: Er kannte alle Namen der Kurfürsten und Könige von Sachsen auswendig, gleich, ob sie zu Fuß oder hoch zu Ross in ihren Rüstungen oder prächtigen Gewändern auf dem Wandgemälde vorbeizogen. Ich dagegen konnte mir kaum einen davon merken. Zu zahlreich waren die von Jahrhundert zu Jahrhundert bildlich überlieferten Adelsgeschlechter.

Von dort ging es dann geradeaus zum Schlossplatz. Wie so oft stieg ich mit Vater die einundvierzig Stufen auf die Brühlsche Terrasse. Mitunter statteten wir noch dem Belvedere oder dem Albertinum einen Besuch ab. Bei dem nachfolgenden Rundgang vergaß Vater nie, mir den legendären Daumendruck des Kurfürsten August des Starken am Eisengeländer der Terrasse zu zeigen. Wenngleich er nicht sicher war, ob die Überlieferung der Wahrheit entsprach, trotzdem befühlte und bestaunte ich mit ihm diese Delle.

Auf dem Rückweg schlenderten wir zumeist am Elbufer entlang und erfreuten uns an den mit bunten Fähnchen und Lichterketten behangenen Schaufelraddampfern, die von den Anlegestellen aus die Fahrt auf der Elbe antraten. Erklang schwungvolle Musik, legte Vater meist eine Pause ein. Machten dann die Schiffer die Leinen los und die Bordkapelle spielte das Lied: »Muss ich denn, muss

Blick von der Brühlschen Terasse, Foto: Walter Möbius, Fotothek

ich denn zum Städtele hinaus«, kam Fernweh bei mir auf. Sehnsüchtig winkte ich mit Vaters Taschentuch den auslaufenden Schiffen hinterher.

Mit den Dampfschiffen hatte es so seine Bewandtnis. Noch sehr genau erinnere ich mich an einen folgenschweren Spaziergang auf der Brühlschen Terrasse. Wegen des schönen Wetters waren viele Ausflügler unterwegs und auch ich spazierte mit meinen Eltern den Promenadenweg entlang. Am Rietschel-Denkmal blieb Vater stehen und lehnte sich mit meiner Mutter lässig über das Geländer. Sie beobachteten den sonntäglichen Betrieb am Elbufer, versäumten aber, sich nach mir umzusehen. Ich ging derweil auf Entdeckungsreise. Um die An- und Ablegemanöver der Dampfschiffe besser verfolgen zu können, steckte ich arglos den Kopf zwischen die Eisenstäbe des Geländers. Als ich wieder zurück wollte, klemmte ich fest. Ich drehte und wendete mich, zappelte wie ein Fisch an der Angel. Leider spitzte sich durch meine fortwährenden Bewegungen die Lage zu. Dann wurde mir schlecht. Mein Hals schwoll an. Verzweifelt strampelte ich mit den Füßen und weinte laut. Meine Mutter kniete neben mir und versuchte mich zu trösten. Passanten eilten herbei, gaben gut gemeinte Ratschläge. Umsonst, die Feuerwehr musste anrücken. Die Retter bogen die Stäbe auseinander und befreiten mich aus dieser Zwangslage. Meinem Vater fiel es außerordentlich schwer, seinen Unmut zu verbergen. Künftig nahm er mich beim Spazierengehen fest an die Hand. Noch heute erkenne ich die Stelle am Geländer. Schmunzelnd laufe ich immer daran vorbei.

Viele Male bummelte ich mit meinen Eltern zum Palais im Großen Garten. Der Weg dorthin führte stets am Mosaikbrunnen vorbei, dessen unzählige farbige Steinchen in der Sonne glitzerten. Für Vater war das ein ausgesprochen reizvoller Hintergrund für seine Familienfotos. Nicht weit davon, hinter hohen Büschen versteckt, stand damals eine rustikale Gartengaststätte. Die weißlackierten, klappbaren Tische und Stühle lockten zahlreiche Besucher an.

Auch meine Eltern kehrten öfter dort ein. Aber das Schönste in dem Lokal waren für mich die zu beiden Seiten des Eingangs stehenden Automaten mit jeweils einem täuschend echt aussehenden Huhn obenauf. Wenn ich einen Groschen in den Schlitz steckte, dann auf den roten Knopf drückte, gackerte es lebhaft und ein glänzendes, in allen Farben schillerndes Blechhühnerei, gefüllt mit Liebesperlen oder rosa Pfefferminzplätzchen, purzelte heraus.

In dieser einladenden Wirtschaft spielte sonntags häufig eine Kapelle beliebte Dauerbrenner aus den zwanziger Jahren. Da blieb Vater gern noch ein Weilchen sitzen. Um nun die Evergreens ungestört genießen zu können, schob er mir meistens einige Zehner zu und ich plünderte mit Wonne die Hühnernester. Eigentlich war ich auf die Süßigkeiten gar nicht so erpicht, nur die bunten Eier sammelte ich für die Aufbewahrung von allerlei Krimskrams.

Manchmal besuchten wir auch den Zoo. Meine Mutter schwärmte für Raubkatzen und hätte gern den einen oder anderen Wüstenkönig an der Mähne gekrault. Ich dagegen fürchtete mich vor diesen gefräßigen Tieren, und wenn so ein Ungetüm den Rachen aufriss und seine Zähne fletschte, kratzte ich die Kurve.

Nicht weniger aufregend war der Besuch des Elefantenhauses. Interessiert schauten sich meine Eltern die Kunststücke der behäbigen Dickhäuter an. Dennoch war Vorsicht geboten, denn allzu oft wurden wir von einer Wasser- oder Sanddusche überrascht. Hinterher sah man wie ein begossener Pudel aus. Hatten wir die Elefanten zur Genüge betrachtet, liefen wir zum Freigehege der Affen, die mich mit ihrem possierlichen Gehabe und den verblüffenden Kletterkünsten stets aufs Neue begeisterten. Da fiel mir das Abschiednehmen vom Affenspielplatz schwer. Vater musste immer erst ein Machtwort sprechen.

Ein Spaziergang über die Augustusbrücke endete regelmäßig im »Narrenhäusel«, einer beliebten Gaststätte am Neustädter Elbufer. Von da aus hatten wir einen traumhaften Blick auf das Stadtpanorama. Die Frauenkirche stand so dominant in der Mitte und wir fanden, würde dieser imposante Bau fehlen, wäre Dresden um einen Edelstein ärmer. Auch die Brühlsche Terrasse und die Kunstakademie mit dem goldenen Engel obenauf erfassten wir in ihrer ganzen Schönheit. Wir konnten von Glück reden, in dieser bewundernswerten Stadt zu Hause zu sein.

Blick von der Marienbrücken, Foto Walter Möbius, Fotothek

Das Kirchenhaus am Neumarkt Nummer 3

Das hell getünchte Haus mit den vier Etagen nebst Dachgeschoss gehörte damals der evangelisch-lutherischen Kirche. In dem Gebäude wohnten ausschließlich kirchliche Angestellte der Frauenkirche mit ihren Familien. Auch die Gemeindeschwestern der Diakonie waren hier zu Hause. Entgegen der Regel hatte sich eine Filiale von »Pfunds Molkerei« im Parterre niedergelassen. Ein kleiner, florierender Laden, mit einer bemerkenswerten Auswahl an Molkereiprodukten.

Fast jeden Tag schickte mich meine Mutter mit einem Emaillekrug die Treppen hinunter, um Milch zu holen. Mitunter drückte sie mir ein Markstück in die Hand und ich durfte mir »KABA«, ein gesüßtes Kakaopulver, mitbringen. Eine Schleckerei, von der ich nie genug bekommen konnte. Reichte mir die Verkäuferin eine Packung über den Ladentisch, spürte ich schon ein Pfützchen auf der Zunge.

Was diesen Milchladen betrifft, so ist mir eine Begebenheit Anfang der vierziger Jahre im Gedächtnis haften geblieben. Als ich einmal mit meiner Mutter wartend am Verkaufstisch der Gebrüder Pfund stand, kam ein kleines Mädchen herein, auf deren schwarzen Mantel ein gelber Stern zu sehen war. Und weil sich dieser aufgenähte Himmelskörper drastisch vom dunklen Stoff abhob, fiel er mir sogleich ins Auge. Ohne Scheu ging ich auf sie zu und berührte ihn. Nachfolgend beklagte ich mich bei meiner Mutter, warum ich nicht auch so etwas Schönes tragen darf. Die Verkäuferin schaute sich erschrocken im Laden um, die anderen Kunden sahen verlegen zu Boden. Wortlos packte mich Mutter am Arm und überstürzt verließen wir den Verkaufsraum. Vater meinte nach ihrem Bericht: »Euch schaffen sie noch mal fort!«

Später begriff ich, dass alle in Deutschland ansässigen Bürger jüdischer Abstammung diesen Stern tragen mussten. Er bedeutete eine systematische Ausgrenzung dieser Menschen. Einen Umgang mit ihnen wünschte die damalige Regierung nicht. Somit verstieß ich gegen die Vorschriften. Doch ich empfand für das Mädchen die gleiche Zuneigung wie für jedes andere auch.

In der ersten Etage des Kirchenhauses war das Pfarramt der Frauenkirche untergebracht, in dem mein Vater als Kircheninspektor tätig war. Er verwaltete die Einnahmen der Frauenkirchengemeinde, stellte Bilanzen auf, registrierte Geburten, Hochzeiten und Sterbefälle. Falls ich meinen Vater im Büro besuchen durfte, verzog ich mich bei regem Publikumsverkehr zumeist in das kleine Zimmer nebenan, dem Archiv, und tippte auf einer klapprigen Schreibmaschine mühsam mit einem Finger meine ersten Briefchen. Oftmals bekam ich von meinem Vater den Auftrag, seine abgenutzten Farbstifte anzuspitzen. Das tat ich sehr gern, wobei Mutter im Anschluss daran deren Farben an meinen Händen und auf dem Kleidchen wieder fand.

Das Kirchenhaus am Neumarkt Nr. 3

Den christlichen Gemeindeschwestern mit ihren hübschen Diakonissenhäubchen war das zweite Stockwerk vorbehalten. Einmal lärmte ich mit einer Spielgefährtin unangemessen im Kirchenhaus. Johlend und kreischend rutschten wir das Treppengeländer hinunter. Als uns daraufhin eine ältere Schwester rügte, sangen wir lautstark das Lied: »Lasst doch der Jugend, der Jugend ihren Lauf.« Natürlich beschwerte sie sich bei meinem Vater über unser respektloses Verhalten. Natürlich musste ich mir eine gepfefferte Standpauke anhören, doch zum Glück zog sie keine Auflagen nach sich.

Nicht begreifen konnte ich damals, dass ein junges Mädchen aus unserem Bekanntenkreis eine Ausbildung als Diakonissenschwester für erstrebenswert hielt. Abgesehen vom weißen Häubchen traf die strenge Ordenstracht überhaupt nicht meinen Geschmack und auch für diese Anwärterin war das keinesfalls die passende Bekleidung. Wie sonst war es zu verstehen, dass sie sich immer nach Dienstschluss in Schale warf und in die Stadt spazierte? Mit ihrer blonden Haarfülle, die sie sonst keusch unter dem Häubchen versteckte, erkannte ich sie kaum wieder. Leider wohnte sie nur für kurze Zeit im Kirchenhaus. Auf ihre Schwesternlaufbahn musste sie verzichten. Sie hatte die Probezeit nicht bestanden.

Die komplette dritte Etage war damals mein Zuhause. Mit meinen Eltern wohnte ich in einer geräumigen Fünfzimmerwohnung mit Küche und Bad. Im Gegensatz zu vielen Häusern in der Innenstadt besaßen wir eine Toilette mit Wasserspülung, eine Emaillewanne auf Löwentatzen und einen großen Kupferbadeofen. Mein Kinderzimmer und die beiden Wohnstuben lagen auf der Südseite des Hauses. Von da aus hatten wir freie Sicht über den Neumarkt. Auf der Ostseite befand sich die elterliche Schlafstube mit der Frauenkirche als Gegenüber.

Im vierten Stock wohnte Kirchenoberinspektor Weihnert mit Frau und Tochter und im Dachgeschoss Kirchner Röhl mit Familie.

Unser Wohnhaus verfügte über einen Lichthof, der auf jeder

Etage ringsherum mit Fenstern versehen war. Betrat ich unsere Wohnung, kam ich zuerst in den Vorsaal, von dem rechts die Zimmer abgingen, die auf der Seite des Neumarkts lagen. Wenn ich in die Küche wollte, musste ich links um die Ecke biegen und an einer durchgehenden Fensterfront den Korridor entlanglaufen. An dessen Ende befand sich die Toilette, an deren Spülung eine silbrige Metallkette mit einem weißen Porzellanknauf zum Ziehen hing. Bog ich wieder um die Ecke, führte der Weg weiter an hohen Regalen vorbei, bis zu Mutters Speisekammer. Erst nach diesem Rundgang gelangte ich in die verhältnismäßig große Küche. Meine Eltern hatten sich dort ein komplettes Bad einbauen lassen. Zur damaligen Zeit ein gewisser Luxus, der nicht in jeder Wohnung zu finden war.

So schön und groß sich unsere Wohnung auch präsentierte, der weite Weg in die Küche war keineswegs von Vorteil. Wehe, wenn etwas auf dem Esstisch im Wohnzimmer fehlte, da musste einer von uns ums Ringel laufen, um das Gewünschte zu holen. In der Zwischenzeit wurde das Essen kalt. Deswegen servierte Mutter die warmen Gerichte grundsätzlich in Terrinen, und weil der Kaffee schön heiß bleiben sollte, stülpte sie der Kanne eine gehäkelte, wattierte Pudelmütze über.

Fast jeden Tag kamen Notleidende ins Kirchenhaus und baten um eine kleine Gabe oder eine warme Mahlzeit. Und da seinerzeit in den Haushalten mehrmals in der Woche Eintopfgerichte auf dem Speiseplan standen, hielt auch meine Mutter an dieser Tradition fest. Bei Bedarf stellte sie Schüsseln mit Essen für die Hungrigen auf das breite Fensterbrett im Hausflur und vielfach gab es Nachschlag. Meistens brachten die Bedürftigen ihre Kinder mit. Manche sahen in ihrer ärmlichen Kleidung so bemitleidenswert aus, dass ich ihnen unbedingt eine Freude machen wollte. Spontan trennte ich mich von einem Püppchen, einem Plüschtier oder von anderen Spielsachen. Drückten sie dann diese Dinge beglückt ans Herz, bereute ich keinen Augenblick, den Kindern etwas geschenkt zu haben.

Im Herbst, größtenteils zum Erntedankfest, brachten einige Landwirte aus der näheren Umgebung Dutzende von Hühnereiern ins Haus, zuweilen auch Obst und Gemüse. Die Landeier behandelte meine Mutter mit größter Sorgfalt, denn häufig lag beim Aufschlagen ein totes Küken in der Schale. Wollte sie es mir zeigen, war ich auf und davon. Auf diesen Anblick verzichtete ich lieber. Sogar die Einkellerungskartoffeln lieferten die Bauern frei Haus, und auch die Weihnachtsgans kam frisch geschlachtet vom Hof.

Von Zeit zu Zeit kam Vater in den Genuss echt bäuerlicher Spezialitäten. Das war immer der Fall, wenn einige Bauern den Angestellten der Kirchenkanzlei einen Korb hausschlachtener Wurst spendierten. In den Amtszimmern roch es dann wie in einer Metzgerei. Brachte Vater seinen Anteil mit nach oben, legte Mutter ihn zum Frischhalten in den kleinen Eisschrank, der in der Küche stand. Damals gab es noch keinen »Elektrischen«, da waren wir auf den Eismann angewiesen. Der fuhr mit einem Pferdefuhrwerk, auf dem er die Eisstangen mit einer Plane bedeckte, damit sie nicht schmolzen, von Straße zu Straße und versorgte die Haushalte mit seiner Ware. Die von den Kunden gewünschte Menge Gefrorenes wurde von ihm gleich vor der Haustür zerteilt. Um sich bemerkbar zu machen, schwang er eine große Glocke und mit ihren lauten, scheppernden Tönen lockte er die Käufer aus den Häusern. Auch meine Mutter gehörte zu seiner Kundschaft. Das erworbene Stück legte sie ins Kühlfach des Eisschranks. Doch die Haltbarkeit war begrenzt. Deshalb wartete sie, besonders in der warmen Jahreszeit, voller Ungeduld auf das erlösende Gebimmel vom Eismann.

Bewacht wurde unser Kirchenhaus seinerzeit von der Wach- und Schließgesellschaft. Einem zuverlässigen privaten Unternehmen, deren Mitarbeiter allabendlich das ordnungsgemäße Verschließen der Haustür prüften und durch ihre nächtlichen Kontrollgänge die Sicherheit unseres Hauses garantierten. Dadurch fühlten sich alle Bewohner beschirmt und wohlbehütet wie in Abrahams Schoß.

Ida, unsere Perle, und ich

Zur Bewältigung des Haushalts, als Hilfe für meine Mutter, stellte mein Vater ein Dienstmädchen ein. Sie hieß Ida und war damals 25 Jahre alt. Schon frühzeitig hatte sie ihre Eltern verloren. Die Kindheit und Jugendzeit hatte sie in einem christlichen Waisenhaus verbracht. Ida suchte eine Stelle mit Familienanschluss. Die konnte ihr mein Vater bieten. Als das junge Fräulein bei uns vorsprach, war ich sofort von ihr eingenommen. Ein liebenswertes Geschöpf, von der Figur her etwas füllig, aber sehr aufgeweckt. Ihre langen blonden Haare hatte sie zu einem Knoten zusammengesteckt, und damit die Frisur bei der Hausarbeit nicht durcheinander kam, trug sie immer ein Kopftuch. Ich bewunderte ihre wunderschönen blauen Augen und ihr gewinnendes Lächeln. Nie hatte sie schlechte Laune und kinderlieb war sie auch. Wir beide verstanden uns gleich vom ersten Tag an. Nebenbei bemerkt, Mutter war manchmal eifersüchtig auf sie.

Ida unterstützte meine Mutter bei den täglich anfallenden Hausarbeiten, säuberte die Wohnung, putzte Fenster und wusch die große Wäsche. Selbst das leidige Bügeln von Vaters Hemden ging ihr flott von der Hand. Darüber hinaus erledigte Ida alle notwendigen Besorgungen, die im Haushalt anfielen. In den Wintermonaten kam noch das tägliche Schleppen der schweren Kohleneimer vom Keller die drei Stockwerke hoch hinzu. Da musste sie nicht nur den Badeofen, sondern auch die beiden Stubenöfen mitheizen.

Dazu möchte ich eine kleine Episode einflechten, die meine Mutter erst nach Jahren zum Besten gab. Als kleines Mädchen war für mich der an jedem Sonnabend stattfindende Badespaß mit meinem Vater der Höhepunkt, auf den ich mich schon die ganze Woche freute. Unbefangen alberte und planschte ich mit ihm in der Wanne herum und zum Leidwesen von Mutter ging diese Neckerei nicht ohne Pfützen auf dem Fußboden ab. Mein Vater hatte dichtes schwarzes Haar und ich durfte ihm jedes Mal den Kopf waschen. Nach der Haarwäsche tauchte er zum Spülen unter Wasser, und erst, wenn ich ihn verängstigt hin und her schüttelte, kam er schnaubend und prustend wieder nach oben. Doch eines Tages nahm die unbeschwerte Spielerei eine überraschende Wende. Ich sah Vater prüfend an, tastete meinen Körper ab und vermisste das Teil von ihm, das meiner Ansicht nach bei mir fehlte. Weil ich aber keine Ruhe gab und diesen Makel nicht so ohne Weiteres hinnehmen wollte, hob mich meine Mutter kurzerhand aus der Wanne heraus. Vater schmunzelte und wollte mir sogleich den Unterschied zwischen den Geschlechtern erklären. Aber Mutter ließ ihn nicht zu Wort kommen. Von dem Tag an durfte ich nicht mehr mit Vater baden.

Lange grübelte ich darüber nach, warum Mutter so seltsam reagierte. Erst später wurde mir bewusst, dass meine kindliche Wissbegierde sie peinlich berührte. Ich wuchs in einer Zeit auf, in der die strenge Moral auch vor Kindern nicht haltmachte. Meine Mutter wusch sich nie vor mir und unbekleidet hatte ich sie auch noch nicht zu Gesicht bekommen.

Jede Festlichkeit feierte mein Vater gern in größerer Runde. Platzmäßig war das kein Problem, denn der Tisch in der Wohnstube verwandelte sich durch das Ausziehen der Platte in eine lange Tafel. Reichte das nicht aus, legte Ida noch in der guten Stube Gedecke auf. Der Freundeskreis meines Vaters nahm ständig zu, und wenn Mitglieder des Posaunenchors, einige Pastoren, der Superintendent oder andere kirchliche Würdenträger ihr Kommen ankündigten, kam Ida meist ins Schwitzen. Da wurde geputzt und geflimmert, als käme der »Heilige Vater« persönlich zu Besuch. Ida half bei der Zubereitung der Speisen, servierte das Essen, reichte die Getränke und kümmerte sich rührend um das Wohl der Gäste.

Vor allem an Vaters Ehrentag war Ida unentbehrlich. Und das aus gutem Grund. Da ihre Backkünste wider Erwarten den Wünschen meines Vaters entsprachen, hatte sie schon vom frühen Morgen an viel zu tun. Mit Freude erfüllte sie sein Verlangen nach sächsischen Spezialitäten und verwöhnte ihn und seine Gratulanten mit leckeren Bäben. Die Zubereitung von diesem Gebäck, in anderen Gegenden sagte man Napfkuchen oder Gugelhupf dazu, war eine echte Herausforderung für sie. Wobei sich die kniffligen Situationen erst nach Ende des Backprozesses einstellten, nämlich dann, wenn Ida sich bemühte, ihre Meisterwerke wohlbehalten aus der Form zu stürzen. Größtenteils gelang ihr das auch, vorausgesetzt es kam ihr niemand in die Quere. Ging alles erfolgreich vonstatten, bestäubte Ida die Bäben üppig mit Puderzucker oder überzog sie mit einem feinen Schokoladenguss. Sobald sie mit diesen Köstlichkeiten die Tafel deckte, zog ein unwiderstehlicher Duft durch alle Räume und es bedurfte einer gewissen Disziplin, nicht schon vor Beginn der offiziellen Feier in das Backwerk zu beißen.

Kurz bevor sich die ersten Besucher blicken ließen, klemmte sich Ida eine Kaffeemühle zwischen die Beine und mahlte die Bohnen zu Pulver. Anschließend filterte sie mehrere Kannen des aromatischen Getränks, und wenn sie es dann den Gästen kredenzte, waren alle des Lobes voll.

Wenn Vater aus gegebenem Anlass an Freunde und Kollegen Einladungen zum Abendessen verschickte, lief ich zuvor mit meiner Mutter auf die Prager Straße, um in den Auslagen der Feinkostgeschäfte Anregungen für das Garnieren der Abendbrotplatten zu finden. Aufmerksam betrachteten wir die zur Schau gestellten Delikatessen. Zu Hause versuchte Mutter mit Idas Hilfe manches nachzugestalten. Aus Butter formten sie kleine Schäfchen, aus Radieschen Rosen und aus Gurkenhälften bauten sie Schiffe. Auch Tomaten wurden hübsch angerichtet. Mit Mayonnaise betupft sahen sie wie Fliegenpilze aus. Brachte Ida die Kunstwerke auf den Tisch, bestaunten alle das Geschaffene. Dann strahlte sie und genoss jede Anerkennung in vollen Zügen. Nur ich bedauerte den Zugriff auf diese lukullischen Genüsse. Eigentlich war das alles viel zu schade zum Essen.

An manchen Tagen gaben sich die Gäste die Klinke in die Hand. Einmal kam ein junger Pastor zu Besuch, der keineswegs wie eine Respekt einflößende Persönlichkeit aussah. Eine hochgewachsene Mannsperson mit dem gewissen Etwas. Selbst die gestrenge Amtstracht stand ihm auffallend gut. Nach kurzer Begrüßung setzte er sich geradewegs an das offen stehende Klavier und spielte temperamentvoll die gängigen Schlager der damaligen Zeit. Erst schauten sich die anderen geladenen Herren erstaunt an, dann wippten sie mit den Füßen den Takt dazu und zum Schluss spendeten sie begeistert Beifall. Die Stimmung konnte nicht besser sein. Verzückt lauschte ich seinem Spiel. Auch Ida zuckte es in den Beinen. Doch Mutter scheuchte sie wieder zurück in die Küche.

Bei solchen Zusammenkünften musizierte Vater häufig auf seiner Geige. Trug er dann Stücke von Mozart, seinem Lieblingskomponisten vor, waren wir ganz Ohr. Voller Hingabe brachte er das Instrument zum Klingen und ohne zu übertreiben, er hätte glattweg als Solist auftreten können. Häufig bezogen mich meine Eltern in die Hauskonzerte mit ein. Meist saß ich mit hochrotem Kopf am Klavier und nicht selten hüpften vor meinen Augen die Noten auf dem Blatt rauf und runter. Schlich sich dann noch ein falscher Ton ein, war ich einer Ohnmacht nahe. Doch der herzliche Applaus der Zuhörer gab mir mein Gleichgewicht wieder. Ida stand immer im Türrahmen und drückte beide Daumen. Am Ende der Darbietung klatschte sie so lange, bis Vater ihr Einhalt gebot.

Ida war eine Perle. Lief ich über das frisch gewischte Parkett, nahm sie das gelassen hin. Oftmals erzählte sie mir lustige Geschichten und beim Fensterputzen trällerte sie ununterbrochen Ohrwürmer aus den Unterhaltungsfilmen der Ufa. Ich hatte Ida gern. Immer war sie für mich da und hielt den Kopf hin, wenn ich etwas verzapfte. Stets kümmerte sie sich um meine körperlichen und seelischen Wunden. Stillschweigend räumte sie meine herumliegenden Sachen auf und sorgte im Kinderzimmer für Ordnung.

Auch meine unberührten Pausenbrote verbarg sie vor den Blicken meiner Mutter.

Und als ich einmal vergaß, bei den Schularbeiten das Tischtuch zu entfernen und das Fässchen dunkelblauer Tinte kippte auf Mutters allerbeste Decke, stand Ida mir hilfreich zur Seite. Sofort beträufelte sie das Gewebe mit Zitronensaft, strich Kernseife darüber und weichte es in Seifenwasser ein. Gottlob, die Flecken verschwanden. Mutter bekam von alledem nichts mit.

Eines Tages lag ein druckfrisches Kochbuch auf dem Küchentisch. Als ich darin blätterte, erregte gleich auf der ersten Seite das Bild der Verfasserin meine Aufmerksamkeit. Mit ihrer hochgeschlossenen Bluse, der hässlichen Brosche am Hals und den grauen, hochgesteckten Haaren ähnelte sie einer Gouvernante. Und weil sie mich so giftig anstarrte, war mir die Dame höchst unsympathisch. Vielleicht sprach ich ihr zu Unrecht Eigenschaften zu, die sie in Wirklichkeit gar nicht hatte. Aber nach ihrem Äußeren zu urteilen, war sie in meinen Augen eine nahezu unterkühlte Person. Um ihr meine Abneigung zu zeigen, spuckte ich ihr Bildnis feindselig an. Mit der Zeit litt die Fotografie darunter, wurde wellig und verblich. Eines Tages kam mir Mutter auf die Schliche. Wie zu erwarten, hielt sie mir einen Vortrag über gutes Benehmen und verbat sich künftig solche Ausrutscher. Sogar Ida, die mein Vergehen glatt übersehen hatte, bekam einen Rüffel. Da aber diese unbeliebte Dame nicht von der Bildfläche verschwand, musste ich zu einem wirkungsvolleren Mittel greifen. Ich nahm eine Schere zur Hand und stach ihr ungerührt beide Augen aus. Endlich hatte ich Ruhe. Nun konnte sie mich nicht mehr so blöde angaffen. Mutter war außer sich, verschwieg aber Vater meine Missetat. Wenn ich auch mit meinem Verhalten gegen die Regeln des Anstands verstoßen hatte, trotzdem sonnte ich mich in meiner Rache. Bloß Ida tat mir leid. Sie fiel wegen mir in Ungnade. Erneut musste sie sich von meiner Mutter eine Gardinenpredigt anhören und versprechen, künftig besser auf mich aufzupassen.

Sommerferien bei den Grosseltern

Jedes Jahr fuhr ich in den Sommerferien zu meinen Großeltern nach Neumark im Vogtland. Diese Ferientage zählen mit zu den schönsten Erinnerungen meines Lebens. Meine Eltern dagegen reisten in der Urlaubszeit oft nach Bayern, gondelten mit der Seilbahn auf die Zugspitze und quartierten sich im Schneefernerhaus ein. Manchmal schipperten sie auch auf dem Rhein und statteten dem Kölner Dom einen Besuch ab. Eigentlich sollte ich sie auf diesen Reisen begleiten, doch ich weigerte mich entschieden, meine Ferien anderswo zu verbringen. Vornehmlich mein Vater versuchte mit lukrativen Zugeständnissen mir den Urlaub in einer attraktiveren Gegend schmackhaft zu machen. Trotz seiner Bemühungen gelang es ihm nicht, mich umzustimmen. Die Hoffnung auf unbeschwerte, verspielte Ferientage erfüllte sich einzig und allein bei meinen Großeltern. Nur bei ihnen konnte ich mich mal so richtig austoben, was nicht heißen soll, dass Großmutter alles erlaubte. Lediglich die strengen Regeln der Umgangsformen wurden bei ihr etwas lockerer gehandhabt.

Meine erste Fahrt dorthin unternahm ich schon mit drei Jahren. Mit Zustimmung des Bahnpersonals setzten mich meine Eltern mit Koffer und Umhängetasche in das Dienstabteil eines Personenzuges, der in Neumark haltmachte. Der Ordnung halber hängten sie mir noch ein Schild mit Name und Angabe des Zielortes um den Hals. Großmutter holte mich immer mit einem Handwägelchen vom Bahnhof ab.

Das Geburtshaus meiner Mutter, die ehemalige Schule von Neumark, kaufte Großmutter von dem Vermögen, das ihr Vater, ein Baumeister, ihr in seinem Testament vermacht hatte. Sie finanzierte davon die aufwendige Renovierung des Hauses, den Anbau einer Glaserwerkstatt mit modernsten Maschinen und beauftragte eine Firma, eine Lagerhalle für Fensterglas und Bretter auf dem Grundstück zu errichten. Damit erfüllte sich Großvaters Lebenstraum. Sein Meisterbrief gestattete ihm, eine Glaserei zu eröffnen und Gesellen einzustellen. Bald sprach sich das in der Gegend herum und Großvaters Auftragsbücher waren proppenvoll. Zum größten Teil hatte er das den Webereien zu verdanken, die sich nach und nach in Neumark und Umgebung ansiedelten. Sie trugen dazu bei, dass ihn zu keiner Zeit Existenzsorgen bedrückten.

Zu dem Grundstück gehörte noch eine Wiese mit Obstbäumen dazu. Einen Teil der Grünfläche benötigte Großmutter für ihre Kranzbinderei. Sie hatte eine Ausbildung als Floristin absolviert und um den Bedarf an Schnittblumen zu decken, legte sie Beete an und bepflanzte sie mit Sommerblumen, Astern und duftenden Rosen.

Sommerferien bei den Großeltern

Für mich als Großstadtkind war dieser üppig blühende Garten eine erholsame Oase.

Großmutters Ausbildung zahlte sich aus. Als sie ihr Gewerbe anmeldete, bekam sie viel Zuspruch. An manchen Tagen schellte ununterbrochen die kleine Ladenglocke. Besonders ihre ansprechenden Blumenbuketts waren sehr gefragt. Doch am meisten hatte sie zu tun, wenn es einen Trauerfall gab und der ganze Ort Anteilnahme zeigte. Dann fertigte sie auf Bestellung Kränze an und hängte sie zur Ansicht im Hausflur an die Wand. Suchten sich die Kunden einen aus, durfte ich den Auserwählten mit meiner Cousine Erika zur Leichenhalle bringen. Die aufgebahrten Verblichenen waren für uns keineswegs ein erhebender Anblick, aber diese Botengänge wurden immer mit ein paar Groschen belohnt. Deshalb frohlockten wir über jeden, der in den Sommerferien dahinschied und auf diese Weise unser Taschengeld ein wenig aufbesserte. Wenn auch das Gebimmel der Friedhofsglocke bei den meisten Menschen Trauer auslöste, bei uns dagegen kam Freude auf. Je nachdem, wie viele Aufträge uns Großmutter zuschanzte, entweder wir konnten uns lagenweise Stammbuchblümchen aus besticktem Stoff leisten oder es reichte nur für ein kleines Tütchen Brausepulver.

Wieder einmal sollten wir solch einen Auftrag ausführen, doch unterwegs kriegten wir uns in die Haare. Den mit Blumen und einer Trauerschleife versehenen Kranz wollte jede eigenhändig abgeben und auch das Entgelt für sich alleine haben. In Wut geraten stritten wir uns auf dem Weg zur Friedhofshalle in einem fort. Und da wir keine Übereinkunft erzielten, zerrten wir den Stein des Anstoßes von beiden Seiten rüber und hinüber. Als das Kräftemessen zu nichts führte, zogen wir den »Letzten Gruß« pietätlos ein Stück des Weges hinter uns her. Bei dem wilden Gerangel fiel ich unsanft auf den Schotterweg und verletzte mich am Knie. Blutend und hinkend gab ich auf. Zu guter Letzt einigten wir uns doch noch, brachten den gebeutelten Kranz wieder in Form, glätteten die Schleife und gaben ihn ohne jegliches Schuldgefühl in der Halle ab. Gottlob, den sauer verdienten Bringelohn mussten wir nicht teilen. Die Leichenfrau drückte jedem von uns drei Zehner in die Hand und zufrieden trollten wir uns von dannen.

Mit meiner Cousine Erika erlebte ich manch verwegenes Abenteuer. Um die ersten rot angehauchten Kirschen zu ernten, kletterten wir ohne Wissen von Großmutter bis hoch hinauf in die Baumkronen. Mit der Pflückstange angelten wir harte Weizenbirnen aus Nachbars Garten und den Appetit auf Pflaumen stillten wir mit Früchten von den Bäumen am Straßenrand. Besonders erpicht waren wir auf Großmutters »Auguster«, ein wohlschmeckender Apfel, den sie körbeweise im August erntete. Aber bis dahin wollten wir nicht warten. Die Schönsten rissen wir von den herabhängenden Ästen herunter und verspeisten sie heimlich in größeren Mengen. Von dem unreifen Obst wurde uns meistens schlecht, der Magen zwickte und zwackte. Doch das Bauchweh hatten wir am nächsten Tag wieder vergessen und der Raubzug begann von Neuem.

Bummelten wir zu den Schrebergärten, konnten wir an keiner Erdbeere vorbeigehen, die sich über die Beetkante wagte. Auch Himbeeren oder unreife Stachelbeeren, die durch die Zaunlatten der Anlage lugten, rupften wir bedenkenlos ab. Denke ich an diese Zeit zurück, so kommt mir ein besonders erlebnisreicher Sommertag in den Sinn.

Wieder einmal ging ich mit meiner Cousine auf Entdeckungsreise. Sorglos schlenderten wir über die Auen und kamen unterwegs an einer nach frischem Heu duftenden Wiese vorbei. Der Bauer hatte mit seinen Mägden das Gras zum Trocknen feinsäuberlich in große Haufen zusammengerafft, einer neben dem anderen. Das reizte uns. Ausgelassen sprangen wir in die spitz aufgeschichteten Heuhaufen hinein und verstreuten mit Wonne das Erntegut über die ganze Wiese. Gerade ebneten wir den letzten Stapel ein, da kam völlig überraschend der Bauer zurück. Im Nu nahmen wir Reißaus.

Zu spät. Als er sah, was wir angerichtet hatten, verlor er die Beherrschung und fluchte so sündhaft, so verwerflich, dass wir glaubten, der Herrgott würde ihm die Aufnahme in den Himmel verweigern. Mit einer Heugabel in der Hand nahm er unsere Verfolgung auf. Wir rannten und rannten, der Bauer mit gezückter Gabel immer hinter uns her. Als er uns nicht zu fassen bekam, ballte er die Faust und stieß wüste Drohungen aus. Plötzlich blieb er stehen und schnappte nach Luft. Erschöpft gab er auf. Völlig abgehetzt flüchteten wir in den Straßengraben. Gott sei Dank, es war noch einmal gut gegangen. Nach kurzer Verschnaufpause schütteten wir uns vor Lachen aus. Künftig gingen wir etwas vorsichtiger zu Werke.

Ein anderes Mal versuchte ich, mit meiner Cousine auf ein mit Heu beladenes Pferdefuhrwerk aufzuspringen. Doch das gelang beim ersten Anlauf nicht. So sehr wir uns auch ins Zeug legten, mit dem Tempo konnten wir nicht mithalten. Wieder und wieder versuchten wir an das Gefährt heranzukommen. Mit letzter Kraft setzten wir zum Endspurt an. Ausgerechnet vor dem Grundstück der Großeltern bekamen wir die herausragende Stange des Fuhrwerks zu fassen und hangelten uns daran hoch. Zu allem Überfluss kletterten wir noch ein Stück weiter an dem Seil der ständig hin und her schwankenden Fuhre hinauf. Das sah Großmutter vom Küchenfenster aus und wollte uns warnen. Um diese Warnung akustisch zu unterstreichen, klopfte sie allem Anschein nach zu stark an die Scheibe. Die gab ihren Widerstand auf und fiel in Scherben. Durch das laute Rumpeln der Räder bekamen wir das aber nicht mit und fuhren ahnungslos weiter. Als wir wenig später zu Hause eintrudelten, erwartete uns ein kräftiges Donnerwetter. »Ihr Saumenscher«, schimpfte Großmutter, »euch müsste man den Hintern versohlen.« Unumwunden machte sie ihrem Ärger Luft. Auch Großvater war sehr ungehalten. Meine Cousine schaute ungläubig drein und auch ich fühlte mich nicht angesprochen. Erst als Großmutter auf die leere Fensteröffnung zeigte, klärte sich die Sache auf. Trotzdem fand ich diese Aufgeregtheit übertrieben. Schließlich besaßen die Großeltern eine Glaserei, der Geselle zog eine neue Scheibe ein und im Handumdrehen war der Schaden behoben. Wo lag da das Problem?

Vernünftiger geworden, vertrat ich später einen anderen Standpunkt. Großmutter trug die Verantwortung und ein neues Glas war auch nicht zum Nulltarif zu haben.

Dennoch gab es Tage, an denen wir eine Glückssträhne hatten. Das geschah immer dann, wenn die Tür von Großmutters Kranzbinderei offen stand. Ich musste meist Schmiere stehen und meine Cousine, die einen Kopf größer war als ich, angelte aus den Kartons mit Sebnitzer Kunstblumen einige Exemplare für unseren Bastelbedarf heraus. Den dazugehörigen Bindedraht ließen wir bedenkenlos mitgehen. Von dem Gemopsten fertigten wir fantasievolle Gebinde und schmückten damit verwaiste Kindergräber. Wurden wir dabei erwischt, ging das freilich nicht ohne Schelte ab.

Schwieriger war es, an Großvaters Fensterkitt heranzukommen, der in großen Fässern neben der Werkstatttür stand. War die Luft rein, stibitzten wir dreist mehrere Klumpen von dem öligen Zeug. Diese Masse rollten wir zwischen den Handflächen so lange hin und her, bis sie geschmeidig wurde. So bearbeitet eignete sie sich hervorragend zum Modellieren von Figuren oder anderen Dingen. Meine Cousine spezialisierte sich auf Schlangen, wobei meine Brezeln und Semmelzöpfe auch nicht zu verachten waren. Doch Ruhe zum Pfriemeln hatten wir nicht. Sobald die Tür der Werkstatt aufging, mussten wir schnellstens das Weite suchen. Großvater hätte auf jeden Fall unser Diebesgut wieder eingefordert.

Bei schönem Wetter tummelten wir uns im Neumärker Bad. Dieser ausgebaute Dorfteich genügte vollauf unseren kindlichen Ansprüchen. Ohne Scheu sprangen wir vom Dreimeterbrett. Dabei hielten wir uns die Nase zu, zogen die Beine an und machten die »Arschbombe«.

Gern erinnere ich mich an einen Geburtstag, den ich einmal

bei meinen Großeltern feiern durfte. Mein Vater hatte von Dresden aus per Telefon eine Schokoladentorte in einer Feinbäckerei in Reichenbach, wenige Kilometer von Neumark entfernt, bestellt. Pünktlich zum Kaffeetrinken lieferte sie der Bote frei Haus. Ich freute mich riesig über das unverhoffte Geschenk, konnte aber nicht wissen, dass Großmutter das Gebäck vor dem Verzehr einer strengen Prüfung unterzog. Anscheinend irritierte sie der betörende Alkoholgeruch, der von diesem Naschwerk ausging. Sicherlich war das auch der Grund, warum sie mir und meinen Gästen, den Cousinen und Cousins, die Stückchen zuteilte. Von einem Nachschlag wollte sie nichts wissen. Vielleicht bestärkte unser albernes Gekicher und Gehabe Großmutter in dem Glauben, dass das alkoholisierte Backwerk die Ursache unseres Übermutes sei. Ohne dem lautstarken Protest meiner Gäste Beachtung zu schenken, schaffte sie den Rest der Torte samt Schachtel und Schleife wieder zurück in die Speisekammer. Und weil sie uns nicht so recht traute, zog sie sogar den Schlüssel ab. Das wurmte mich. Von Zuhause aus war ich gewohnt, über mein Geschenk alleine bestimmen zu können. Doch hier musste ich umdenken, hier hatte Großmutter das Sagen. Zu guter Letzt rief sie noch meinen Vater an und warf ihm vor, bei der Bestellung der Torte nicht mein Alter angegeben zu haben. Den Konditor traf keine Schuld. Er konnte ja nicht wissen, dass es sich um einen Kindergeburtstag handelte. Bestimmt wäre er da etwas sparsamer mit Rum umgegangen. Und so bescherte uns Kindern Vaters Unterlassungssünde eine zwar ungewohnte, aber überaus köstliche Gaumenfreude. Noch heute denke ich genüsslich daran zurück. Schade, dass sich im Hinblick auf das übrig Gebliebene meine Großmutter in Schweigen hüllte. Gern hätte ich noch ein Stückchen vernascht.

Wenn dann diese wunderschönen Tage zu Ende gingen, gab es stets einen tränenreichen Abschied. Zum Andenken fotografierte Großmutter uns Enkelkinder noch einmal gemeinsam, und zurück blieb die Hoffnung auf ein gesundes Wiedersehen im nächsten Jahr.

Mein Ausflug ins Paradies

Das Obst und Gemüse für den täglichen Bedarf kaufte meine Mutter überwiegend bei einem Kolonialwarenhändler auf der Landhausstraße, unweit vom Neumarkt entfernt. Dieser Laden war nicht sehr groß, aber das Angebot konnte sich sehen lassen. Auf der einen Seite des Raums lagerten Kisten mit Tafelobst und Südfrüchten, während auf der anderen gleich neben dem Ladentisch Fässer mit knackigen Gewürzgurken und delikatem Sauerkraut standen. Auch allerlei Grünzeug bot er feil. Der Inhaber, ein schwarzgelockter Italiener, zog durch seine zuvorkommende Art und seinen Charme viele Kunden an, besonders weibliche. Über mangelnden Absatz konnte er sich nicht beklagen.

Von besonderem Reiz war die Ausstattung des Verkaufsraums. In jedem Winkel spürte man den unverkennbaren Hauch italienischen Flairs. Das südländische Ambiente erhielt der Laden durch die üppig an den Wänden hängenden Zwiebel- und Knoblauchzöpfe, wie auch von den am Schaufenster befestigten Ranken roter und gelber Paprikaschoten. Auch die den Eingangsbereich schmückenden Weinlaubgirlanden mit grünen und blauen Trauben dienten dazu, die Kunden auf die Spezialitäten seines Landes aufmerksam zu machen.

Und was nur wenigen gelang, dieser italienische Händler bot die wohlschmeckendsten Tomaten, die leckersten Senfgurken und den pikantesten, süßsauer eingelegten Kürbis an, den man woanders vergeblich suchte. Nur bei ihm duftete es so köstlich nach frischen Kräutern und Gewürzen.

Vor allem sein Obst war eine Kostprobe wert. Wenn ich vor dem Schaufenster stand und die auf Hochglanz polierten rotbäckigen Äpfel betrachtete, konnte ich mir ein Hineinbeißen kaum verkneifen. Bloß gut, dass eine Glasscheibe dazwischen war.

Mehrmals bot der Händler meiner Mutter an, ihn auf seiner

Plantage in Cossebaude zu besuchen. Gern folgte sie der Einladung, denn die gärtnerischen Erzeugnisse frisch vom Beet bereicherten vorzüglich ihren Speisezettel. Auch Vater fand den Vorschlag ausgezeichnet und bewilligte für die Bevorratung zusätzlich Kostgeld. Mein Herz hüpfte vor Freude, wenn der Händler mit seinem blauen Lieferwagen vor unserer Haustür stand. Stolz nahm ich neben Mutter auf dem Beifahrersitz Platz. Hüpfte dann die ständige Begleiterin unseres Fahrers, eine italienische Hundedame, auf meinen Schoß, fühlte ich mich wie im siebten Himmel. Ein Winken noch von Vater aus dem Kanzleifenster und voller Erwartungen fuhren wir zum Einkauf aufs Land.

Unsere Spritztour führte zu einem verhältnismäßig großen Grundstück, das dieser italienische Händler vor den Toren Dresdens gepachtet hatte. Viele Obstbäume, Gemüsebeete und Reihen mit Erdbeerpflanzen waren der Stolz des Besitzers. Den ganzen Tag über herrschte auf dem Gelände rege Betriebsamkeit. Laufend waren Arbeitskräfte mit Jäten, Pflanzen oder Ernten beschäftigt. Mir fiel auf, fast alle trugen einen flachen, gelben Strohhut mit einer breiten Krempe auf dem Kopf. Ein Markenzeichen der Helfer, denn der Italiener hatte zur Bewirtschaftung seiner Plantage vorwiegend Landsleute eingestellt. Für gewöhnlich unterhielten sie sich in ihrer Muttersprache, doch mittels Handzeichen konnte ich mich gut mit ihnen verständigen.

Gleich am Eingang des Anwesens stand ein Lagerhaus. Dort wurde die frische Ware für den Verkauf angeboten beziehungsweise zum Abtransport in die Stadt versandfertig gemacht. Auch in dieser Gegend fand der Händler reichlich Abnehmer für seine Produkte. Und weil meine Mutter zu seinen guten Kunden zählte, durfte sie sich das Obst und Gemüse auf der Plantage selber aussuchen. Ich half beim Füllen der Körbe und Stiegen, was mich aber keineswegs davon abhielt, den einen oder anderen Paradiesapfel auf seinen Reifegrad hin zu prüfen.

Ich genoss den Aufenthalt auf dieser herrlichen Plantage. Mir kam es immer vor, als würde ich mich im Schlaraffenland befinden, wenn ich mit einem Körbchen bewaffnet durch die Erdbeerbeete schlenderte und auf die Suche ging nach den schönsten und süßesten Früchten, die nur darauf warteten, von mir gepflückt zu werden. Meine Ausbeute konnte sich sehen lassen. Nur Mutter warf verstohlen einen Blick in ihr Portemonnaie.

Zum Schluss begutachtete der Händler Mutters Einkauf. Gewissenhaft prüfte er die Qualität seiner Ware. Gab es keine Beanstandungen, verstaute er alles in seinen Lieferwagen und kutschierte uns wieder zurück in die Stadt. Seine zum Abschied an mich gerichteten Worte: »Tschau Bambina«, habe ich bis heute nicht vergessen.

Viel zu schnell vergingen die Stunden im Garten Eden. Deshalb konnte ich es kaum erwarten, bis Mutter den nächsten Besuch ins Auge fasste. Zumindest fuhren wir im Herbst wieder auf seine Plantage und suchten uns das Gemüse und das Obst für die Winterbevorratung aus. Für mich waren diese Fahrten immer ein Ausflug ins Paradies.

Aber auch ein Paradies ist vergänglich. Diese schmerzliche Erfahrung machten wir an einem Samstag, kurz nach Kriegsbeginn. Da meine Mutter an dem Tag Ida Urlaub gewährte, bat sie mich, ihr beim Einkauf behilflich zu sein. Mit dem Roller fuhr ich zuerst zum »Italiener«. Dort angekommen brachte mich der fragwürdige Zustand des Ladens sogleich aus der Fassung. Nicht nur das geschmackvoll dekorierte Schaufenster hatte irgendwer mit Brettern vernagelt, auch der Eingang war verriegelt und verrammelt. Alles sah wie eine überstürzte Flucht aus. Als Mutter hinzukam, war sie wie vor den Kopf gestoßen. Der Händler hatte mit keinem Wort eine Andeutung über eine Veränderung verlauten lassen, umso mehr überraschte uns die übergangslose Schließung seines Geschäftes. Völlig aufgelöst stürmten wir beide ins Pfarrbüro und schilderten Vater den schlimmen Sachverhalt. Auch ihm verschlug es die Sprache. Trotz eingehender Befragung ehemaliger Kunden: Keiner konnte über das Verschwinden des Italieners Auskunft geben, niemand wusste Bescheid. Entweder er kehrte in seine Heimat zurück oder man hatte ihn womöglich wegen seiner Herkunft inhaftiert. Vielleicht wurde er auch das Opfer einer Verleumdung. Sein florierender Laden war sicher manchem einheimischen Händler ein Dorn im Auge. Meine Mutter nahm unverhohlen Anteil an seinem Schicksal. Wir vermissten diese Fahrten sehr und werteten dieses unvorhersehbare Ereignis als eine Vertreibung aus unserem kleinen Paradies.

Mein zweites Kinderzimmer

Dank meines Vaters wurde mein Lebensweg schon frühzeitig durch eine enge Bindung mit der Frauenkirche geprägt. Oft nahm er mich nach Dienstschluss mit in das Gotteshaus. Tapfer kletterte ich die unzähligen Stufen zum Kirchturm, der Laterne, hinauf und besuchte mit ihm da oben die grauen Fledermäuse, die hinter einer Stahltür hausten. Vater führte gewissenhaft Buch über den Tierbestand im Turmquartier. Um den Zugang zu kontrollieren, versah er jeden Neuling mit einem Ring, auf dem der Aufenthaltsort, die Frauenkirche, eingraviert war. Öffnete Vater die Tür vom Quartier, flatterten sie alle erschrocken durcheinander. Unwillkürlich zog ich den Kopf ein und hoffte, dass sich keine in meinen Haaren verirrte. Übrigens ein kurioser Anblick, wenn die Fledermäuse zum Schlafen kopfunter in dem Verlies hingen. Im Gegensatz zu meinem Vater charakterisierte ich diese Wesen als ausgesprochen hässlich und machte drei Kreuze, wenn er die Stahltür wieder schloss. Was den Mäusebesuch betraf, auf den hätte ich allenfalls verzichten können, aber nicht auf den atemberaubenden Blick vom Kirchturm hinunter auf die Stadt und ihre nähere Umgebung.

Sooft ich mich mit Vater auf den Turm begab, sooft stieg ich mit ihm hinab in die düsteren Kellergewölbe, die Katakomben. In dem unterirdischen Friedhof standen in den Grabkammern mittelalterliche Särge und Tafeln, deren Inschriften sich nur teilweise entziffern ließen. Und weil es da unten kein elektrisches Licht gab, nahm Vater bei seinen Ausflügen in die Unterwelt immer eine Taschenlampe mit. Die frühzeitlichen Grabstätten der verstorbenen Fürsten und deren Gemahlinnen, die in den Grüften ihre letzte Ruhe fanden, hatten es Vater angetan. Ich interessierte mich nicht so für diese Dinge. Nur zwei nebeneinander stehende Kindersärge, die ich in einer Nische entdeckte, machten mich neugierig. Vielleicht lagen Geschwister in den verstaubten Totenschreinen.

Immer wieder versuchte mein Vater, mir die geschichtlichen Zusammenhänge zu erläutern und anhand des vorhandenen Anschauungsmaterials mein Interesse für die Archäologie zu wecken. Doch in der Region des Totenreiches hing ein muffiger, modriger Geruch feuchter Gräberluft. Weil der mir aber zuwider war, hörte ich ihm kaum zu und war sichtlich erleichtert, wenn es wieder nach oben ging.

Mit Vaters Erlaubnis hüpfte ich in der Sakristei umher oder verweilte auf der kleinen Kanzel, deren reich verzierte Überdachung ich immer wieder erstaunt betrachtete. Oft postierte ich mich auch auf das dunkelrote Samtgestühl, das auf dem Altar stand. Dort nahmen die Hochzeitspaare Platz, wenn der Pfarrer ihren Lebensbund

Blick vom Turm der Frauenkirche, Foto: Walter Möbius, Fotothek

schloss. Ich versetzte mich liebend gern in die Rolle der Braut und träumte versonnen mit Blick auf den prachtvollen Altar.

Manchmal lief ich auch mutterseelenallein von Empore zu Empore, wobei ich die höchsten Stellen wissentlich ignorierte. Denn immer, wenn ich hinunter ins Kirchenschiff blickte, wurde mir schwummrig und wann immer ich mit Vater am umlaufenden Brüstungsgeländer unter der Kuppel entlang lief, hatte ich Muffensausen. Obwohl er mich fest an der Hand hielt, etwas bange war mir da schon. Gut aufgehoben kam ich mir dagegen in dem eigens für uns reservierten Betstübchen vor. Ein kleiner Raum unterhalb der Emporen mit Altarblick. Insgesamt gesehen fühlte ich mich ausgesprochen heimisch in allen Ecken und Winkeln des Gotteshauses

Altar der Frauenkirche, Foto: Walter Möbius, Fotothek

und ohne zu übertreiben: Die altehrwürdige Frauenkirche war sozusagen mein »zweites Kinderzimmer«.

Von ihrer schönsten Seite zeigte sich die Kirche zur Advents- und Weihnachtszeit. Wenn die Handwerker die großen, hochgewachsenen Tannenbäume aufstellten und sie mit weißen Kerzen schmückten, war Heiligabend nicht mehr fern. Und wenn dann noch der cremefarbene Adventsstern, der hoch über dem Altar schwebte, so ein wunderbares Licht zauberte, wurde mir warm ums Herz. Dann zählte ich die Tage und sehnte das Christkind herbei.

Sehr aufregend waren für mich die vielen Trauungen, die damals in der Frauenkirche stattfanden. Häufig kamen die Brautpaare in einer weißen Kutsche vorgefahren. Fast jede Braut trug ein langes weißes Kleid und zog einen Tüllschleier, den sie an einem Kränzchen im Haar befestigte, hinter sich her. Der Bräutigam erschien vorwiegend in einem schwarzen Frack mit einem Zylinder auf dem Kopf. Viele Male durfte ich Blumen streuen oder den Schleier tragen. Meine Mutter putzte mich dazu immer fein raus. Sie streifte mir ein traumhaftes rosa Kleidchen aus seidigem Stoff über. Das weite, ringsherum mit Rüschen besetzte Röckchen wippte bei jedem Schritt, und wenn ich dann bewundernde Blicke fühlte, stolzierte ich erhobenen Hauptes mit einem Körbchen Streublumen am Arm vor dem Brautpaar in die Kirche.

Als 1938 die Frauenkirche wegen Sanierungsarbeiten ihre Türen schloss und die Gottesdienste ausfielen, musste ich meine Besuche einschränken. Nur wenn sich Vater über den Stand der Baumaßnahmen informierte, durfte ich ihn auf seinen Kontrollgängen begleiten. Mitunter gingen die komplizierten Restaurationsarbeiten schleppend voran und auch die aufwendigen Sicherungsmaßnahmen zogen sich in die Länge. Die Ursachen waren in den Auflagen zu suchen, deren Realisierungen wider Erwarten sehr viel Zeit in Anspruch nahmen. Aufgrund zahlreicher Risse im Mauerwerk sollte die Standfestigkeit des Gotteshauses erhöht, das Fundament verstärkt und der Ring unter der Kuppel verfestigt werden, wie mir das mein Vater damals erklärte. Nach der Fertigstellung erfolgte die Neugestaltung des Innenraums. Der komplett sanierte Altar von Permoser erstrahlte im neuen Glanz. Dabei sparten die Restauratoren nicht mit Blattgold. Sogar die kleine Kanzel mit dem Baldachin wurde über und über mit Gold verziert und auch die Flügel der Engel an den Seitenpfeilern erhielten eine funkelnagelneue Auflage.

Bedingt durch diese Arbeiten fielen hin und wieder winzige Goldblättchen auf den Fußboden. Vor dem Altar blitzten klitzekleine Schnipsel im Sonnenlicht. Das weckte meine Sammelleidenschaft und ich versuchte, mit einer Pinzette die Blättchen aufzuheben. Ein anstrengender Zeitvertreib, der meine ganze Konzentration erforderte. Die Restauratoren fanden das spaßig und machten sich über mich lustig. Den erworbenen »Schatz« bewahrte ich in einer Streichholzschachtel auf. Ich brauchte Wochen, um den Boden zu füllen. Aber reich bin ich davon nicht geworden.

Auch auf das Blumenstreuen in der Frauenkirche musste ich wegen der Schließung leider verzichten. Die Brautpaare wurden vorwiegend in der Sophienkirche am Postplatz getraut. Und weil die schwarzen Limousinen die romantischen, weißen Hochzeitskutschen nach und nach verdrängten, holte man mich nicht selten mit einem Auto von zu Hause ab. Das bedauerte ich sehr. Denn als man mich einmal zu einer Hochzeit chauffierte, fiel mir beim plötzlichen Losfahren das Blumenhorn ins Wageninnere. Der gesamte Inhalt fiel auf den Boden, ich aber auch. Vor Wut hätte ich aus der Haut fahren können. Schließlich vermasselte mir das nachfolgende, zeitraubende Einsammeln der Streublümchen die ganze schöne Fahrt. In einer Kutsche wäre mir so ein Missgeschick bestimmt nicht passiert.

Der Striezelmarkt auf dem Neumarkt

Unvergessen ist für mich der »Dresdner Striezelmarkt«, den ich als Kind auf dem Neumarkt erleben durfte. Nicht weit vom Kirchenhaus entfernt, nur wenige Schritte über der Straße, standen die ersten Reihen der weihnachtlich geschmückten Buden. Das war ausgesprochen günstig für mich. Konnte ich doch vom Wohnzimmerfenster aus das geschäftige Treiben betrachten, ohne kalte Füße zu bekommen. Eine noch bessere Sicht bot mir Vaters Schreibtisch, der unmittelbar am Fenster stand. Setzte ich mich auf die Kante der Arbeitsplatte, war ich in der Lage, den Striezelmarkt in seiner Gesamtheit zu überblicken. Meiner Meinung nach war der im Herzen der Stadt gelegene Neumarkt der beste Standort, den ich mir wünschen konnte. Nur hier kamen die Stände, umrahmt von stilvollen

Neumarkt mit Weihnachtsmarkt, Foto: Walter Möbius, Fotothek

Bürgerhäusern, voll zur Geltung. Zugnummer war die Frauenkirche, die wie eine Glucke am Neumarkt thronte. Die vom Kerzenschein erhellten Fenster und das abendliche Glockengeläut versetzte die Besucher in eine besinnliche Adventsstimmung. All das ließ den Striezelmarkt zu einem besonderen Erlebnis werden.

Auffallend viel Betrieb herrschte vor allem an den späten Nachmittagen. Da wimmelte es nur so von Kauflustigen, die interessiert die feilgebotene Ware in Augenschein nahmen. Mit Päckchen behangen eilten sie zwischen den Gängen hin und her. Es war ein ständiges Kommen und Gehen. Und wenn sich noch der Himmel eintrübte, dichter Flockenwirbel einsetzte und die Händler ihre Marktbuden mittels Windlichtern und Petroleumlampen ausleuchteten, dann sah der Striezelmarkt wie eine verwunschene Märchenlandschaft aus.

Fast jeden Tag bummelte ich über den Markt. Was gab es da nicht alles zu sehen. In den Verkaufsständen lagen in flachen Spankisten Apfelsinen und Mandarinen, jede für sich in Seidenpapier eingewickelt. Auch getrocknete Datteln, Feigen und Aprikosen, portionsweise in Körbchen geschichtet, waren ein Augenschmaus. Mandeln und Nüsse schaufelten die Händler aus großen Jutesäcken in spitze Tüten und all diese Genüsse wurden größtenteils mit einer Balkenwaage gewogen.

Auf meinen Entdeckungsreisen fiel mir ein Stand auf, in dem eine Vielzahl handgeschnitzter Holzwaren aus dem Erzgebirge die Käufer anlockten. Räuchermänner, finster dreinschauende Nussknacker und Bergmänner, die als Leuchter dienten, hatten auf den Regalen Aufstellung genommen. Auch Weihnachtsengel drängelten sich dazwischen. Einen großen Teil der Verkaufsfläche beanspruchten Stufenpyramiden, Spieluhren und Schwibbögen. Das Übrige war dem Baumschmuck vorbehalten, der sich im schönsten Glitzerglanz präsentierte. Glaskugeln, farbig sortiert, silbrige Tannenzapfen und Baumspitzen mit Glöckchen fand ich so traumhaft schön, das mir beim Betrachten dieser Herrlichkeiten der Gedanke kam, unseren Christbaum von der Spitze bis zum Baumkreuz neu einzukleiden. Aber das kostete bestimmt eine Stange Geld und deshalb musste, wie schon im vergangenen Jahr, der Neue wieder den Schmuck des Vorgängers tragen.

Ständig von Kindern umlagert waren die Stände, in denen die Händler aus Holz geschnitzte Dörfer, Bauernhöfe und eine Vielfalt an Haus- und Zootieren zur Schau stellten. Auch naturgetreu nachgebildete Fuhrwerke mit Fässern oder sonstigen Gütern beladen bereicherten das Angebot. Abgesehen von einem Rudel Raubkatzen bevölkerten komplette Viehherden die Verkaufsfläche. Auch die Gänsemagd und der Hirtenjunge fehlten nicht. Ich liebäugelte mit einer Wiege, die seitlich auf einem Tischchen stand. Ein echter Hingucker, gewissermaßen ein Sahnestück. Genau genommen, ich hatte gar keine Verwendung dafür, meine Puppen waren versorgt. Aber hübsch sah das Himmelbettchen schon aus.

Immer wieder entdeckte ich bei meinen Rundgängen Neues. Ausstaffierte Puppenstuben, gefüllte Kaufmannsläden, bunte Hampelmänner und flinke Klettermaxe zogen mich in ihren Bann. Entzückt betrachtete ich die Auslagen und blieb so lange stehen, bis mich der Verkäufer unwirsch von dannen jagte. Ebenfalls nicht vorbeigehen konnte ich an einer Bude, bei der vom Teufel bis zur Großmutter alles vertreten war, was sich in einem Kasperletheater auf der Bühne zeigte. Eine Palette originell bekleideter Gestalten, deren Auswahl unerschöpflich zu sein schien. Da fiel mir die Entscheidung schwer und mein Wunschzettel wurde länger und länger.

Sooft es Mutter erlaubte, suchte ich mir an einem Spielzeugstand eine Kleinigkeit aus. Erschwinglich waren zumeist gedrechselte Kreisel nebst den dazugehörigen Peitschen. Ich bevorzugte Fliegenpilze, die mit ihrer roten Hutkrempe und den grellweißen Punkten darauf sehr attraktiv aussahen. Doch man sollte sie auf keinen Fall unterschätzen, denn es bedurfte einer gewissen Geschicklichkeit, sie unentwegt tanzen zu lassen. Um das zu beherrschen, übte ich Stunde um Stunde auf den Gehwegplatten der Brühlschen Terrasse, bis mir durch das fortwährende Peitschen der Arm wehtat.

In einigen Verkaufsständen stellten die Händler Zinnsoldaten in Marschkolonnen auf. Der Renner für große und kleine Buben. Daneben warteten Scharen von Puppen, Teddybären und Plüschtieren auf Käufer. Für uns Mädchen gab es allerliebste Babypuppen in länglichen Schachteln mit einem durchsichtigen Deckel und einer dekorativen Schleife obendrauf. Schon diese ansprechende Verpackung verzauberte jede Puppenmutter und ließ ihr Herz höher schlagen. Auch das meine geriet aus dem Takt, und am liebsten hätte ich die ganze Bude ausgeräumt.

Schlenderte ich über den Markt, war die Luft erfüllt vom Duft frisch gerösteter Mandeln. Auch Pfefferkuchen, Alpenbrot und Kokosflocken verströmten einen köstlichen Wohlgeruch. Kein Wunder, dass mir laufend das Wasser im Munde zusammenlief. Um Abhilfe zu schaffen, suchte ich den Stand auf, wo es den bei uns Kindern so beliebten türkischen Honig gab. Eine ausgefallene Leckerei, die der Verkäufer von einem rot-weiß gestreiften Honigblock mit einem breiten Spachtel abschabte. Mit kräftiger Stimme pries er seine Ware an und kaum einer konnte dem Werben widerstehen. Er rief immerfort: »Türkischer Honig! Ihr Leute, kauft türkischen Honig!« Von früh bis spät umringten ihn große und kleine Schleckermäuler. Mir gefiel seine ungewöhnliche Kopfbedeckung. Das war eine kegelförmige Mütze aus rotem Filz, an dessen flachem Deckel eine dunkelblaue Quaste baumelte. Ein sogenannter Fez, der ausgezeichnet zu dem Honigverkäufer passte.

Kaum ein Tag verging, an dem ich nicht dieser süßen Verlockung erlag. Wenn ich auch ständig knapp bei Kasse war, für ein Scheibchen Honig reichte mein Taschengeld allemal.

Aufgespießte, in Schokolade getauchte Äpfel, kleine Blechdosen, gefüllt mit Lakritze oder klebrige, mit einem Ring verzierte

Stundenlutscher gehörten zu den Dingen, die wir Kinder uns wegen des niedrigen Preises leisten konnten. In gleicher Weise begehrt von uns Halbwüchsigen waren Pflaumentoffel mit einer Leiter unterm Arm, Pfefferkuchenhäuschen mit farbigem Zuckerguss und Lebkuchenherzen, deren sinnige Sprüche nicht selten zum Kauf verleiteten. Die kosteten zwar einige Groschen mehr, aber als Geschenk für unsere Lieben waren sie nicht zu verachten.

Sehr viel Zeit verbrachte ich an den Vorführtischen, wo die Schausteller vielerlei Blechgetier zum Leben erweckten. Unentwegt zogen sie mit einem Schlüssel das Federwerk der verschiedenartigsten Tiergestalten auf. Setzten sie dann diese Figuren auf die Platte, fingen alle zu tanzen an oder drehten sich närrisch im Kreis herum. Wie angestochen hüpften Frösche und Vögel mit superdünnen Beinchen hin und her, tappten Bären unbeholfen über die Fläche und putzige Äffchen schlugen fortwährend die an ihren Händen befestigten Schellen aneinander. Silbergraue Mäuse sausten von der einen Seite zur anderen und knallrote Marienkäfer mit schwarzen Punkten bahnten sich einen Weg durch das tierische Getümmel. Ein Grammofon umrahmte mit angestaubter Musik die Vorführungen und ich konnte mich einfach nicht sattsehen an dieser lärmenden Rasselbande, die sich kreuz und quer über die Tischplatte bewegte. Die Freude war groß, wenn ich das eine oder andere unterm Christbaum wiederfand.

Ebenfalls ein breites Publikum hatten Marktschreier, die Vogelstimmen imitierten. Mithilfe einer flachen, halbrunden Scheibe, die sie auf die Zunge legten, ahmten sie fast jeden Singvogel nach. Ein wahrhaft frühlingshaftes Gezwitscher mitten im Winter. Manche Käufer versuchten gleich an Ort und Stelle die Lockrufe nachzumachen, doch in der Regel kam nicht mehr als ein schriller Pfeifton heraus. Sicherlich gehörte viel Übung dazu, um mit den Vögeln in einen Wettstreit zu treten. Auch ich erstand für ein paar Pfennige so eine Scheibe. Doch meine Mutter konnte das Pfietschen nicht ausstehen und als sie mir meine Errungenschaft wegnehmen wollte, hätte ich vor Schreck das Ding beinahe verschluckt.

War das Glück mir hold, begegnete ich im Gedränge dem Süßigkeiten verteilenden Nikolaus. Der trug stets einen großen Sack auf dem Rücken und hielt eine lange Rute in der Hand, mit der er zuweilen auch den Erwachsenen vor der Nase herumfuchtelte. Besonders uns Kindern flößte er höllischen Respekt ein. Jeder musste erst einen Vers aufsagen, bevor er sich etwas aus dem Sack nehmen durfte. Kam ich an die Reihe und fischte mir eine Kleinigkeit heraus, war mir immer sehr weihnachtlich zumute.

Nach so einem Bummel schloss ich mich oft einer Gruppe Kinder an, die wie ich auf dem Neumarkt zu Hause waren. Meistens unternahmen wir noch einen Streifzug rund um die Frauenkirche. Übermütig sprangen wir die Kirchentreppen rauf und runter, spielten Mann und Frau, einschließlich der dazugehörigen Hochzeit. Mit zugelaufenen Zaungästen belagerten wir vorzugsweise die Eingangstür B gegenüber dem Lutherdenkmal. Mit Hochrufen auf das Brautpaar und überlauter Singerei provozierten wir die vorbeilaufenden Passanten, und oftmals bekamen wir einen Anpfiff vom Küster. Aber das gehörte nun mal dazu. Auch dass die ganze Bande mit ihrem obligatorischen Klingelputzen die Häuser der Nachbarschaft heimsuchte, war beschlossene Sache.

Alljährlich boten Forstarbeiter frisch geschlagene Nadelbäume direkt an der Frauenkirche an. Jeder stand zur Ansicht in einem Ständer. Suchte mein Vater unseren Weihnachtsbaum aus, dauerte es Stunden, bis er einen fand, der seinen Vorstellungen entsprach. Das gute Stück sollte ungefähr drei Meter hoch sein, nicht nadeln und einen makellosen Wuchs aufweisen. Auf alle Fälle sollte es der schönste Tannenbaum sein, den der Verkäufer auf dem Markt anzubieten hatte. War der Kauf erfolgreich verlaufen, schleifte er das erstandene Prachtstück die Treppe hoch und keiner aus der Familie traute sich, am Ergebnis seiner Wahl etwas auszusetzen.

Schüttelte Frau Holle ihre Betten über der Stadt aus, trommelte ich meine Spielgefährten aus der Nachbarschaft zusammen und wir stiefelten mit dem Schlitten auf die Brühlsche Terrasse zu den Hexentreppen. Die hatten zwar nur ein geringes Gefälle, aber durch die Absätze ruckelte es so schön. Der rege Rodelbetrieb sorgte dafür, dass im Winter die Spaziergänger einen Bogen um die Treppen machten. Das kam unseren Wünschen entgegen, dadurch hatten wir die Bahn fest im Griff. Wer natürlich eine rasantere Strecke bevorzugte, der schlittelte die breiten Terrassenstufen gegenüber der Katholischen Hofkirche hinunter. Nur erwischen lassen durfte er sich nicht. Das war zu gefährlich und deshalb verboten.

Bei Schneemangel verabredeten wir Kinder uns zum Treff in den Großen Garten. Dort blieb das Weiß erfahrungsgemäß etwas länger liegen. Zielgerichtet zogen wir mit dem Schlitten durch die Stadt, wobei das Kratzen der Kufen auf den schneelosen Bürgersteigen einen mordsmäßigen Krach machte. Trotzdem hielt es uns nicht davon ab, dem Park einen Besuch abzustatten. Hofften wir doch, auf den großen und kleinen Huckeln noch ein Rodelvergnügen zu finden.

Meine Schulzeit

Meine Schuleinführung feierte ich im April 1937, wenige Tage vor Ostern. Den Gabentisch hatte meine Mutter liebevoll hergerichtet. Ich freute mich über jedes Geschenk, das ich auspacken durfte. Besonders neugierig war ich auf das Innenleben meiner Zuckertüte. Die Erwartungen erfüllten sich. Neben Katzenzungen und Nougateiern hielt sie allerhand süße Überraschungen bereit. Lediglich das Paket von Großmutter löste bei mir keine Begeisterung aus. Sie meinte es gut, doch ihre handgestrickten Strümpfe, die zwar wärmten, aber unangenehm auf der Haut krabbelten, konnte ich überhaupt nicht ausstehen. Selbst den Schal und die Bommelmütze mochte ich wegen dieser Eigenschaft ebenso wenig wie das hochgeschlossene, altjüngferliche Nachthemd aus Barchent. Mutter war natürlich anderer Meinung.

Meine Schulzeit

Meine Eltern hatten mich in der 9. Volksschule am Georgplatz angemeldet. Eine Schule wie jede andere auch. Hohe Räume, endlos lange Gänge, schrille Pausenklingeln und Lehrkräfte, die ich aus heutiger Sicht als schrullenhaft bezeichnen würde.

Mein erster Schultag fiel mir sehr schwer. Mit gemischten Gefühlen setzte ich mich auf eine der vordersten Bänke. Unruhig rutschte ich hin und her, das lange Stillsitzen war ich nicht gewohnt. Ich sehnte meine unbeschwerte Freiheit zurück. Die ablehnende Haltung gab ich nur wegen meiner netten Banknachbarin auf. Sie war es, die mich mit ihrer heiteren Wesensart über manch langweilige Stunde hinwegtröstete.

Meine Klassenlehrerin war klein, von unscheinbarem Äußeren. Die Haare streng nach hinten gekämmt, eine dunkle Hornbrille auf der Nase und bekleidet mit Klamotten, die einer Großmutter Ehre machten. Hinzu kam noch ihre piepsige Stimme, die man kaum auf den hintersten Bankreihen wahrnehmen konnte. Die sich daraus ergebenden Hörfehler trugen oftmals zur Erheiterung der Klasse bei. Diese Nachteile versuchte sie durch ihr forsches Auftreten auszugleichen. Immer zu Unterrichtsbeginn stellte sie sich in Positur und begrüßte uns mit einem zackigen Hitlergruß. Wir Schüler fanden das höchst amüsant und äfften sie nach. Dabei verrenkten wir den rechten Arm bis zum Gehtnichtmehr. Zweifellos blieb der Lehrerin unsere Respektlosigkeit nicht verborgen. Wir mussten froh sein, dass sie unsere Ausrutscher nicht beim Direktor zur Sprache brachte. Das hätte für uns Schüler und auch für unsere Eltern sehr unangenehm ausgehen können.

Ein keineswegs erfreuliches Ereignis aus dem ersten Schuljahr beschäftigte mich damals in einem fort. Wegen Krankheit meiner Lehrerin erhielten wir Unterricht in einer Knabenklasse. Scheu nahmen wir Mädchen auf den hinteren Reihen Platz. Ich weiß noch genau, dass sich ein Junge trotz Zurechtweisung des Lehrers immer wieder nach uns umdrehte. Und weil er es einfach nicht lassen konnte, zückte der Pauker den Rohrstock. Der Schüler musste seine Handflächen zeigen und bekam mehrere Schläge übergebraten. Ich fuhr zusammen. Eine üble Erfahrung, die mir vorerst den Schulbesuch verleidete. Als ich zu Hause davon berichtete, war das Vorgefallene für Vater nichts Neues. Auch bei Großvater Jahn lag der Ochsenziemer immer griffbereit auf dem Tisch, falls seine Söhne einmal nicht parieren sollten.

Nach meiner Einschulung überraschte mich Vater ab und zu mit einem Buch oder einer Nascherei. Das spendierte er mir keineswegs umsonst, dafür erwartete er ein gutes Zeugnis. Als ich in den Halbjahrseszensuren der ersten Klasse in Mitarbeit die Note drei bekam, war er sehr ungehalten. »Ursula könnte im Unterricht aufmerksamer sein«, stand in der Beurteilung, »und der Ausdruck sollte kindsgemäßer werden«. Das lag aber daran, dass ich schon Zeitung lesen konnte und mich das unbeholfene Buchstabieren des Alphabets der Mitschüler langweilte.

Was nun den Ausdruck betraf, der rührte von einem Aufsatz über das Thema »Zähneputzen« her. Um eine gute Note zu bekommen, bat ich meinen Vater, mir dabei zu helfen. Auf meine Fragen hin erklärte er mir den Sinn und Zweck der Zahnpflege, sprach vom täglichen Saubermachen, von Bakterien, die den Schmelz angreifen, und dass Süßigkeiten schaden. Er erwähnte, dass schlechtes Kauen den Magen belastet, und landete zu guter Letzt bei den Magensäften, die dadurch über Gebühr beansprucht würden. Mir leuchtete ein, dass ich mit mangelhafter Mundhygiene meinen Beißerchen keinen guten Dienst erweise. Aus dieser Erkenntnis heraus brachte ich brav sein Gesagtes zu Papier und handelte mir damit den Unmut meiner Lehrerin ein. Ihre Kritik war berechtigt. Stammte doch der größte Teil des Textes nicht aus meinem geistigen Kapital. Dementsprechend fiel auch die Bewertung aus. Sogar Vater gestand seinen Fehler ein. Was aber nicht heißen soll, dass mir das frühzeitig erlangte Wissen je geschadet hätte.

Auf dem Schulhof ging es seinerzeit gesittet zu. In der großen Pause promenierten die Mädchen auf der einen, die Knaben auf der anderen Seite. Ein Lehrer, dürr, mit einem Kneifer auf der Nase, beaufsichtigte öfter das Pausengeschehen. Vom Namen her ein Pechvogel. Er hieß Hahn. Wegen seines Aussehens und der gestrengen Art fanden ihn die meisten Schüler unsympathisch. Selbst mir fiel es schwer, meine Abneigung ihm gegenüber zu verbergen. So war es auch an jenem Tag. Mit meiner Schulfreundin ging ich, die Nase hochtragend, an ihm vorbei, und als wir uns in sicherer Entfernung wähnten, ahmten wir mit schriller Stimme seinen Namensvetter nach. Kaum war der »Hahnenschrei« unserem Munde entwischt, stürzte er auf uns zu, packte meine Freundin und mich am Schlafittchen und brachte uns zur Klassenlehrerin. Die vierseitige Strafarbeit konnte ich verkraften, war mir aber nicht sicher, ob ich ohne Donnerwetter die Unterschrift von meinem Vater bekommen würde. Beim Vorlegen des Heftes schwante mir nichts Gutes. Doch wortlos, ohne mich eines Blickes zu würdigen, setzte er seinen Namenszug unter mein Geschriebenes. Mutter sagte nur: »Ursula! Schämst du dich nicht?« Ansonsten war Funkstille. Und weil mein Vater sich wieder seinen Aufgaben zuwandte, nahm ich an, vielleicht dachte er in dem Moment an die eigene Schulzeit zurück.

Nach vier Jahren Volksschule besuchte ich nach bestandener Aufnahmeprüfung die Mittelschule im selben Gebäude, nur eine Etage höher. Von da an musste mein Vater für mich jeden Monat Schulgeld zahlen und es wäre undenkbar gewesen, mit schlechten Noten nach Hause zu kommen. Deshalb bereitete ich mich gewissenhaft auf die einzelnen Fächer vor, lernte englische Vokabeln und frischte meine italienischen Sprachkenntnisse auf. Die Privatstunden in Italienisch gab unser Klassenlehrer nicht in der Schule, sondern reihum bei uns Schülern zu Hause. Und weil die Wohnung meiner Eltern den meisten Platz zu bieten hatte, hielt er sie vorwiegend bei uns ab. Dem Ergebnis nach erzielte sein ungezwungener

Unterricht die besten Erfolge. Unser Lehrer verstand es, uns für das Lernen zu begeistern. Wir liebten und verehrten ihn, denn er half uns stets auf die Sprünge, wenn wir etwas nicht verstanden hatten. Manchen Schabernack stellten wir an, und wenn wir seinen Mantel hinter die Landkarte hängten, den Schwamm oder die Kreide versteckten, zürnte er uns nicht.

Einmal unternahm ich mit meiner Klasse einen Ausflug in die Dresdner Heide. Ausgelassen tollten wir Schülerinnen in der Gegend herum und hofften, einen unbeschwerten Tag erleben zu dürfen. Anfangs sammelten wir für den Biologieunterricht Gräser und Blätter der hiesigen Fauna. Später spielten wir Verstecken, bemerkten aber nicht, dass ein Mädchen aus unserer Klasse sich in ein Gestrüpp verkroch. Unser Lehrer spürte sie auf, verhielt sich aber ihr gegenüber nicht korrekt. Auf dem Heimweg tuschelten einige über den Vorfall, doch ich maß ihm keinerlei Bedeutung zu. Am nächsten Tag erschien unser Klassenlehrer nicht zum Unterricht. Er wäre krank geworden, teilte die Schulleitung mit. Im Nachhinein erfuhren wir, er hatte das Mädchen unsittlich berührt. Die Eltern meldeten den Fall und unser Lehrer wurde sofort vom Dienst suspendiert. Natürlich billigten wir in keiner Weise sein Vergehen, bedauerten aber die Abberufung. Tagelang konzentrierten wir uns nicht auf den Lernstoff, sondern vergossen reichlich Tränen um unseren Mädchenschwarm. Als der Neue kam, hatte er es die erste Zeit sehr schwer mit uns. Noch immer trauerten wir unserem Idol nach. Doch die Trennung war endgültig. Wir sahen unseren Klassenlehrer nie wieder. Er kam über die Schmach nicht hinweg und nahm sich kurz darauf das Leben. Wir weinten uns die Augen rot, wenn wir seiner gedachten.

Das Schwimmen lernte ich im Günzbad an der Carolabrücke. Mit einer Schwimmhilfe aus Kork versuchte ich mich krampfhaft über Wasser zu halten. Mutter stand immer am Beckenrand und ließ mich nicht aus den Augen. Wagte ich noch einen Sprung vom

Einmeterbrett, bekam sie Zustände, wenn ich nicht sofort wieder auftauchte.

Aber ich hatte noch andere Ambitionen. Wie fast alle Mädchen in meinem Alter träumte ich davon, Tänzerin zu werden und einmal auf der Bühne zu stehen. Meine ersten Tanzschritte wurden in einer Ausbildungsstätte auf der Prager Straße für sehr gut befunden. Mutter hatte mich dort heimlich angemeldet. Nach bestandener Aufnahmeprüfung stand einer Ausbildung als Balletttänzerin nichts im Wege, nur die Unterschrift des Erziehungsberechtigten fehlte noch unter dem Vertrag. Wenn auch meine Mutter mir großzügig Schützenhilfe leistete, Vater verweigerte die Zustimmung. »Eine Hupfdohle in der Familie, das fehlte mir gerade noch!«, rief er erzürnt und brachte damit sein Missfallen zum Ausdruck. Durch diese väterliche Absage fanden meine geliebten Tanzstunden ein jähes Ende. Der »Ballerinatraum« zerplatzte wie eine Seifenblase. Ich konnte das meinem Vater lange Zeit nicht verzeihen.

Der Stammhalter ist da!

Da ich von Herzen gern einen Bruder haben wollte, gab mir mein Vater den Rat, mich mit diesem Anliegen direkt an den Klapperstorch zu wenden. Allein Meister Adebar, so behauptete er allen Ernstes, sei für die Beschaffung von Nachwuchs zuständig. Doch das scheue Gefieder in die Stadt zu locken, war ein äußerst schwieriges Unterfangen. Tagelang sann ich darüber nach, mit welchen storchtypischen Delikatessen ich dem langbeinigen Vogel den Schnabel wässrig machen könnte. In den Büchern stand etwas von Fröschen, aber die waren mir zu schlüpfrig. Zum Glück hatte Vater eine Idee. Er empfahl mir, die Fresslust des Storches auf Süßes auszunutzen und reichlich Zucker auf das Fensterbrett der Schlafstube zu streuen. Gesagt, getan. Auf Vaters Rat hin beschaffte ich mir aus der Speisekammer eine gehörige Portion Storchenfutter und garnierte damit sämtliche Fensterbretter der elterlichen Wohnung. Dabei redete ich so vor mich hin: »Storch, Storch, Guter, schenk mir einen Bruder«. Vater nickte zustimmend. »Vielleicht gelingt es uns, den Stelzenvogel für einen Stadtbesuch zu gewinnen«, meinte er mit unschuldiger Miene und rückte seine Brille zurecht. Nie wäre mir der Gedanke gekommen, an Vaters Worten zu zweifeln und so übersah ich den Schalk, der in seinen Augen blitzte.

Als nach einigen Tagen kein einziges Körnchen Zucker mehr auf den Simsen lag, nahm ich an, dass der Storch die Dringlichkeit des Auftrags erkannt hatte. Anfang November 1938 war es dann soweit. In Begleitung meines Vaters durfte ich in der Frauenklinik einen Blick auf das eigens von mir bestellte Brüderchen werfen. Ich war enttäuscht. Der neue Erdenbürger erfüllte keineswegs meine Erwartungen. Er war so klein, so kahlköpfig, so runzlig und ich begriff, dass es bestimmt noch ein Weilchen dauere, bis dieser Winzling sein spieltaugliches Alter erreichen würde.

Trotzdem war ich stolz auf das Ergebnis. Und da meine Mutter wegen einer langwierigen Venenentzündung noch drei Wochen lang das Bett hüten musste, kamen bei mir keine Zweifel auf. Der Storch hatte sie auftragsgemäß ins Bein gebissen. Wenn ich heute daran denke, kann ich mich eines Lächelns kaum erwehren. Aber das war damals so.

Die Tage ohne Mutter verliefen sehr eintönig, wenngleich Vater sich viel Mühe gab, mir diese Zeit erträglich zu machen. Mit kleinen »Trostpflästerchen« versuchte er meinen Trennungsschmerz zu mildern. Besonders gut gelaunt war ich, wenn er mit mir ausging. Da Ida, unser dienstbarer Geist, während Mutters Abwesenheit ihren Urlaub nahm und mein Vater es keinesfalls für erstrebenswert hielt, am häuslichen Herd den Kochlöffel zu schwingen, zählten wir beide vorübergehend zu den Gästen der bekannten und beliebten »Bären-Schenke« in der Webergasse. Der Wirt, ein Skatfreund meines Vaters, setzte sich häufig an unseren Tisch und plauderte mit ihm über Gott und die Welt. Ich indessen stellte mithilfe des Kochs in der Küche die Speisefolge für uns beide zusammen. Mitunter kamen Vater meine kulinarischen Spitzfindigkeiten etwas spanisch vor, deshalb nahm er immer erst eine Kostprobe, bevor er sich an so ein Gericht heranwagte. Entsprach das seinem Geschmack, fiel mir jedes Mal ein Stein vom Herzen.

Zweifellos zählten die Gaststättenbesuche mit Vater zu den willkommensten Abwechslungen in meinem Tagesablauf und es wäre mir sehr recht gewesen, wenn der Arzt meine Mutter und das Neugeborene noch eine Weile in der Klinik behalten hätte. Doch die schöne Zeit verging wie im Flug, und mit viel Gebrüll und Geschrei hielt das hinzugekommene Familienmitglied Einzug in unser bis dahin so friedliches und geruhsames Zuhause.

Im Grunde genommen wirbelte das kleine Kerlchen unseren gewohnten Tages- und Nachtablauf gewaltig durcheinander. Jeder Muckser von ihm wurde registriert, jeder schräge Ton hielt die Familie auf Trab. Auch wenn er uns allen die Nerven raubte, er schaffte es, an die erste Stelle unserer Familie aufzurücken. Die Hierarchie hatte sich zu seinen Gunsten verschoben.

So sehr ich mich über den Familienzuwachs freute, er brachte auch mancherlei Nachteile mit sich. Zumindest büßte ich ein Stück Bewegungsfreiheit im Kinderzimmer ein. Meine Angewohnheit, jeden Abend im Bett noch ein Stündchen zu lesen, musste ich aufgeben. Von nun an war das nur im Schein der Taschenlampe möglich, ansonsten kam der Dreikäsehoch nicht zur Ruhe. Alle naselang versuchte er aus dem Gitterbettchen zu klettern und wollte mit mir spielen. Sein dauerndes Gequengel nervte mich, und ich begann an Vaters Ratschlag zu zweifeln. Vielleicht war das mit dem »Zuckerstreuen« doch kein so guter Einfall gewesen.

Bisher verlief mein Leben in geregelten Bahnen, aber seitdem dieses Bübchen den Ton angab, war es völlig durcheinandergeraten. Ständig überraschte mich meine Mutter mit irgendwelchen Aufträgen. Entweder sie drückte mir ein Milchfläschchen in die Hand oder machte mein Brüderchen ausgehfertig. Wobei ich mich für das Füttern ebenso wenig begeistern konnte wie für das Kinderwagenschieben. Am liebsten hätte ich Ida eingespannt, aber Mutter passte auf, dass ich sie nicht unnötig von der Arbeit abhielt. Außerdem musste ich noch Auflagen respektieren, die mir nicht leicht fielen. Mutter wünschte in den Schlafzeiten meines Bruders keine laute Musik und mein Vater beschäftigte sich in der Mittagspause nur mit seinem Sprössling. Hinzu kam, dass Ida mich sträflich vernachlässigte. Sie bemutterte den elterlichen Nachwuchs so, als wäre er ihr Eigen. Laufend sang sie ihm Kinderlieder vor und wiegte ihn verzückt in den Schlaf. Anfangs fiel es mir verdammt schwer, mich mit den neuen Verhältnissen anzufreunden, doch im Laufe der Zeit konnte ich mir das Leben ohne den kleinen Bengel gar nicht mehr vorstellen. Er war mir so ans Herz gewachsen, dass ich es bereute, nicht schon früher die Dienste des Klapperstorchs in Anspruch genommen zu haben.

Nachdem mein Brüderchen den Windeln entwachsen war, bummelten meine Eltern oft abends zur Gaststätte »Löwenbräu« am Neumarkt oder trafen sich mit Freunden im Hotel »Stadt Rom«. Für mich ein willkommener Anlass, in Vaters Bücherschrank zu kramen. Und damit mich der kleine Racker nicht störte, köderte ich ihn mit Zuckerwerk und legte ihm allerlei Spielzeug ins Bettchen. Waren meine Eltern außer Reichweite, lieh ich mir manch unterhaltsame Lektüre aus.

Vaters Bibliothek war eine Fundgrube. Neben christlichen Schriften füllten auch eine Reihe kostbare, in Leder gebundene und mit goldenen Lettern verzierte Werke der Weltliteratur die Regale. Einige Exemplare lagen aus Platzmangel übereinander und es war

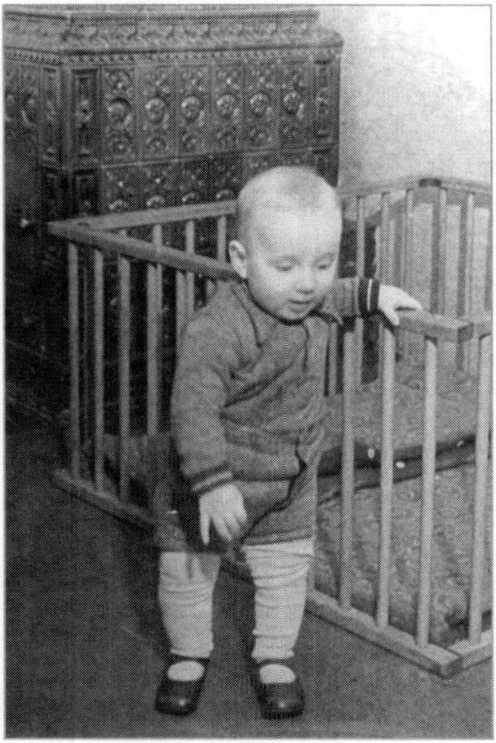

Der Stammhalter ist da

sehr schwierig, ein begehrtes Objekt aus dem Stapel zu fischen. Um Vater nicht zu verärgern, ließ ich beim Stöbern äußerste Vorsicht walten.

Auch wenn einige Bestseller nicht meiner Altersgruppe entsprachen, trotzdem bemühte ich mich, den Lesestoff zu verstehen. Die Romane von Tolstoi »Krieg und Frieden« und »Anna Karenina« wie auch »Soll und Haben« waren eigentlich Lektüre für Erwachsene. Aber gerade das reizte mich. Ich schmökerte, bis meine Eltern nach Hause kamen. Mutter blieb das nicht verborgen. Sie empfahl meinem Vater, seine Bücherbestände wegzuschließen. Doch er meinte gelassen: »Wenn Ursula mit einem Buch nichts anzufangen weiß, stellt sie es von selbst wieder zurück.«

Erwähnenswert ist noch, dass mein Bruder Dieter 1938 in der Frauenkirche wegen deren Renovierung nicht getauft werden konnte. Seinen Segen bekam er in der Sophienkirche am Postplatz. Noch heute ist er untröstlich, dass ihm das damals versagt blieb.

Vogelwiesenzauber

Glücklicherweise gab es Tage, an denen ich Vater ganz allein für mich hatte. Das war die Zeit der Dresdner Vogelwiese, die jedes Jahr am linken Elbufer stattfand und einen regen Besucherstrom anzog. Vater pilgerte gern dorthin, und weil meine Mutter keinen Gefallen daran fand, durfte ich ihn bei seinen Vergnügungstouren immer begleiten. Unternehmungslustig zog ich mit ihm los. Schon von Weitem hörten wir den Lärm der Drehorgeln, die ununterbrochen von den Karussells, dem Riesenrad und den anderen Fahrgeschäften ertönten. Auch das schrille Aufheulen der Sirene, die den Standort der Achterbahn anzeigte, nahmen wir aus der Ferne wahr. Kamen dann die ersten Schausteller in Sicht, beschleunigten wir unsere Schritte

Dresdner Vogelwiese am Elbufer, Foto: R. Adam, Fotothek

und stürzten uns ins Getümmel. Dann packte Vater das Rummelfieber und übermütig wie ein junger Bursche kurvte er mit einem Kleinfahrzeug auf der Scooterbahn umher. In den seltensten Fällen gelang es ihm, mich für das kreuzgefährliche Unternehmen zu gewinnen. Denn wenn sich die Scooter gegenseitig so kräftig anrempelten, quengelte ich so lange, bis er mich wieder am Rand der Bahn absetzte.

Manchmal fuhren wir auch mit der Geisterbahn, obwohl ich Vater stets zu verstehen gab, dass ich gern darauf verzichten würde. Aber er hatte Spaß an meinen Ängsten und fand diese Gruselfahrten durchweg lustig. Doch der spärlich beleuchtete Innenraum des Zeltes, die aufzuckenden Blitze und die effektvoll angebrachten Spukgestalten, die an den unterschiedlichsten Stellen der Bahn kreischend in Erscheinung traten, erschreckten mich immer wieder aufs Neue. Tauchte dann während der Fahrt noch ein knochenklapperndes Totengerippe auf, aus dessen leeren Augenhöhlen grellrote Lichter blitzten, verkroch ich mich hinter Vaters Rücken. Zum Glück konnte das von oben herabhängende Skelett mich aufgrund meiner Größe nicht erreichen, nur Vater fuhr zusammen, wenn eine kalte Hand über seinen Kopf strich. Auf der Stelle folgte ein höhnisches Gelächter, das allweil in unsere Ohren drang. Die boshaften Lacher kamen aus den zahnlosen, weit aufgerissenen Mäulern der hässlichen Brockenhexen, die auf einem langen Besenstiel sitzend an einem Seil vom Zeltdach herunterhingen und sich immerfort im Kreis drehten.

Sehr abstoßend, ganz und gar grauslich waren auch die Spinnweben, die mir der Fahrtwind ins Gesicht wehte. Mitunter hing dort noch eine übergroße Spinne im Netz, die sich mit ihren spindeldürren Beinen augenscheinlich auf mich zu bewegte. Das war ziemlich ekelhaft und ich veranstaltete daraufhin so ein irrsinniges, so ein albernes Geschrei, und hörte erst damit auf, wenn mir Vater besänftigend die Hand auf den Mund legte. Aber bereits an der nächsten

Kurve lauerten wieder irgendwelche Schreckgespenster, die mir jede Menge Furcht einjagten. Im Gegensatz zu meinem Vater bereitete mir das Gruselkabinett kein Vergnügen und ich war froh, wenn das Läuten der Geisterbahnglocke das Ende der Fahrt anzeigte.

Lieber setzte ich mich in ein Kettenkarussell. Das fuhr nach dem Start zunächst im gemäßigten Tempo im Kreis herum. Erst wenn der Betreiber die Geschwindigkeit erhöhte, kribbelte und krabbelte es in meinem Bauch. Legte er dann noch einen Zahn zu, krallte ich mich vorsichtshalber an den Ketten fest, und ehe ich mich versah, flog ich in meinem Sitzkörbchen hoch über die Köpfe der Zuschauer hinweg. Ein Nervenkitzel der besonderen Art.

Schade, dass mein Vater nicht für jeden Spaß zu haben war. Eine Fahrt mit der Raupe oder dem Riesenrad lehnte er ab. Stellte ich mich aber an dem Fahrkartenhäuschen der Achterbahn an, vergaß er seine Vorurteile und ließ sich nicht lange bitten. Dabei hatte ich beim Einsteigen schon Fracksausen. Ging dann die Reise hoch in die Lüfte, machte mir das anfänglich nichts aus. Wenn aber die Bahn nach kurzem Höhenflug plötzlich steil nach unten sauste, schrie ich, wie die anderen Fahrgäste auch, meine Anspannung aus vollem Halse heraus. Im Eilzugtempo raste sie weiter, Kurve um Kurve. Ich schloss die Augen, weil mir da immer schwindlig wurde. Doch die Wagenschlange düste ungebremst nach oben und im Affenzahn wieder nach unten. Am Ende der Fahrt war ich total geschafft, nur meinem Vater merkte man nichts an. Mutter konnte froh sein, dass sie nicht dabei war. Diese turbulente Fahrt war nichts für schwache Nerven.

Etwas ruhiger ging es dann in einer Bimmelbahn zu. Wie eine Tretmühle fuhr sie gemächlich im Kreis herum. Da konnte man sogar während der Fahrt zusteigen. Wenn auch mehr für Kleinkinder geeignet, zwängte ich mich dennoch in einen Waggon hinein. Vater war das recht. Bei so einem Tempo musste er nicht ständig auf mich aufpassen und konnte sich derweil an einem Krug Bier und einem

Würstchen laben. Nach Fahrtende durfte ich mir immer eine Stärkung nach meinem Geschmack aussuchen, wobei ich stets an einer Eisbude hängen blieb.

Zu den Attraktionen auf der Vogelwiese zählte damals eine Fahrt mit dem Zeppelin. Die nachgebildeten, kleinen Luftschiffe hingen an einem hohen, sich langsam drehenden Stahlgerüst. Auf mein Drängen hin stiegen wir in so einen Zeppelin hinein und schwebten damit hoch über der Vogelwiese. Von oben betrachtet sah der Rummelplatz mit seinen vielen Belustigungen und den bewegenden Figuren wie ein verzaubertes Spielzeugland aus. Da konnte ich mich einfach nicht satt sehen und genoss jede weitere ertrotzte Runde.

Kamen wir zum Schluss an einer Schießbude vorbei, blieb Vater immer stehen. Erst wenn er für Mutter einen Strauß künstlicher Blumen schoss, war er zufrieden. Bevor wir aber den Heimweg antraten, erbettelte ich mir noch ein Säckchen Glaskugeln zum »Ditschen«, ein Murmelspiel, das wir Kinder oft auf dem Neumarkt austrugen. Wir kratzten dazu Löcher in die Zwischenräume der Pflastersteine und versuchten mit gekrümmtem Zeigefinger die Kugeln in diese Vertiefung zu schieben. Gewinner war derjenige, der die letzte Murmel ins Ziel brachte. Bei dem Spiel konnte man viele Kugeln gewinnen, aber mitunter auch säckchenweise verlieren.

Zuweilen kam es vor, dass mir Vater eine Eintrittskarte für eine Vorstellung im Kuppelbau des Zirkus Sarasani auf dem Carolaplatz spendierte. Meine Freude war groß, faszinierte mich doch die Originalität der dargebotenen Programme. Seien es Bären, Seelöwen oder Sioux-Indianer, die ihre Kunststücke darboten, jede Nummer war eine Klasse für sich. Auch Vater genoss mit sichtlichem Vergnügen die ausgefeilten Pferdedressuren der flotten Schulreiterinnen, während ich mich über die Späße der Pausenclowns köstlich amüsierte. Unsere Begeisterung fand keine Grenzen, wenn eine Reihe anmutiger Haremsdamen in einer morgenländischen Schau im Zirkus tanzte. Eine Glanznummer, die wir nicht so schnell vergessen konnten. Auch die außergewöhnlichen Wasserspiele waren einsame Spitze. Dazu wurde die Manege in den Boden versenkt, bis oben hin mit Wasser gefüllt und buntes Scheinwerferlicht tauchte das Geschehen in eine traumhafte Fantasiewelt. Diese Darbietung wurde immer mit stürmischem Applaus belohnt.

Zirkus Sarrasani am Carolaplatz; R. Adam

Der 1. September 1939

Am Morgen des 1. September 1939 überschritten deutsche Soldaten die Grenze zu Polen. Dieser Überfall auf den polnischen Staat löste den Zweiten Weltkrieg aus. Meine Eltern waren enttäuscht. Nie hätten sie es für möglich gehalten, dass die damalige Regierung, das Dritte Reich, trotz ihrer Friedensbeteuerungen einen bewaffneten Konflikt vom Zaun brechen würde. Ich war seinerzeit noch im kindlichen Alter und konnte demnach das Ausmaß der Katastrophe nicht einschätzen. Aber ich weiß noch genau, dass bei uns zu Hause eine spannungsgeladene Stimmung herrschte. Meine Eltern saßen vor dem Radio und wollten auf keinen Fall gestört werden. Ida hantierte in der Küche und ließ sich nicht blicken. Da meine Freundin ausgerechnet am 1. September ihren Namenstag feierte und mich dazu eingeladen hatte, sind mir Einzelheiten in den Sinn gekommen, die diesen Tag unvergesslich machten.

Was mich damals am meisten ärgerte, war das Desinteresse meiner Eltern an meiner Person. Als ich meine Mutter bat, zur Feier gehen zu dürfen, bekam ich keine Antwort. Erst als ich ihr erneut die Bitte ins Ohr flüsterte, schob sie mich unwirsch zur Seite. Ich wertete das als Zustimmung und eilte zur Tür hinaus. Meine Eltern waren so im Gespräch vertieft, dass sie mich überhaupt nicht vermissten. Von früh bis spät tönten Sondermeldungen aus dem Radio und die wollten sie auf keinen Fall verpassen. Als ich zurückkam, diskutierten sie noch immer über dasselbe Thema. Mutter jammerte unaufhörlich über künftig auftretende Todesfälle in der Verwandtschaft und sah ihre vier Brüder schon halb tot im Schützengraben liegen. Mein Vater dagegen war der Auffassung, dass es sich nur um einen Blitzkrieg handle, der aufgrund politischer Unstimmigkeiten zwischen den beiden Staaten nicht zu vermeiden war. Meine Mutter widersprach dem heftig und erwiderte: »Das ist erst der Anfang.

Adolf ist größenwahnsinnig geworden. Er wollte schon immer Krieg, das haben die Leute beim Fleischer gesagt.« Vater bemühte sich, sie von ihrem Argwohn dem »Führer« gegenüber abzubringen, aber sie stellte sich auf die Hinterbeine und behauptete steif und fest: »Hitler bedeutet Krieg!«

Ich als stille Zuhörerin konnte mir kein Urteil erlauben. Meine bis dahin erworbenen Schulweisheiten ließen das nicht zu. Während meine Eltern noch die halbe Nacht Gespräche führten, kuschelte ich mich wohlig unter die Bettdecke. Hätte ich meinem Vater an dem Tag eine schlechte Schulnote untergejubelt, ich glaube, das Heft wäre von ihm unbesehen unterschrieben worden.

Übrigens, die Angst meiner Mutter war begründet. Die auf dem Fuß folgende Mobilisierung ging auch an unserer Verwandtschaft nicht vorüber. Ihr Bruder Fritz, Lokomotivführer bei der Reichsbahn, fuhr von nun an voll beladene Munitionszüge an die Front. Fast jeder dieser Transporte wurde aus der Luft angegriffen. Auch Vaters jüngster Bruder, Onkel Wilhelm, erhielt seinen Einberufungsbefehl. Nach kurzer Ausbildungszeit schickte ihn sein Vorgesetzter ins Kampfgetümmel. Er war nicht weniger gefährdet.

Onkel Wilhelm war mein Lieblingsonkel. Seinen ersten Heimaturlaub verbrachte er bei uns in Dresden. Die schmucke Uniform stand ihm so gut, dass ich ihn immerfort anhimmelte. Berichtete er von seinen Einsätzen, hörte ich ihm aufmerksam zu und ging er aus, bedauerte ich es, ihm nicht Gesellschaft leisten zu dürfen. Schon nach kurzer Zeit wurde er zum Unteroffizier befördert und verdrehte allen Damen den Kopf. Er verliebte sich Knall auf Fall in eine junge Frau, heiratete sie und bald war ein Kind unterwegs. Doch die Liebe währte nicht lange. Bedauerlicherweise war ihm seine Angetraute wegen seiner wochenlangen Abwesenheit nicht treu geblieben. Diesen Wortbruch konnte mein Onkel nicht verzeihen. Enttäuscht meldete er sich an die vorderste Front. Mutter meinte, dass er damit Kopf und Kragen riskieren würde. Die Bestätigung lag wenige Wochen später im Briefkasten. Onkel Wilhelm fand fern seiner Heimat den »Heldentod«. Wie traurig, dass ich ihm keine Blümchen aufs Grab legen konnte.

Durch diese Nachricht wurde mir im vollen Umfang die Tragik des Krieges bewusst. Nun hatten die Folgen auch in unserer Familie Spuren hinterlassen. Ich reimte mir zusammen, dass alles noch viel, viel schlimmer werden würde, sollten sich diese Kampfhandlungen in die Länge ziehen. Wenn ich dann im Kino saß, die Wochenschau über die Leinwand lief und die Soldaten sich in Feuergefechte verwickelten, dachte ich immerzu an meinen Onkel. Dann konnte ich mich der Tränen kaum erwehren und begriff nicht, warum gerade er für das »Vaterland« sein junges Leben opfern musste.

Eigentlich gab es in den ersten Wochen nach Kriegsbeginn noch keine nennenswerten Einschnitte in unsere gewohnte Lebensweise. Die Geschäfte boten noch ausreichend Lebensmittel an und im Fischladen auf der Webergasse schwammen die Karpfen und Hechte noch nach wie vor um die Wette. Es war anzunehmen, dass wir vorerst von den Lagerbeständen der Händler profitierten. Bevor Lebensmittelmarken eingeführt wurden, legten sich bereits viele aus der Bevölkerung ein Hamsterlager an. Auch meine Mutter schaffte, angestachelt durch die »Fleischerschlange«, Nahrungsmittel heran, sozusagen eine eiserne Ration für schlechte Zeiten. Die Regale in ihrer Speisekammer waren bis unter die Decke mit Konservendosen und anderen Dauerwaren gefüllt. Mutter sperrte die Kammer immer ab, das war ihr Reich, da kam Vater nicht hin. Sogar eine Kiste mit holländischer Badeseife versteckte sie klammheimlich in ihrem Wäscheschrank. Nie und nimmer konnte sie Vater in ihre Machenschaften einweihen. Er hätte sich über so viel Unvernunft die Haare gerauft und ihr weitere Hamsterkäufe verboten.

Was mir im Laufe der Zeit auffiel, war die zunehmende Anzahl von Uniformierten in unserer Stadt. Sooft ich nach dem Unterricht mit meinen Mitschülern am Hauptbahnhof vorbeilief und durch die Prager Straße schlenderte, wimmelte es nur so von Soldaten, die in Grüppchen die Auslagen der Geschäfte betrachteten. Sie waren meist in ausgelassener Stimmung und mit »Hallo kleines Fräulein« munterten sie junge Mädchen auf, sie zu begleiten. Und da die schmalen Bürgersteige den steigenden Fußgängerverkehr nicht schafften, vergnügten sie sich auf den Straßenbahnschienen. Kam die Bahn angekrochen, musste sie sich erst durch ein schrilles Gebimmel freie Fahrt verschaffen. Größtenteils verweilten die Wehrmachtsangehörigen nur wenige Stunden in der Stadt. Sie machten in der Elbmetropole Halt, um von hier aus die Weiterreise in Richtung Ostfront anzutreten. Setzten sich dann die Züge vollbesetzt mit froh gestimmten Landsern in Bewegung, winkten wir Schüler ihnen hinterher. Wohl wissend, dass diese jungen Burschen sich voller Zuversicht auf eine Reise begaben, deren Ausgang so ungewiss war wie die Dauer des Krieges.

Weihnachten 1939

Zum ersten Mal fiel der Schatten einer militärischen Auseinandersetzung auf das Fest der Liebe. Meine Eltern versuchten, die negativen Auswirkungen, die dieser Konflikt mit sich brachte, von uns Kindern fernzuhalten. Veranlasst durch Presse und Rundfunk, die den Siegeszug durch das Nachbarland Polen verherrlichten, hatte der Krieg, zumindest bei einem Teil der deutschen Bevölkerung, seinen Schrecken verloren. Die Wehrmacht wurde bejubelt und von Verlusten war keine Rede. Auch ich bummelte sorglos durch die Altstadt und erstand von meinem Gesparten Geschenke für die Eltern, meinen Bruder und vor allen Dingen für Ida. Und damit keiner den Heimlichkeiten auf die Spur kam, schob ich alles im Kinderzimmer unters Bett.

Wenige Tage vor dem Fest liefen bei uns zu Hause die Vorbereitungen auf Hochtouren. Ida brachte mit ihrem Putzfimmel die ganze Wohnung durcheinander, Mutter besorgte in letzter Minute den Stollen vom Café Kreutzkamm und Vater nahm den Festbraten vom bäuerlichen Lieferanten in Empfang. Die Wiener Würstchen für den Kartoffelsalat zum Heiligabend lagen schon im Eisschrank und das Rotkraut für die Feiertage köchelte bereits auf der Herdplatte. Aufgewärmt schmeckt es immer am besten, behauptete meine Großmutter.

Das Weihnachtsfest feierten wir, wie in jedem Jahr, im Kreis der Familie. Der vom Fußboden bis an die Decke reichende Tannenbaum, den mein Vater höchstpersönlich mit silberfarbigen Kugeln, weißen Wachskerzen und einer Baumspitze mit zwei Glöckchen schmückte, verlieh dem Fest einen würdigen Rahmen. Vor allem das schwere Lametta, das Vater akkurat an jeden Tannenzweig hängte, war von erhabener Schönheit. Und damit alle Silberfäden ein gleichmäßiges Bild abgaben, schnitt Vater sie mit einer Schere schnurgerade. Kein Wunder, dass sein liebevoll angeputzter Christbaum den uneingeschränkten Beifall der Familie fand.

Auch für die weihnachtliche Dekoration in der Wohnstube war Vater zuständig. Auf dem Büfett standen in Reih und Glied aus Holz geschnitzte Räuchermännchen, niedliche Engelchen und allerlei Kerzenschmuck. Aber den meisten Platz beanspruchten Vaters selbstgebastelte Adventslaternen, die er überwiegend mit christlichen Motiven schmückte. Manchmal verirrten sich auch Märchengestalten auf den Schöpfungen oder das, was im Winterwald so kreucht und fleucht. Die Scherenschnitte aus dünner, schwarzer Pappe unterlegte er mit farbigem Transparentpapier. Eine Kreation war schöner als die andere. Stattete Vater seine Werke noch mit einer Lichtquelle aus, stand mir die Vorfreude auf das Weihnachtsfest ins Gesicht geschrieben.

Besonders stolz war Vater auf seine nachgestaltete Frauenkirche in Kleinformat. Wenn dort das Licht aus den Fenstern drang, fehlten nur die Kirchgänger. Ansonsten stand sie dem Original, die Größe ausgenommen, in nichts nach. Dieses Schmuckstück stellte er als Blickfang auf die Kredenz in der guten Stube, wo es ausgezeichnet zur Geltung kam. Auch die altertümliche Krippe mit dem Christkind und den drei heiligen Königen aus dem Morgenland, die Vater in mühevoller Kleinarbeit wieder zum Leben erweckte, war sehenswert. Ebenso die mehrstöckige Pyramide, deren Flügel sich unter der Wärme der brennenden Kerzen wie eh und je flink im Kreise drehten.

Am Heiligen Abend sangen wir gemeinsam Weihnachtslieder. Vater spielte auf seiner Geige und ich begleitete ihn auf dem Klavier. Der Gabentisch war reichlich gedeckt. Auf meinem Platz lagen Bücher, Sachen zum Anziehen und das von mir sehnlichst gewünschte Perlenkettchen war auch dabei. Traditionsgemäß stand ein ungeöffnetes Päckchen von den Großeltern für uns Kinder mitten auf dem Tisch. Ich konnte es kaum erwarten, einen Blick hineinzuwerfen.

Sicher hatte Großmutter wieder warme Sachen eingepackt, doch insgeheim hoffte ich, noch eine für mich speziell ausgesuchte Aufmerksamkeit vorzufinden.

Trotzdem kam bei mir keine Freude auf. Aber das lag wohl an meiner ungezügelten Neugier. Denn als ich kurz vor dem Fest einmal allein zu Hause war, ging ich auf die Suche nach den von meiner Mutter sorgsam versteckten Weihnachtsgeschenken. Ohne Gewissensbisse zu haben, stöberte ich in ihrem Schrank. Dabei fiel mir beim Abtasten der Wäsche ein verschnürtes Päckchen in die Hand. Vorsichtig knotete ich es auf, und nachdem ich mich vergewissert hatte, dass sich damit einer meiner Wünsche erfüllte, legte ich es beruhigt an seinen Platz zurück. Als Nächstes durchwühlte ich ihre Kommode. Wieder wurde ich fündig und wieder hatte meine Mutter das Richtige ausgewählt. Dass mir durch diese Wissbegierde der Überraschungseffekt verloren gehen würde, kam mir überhaupt nicht in den Sinn. Erst am Heiligen Abend beim Auspacken der Geschenke stieg ein fader Geschmack in mir auf. Zwar ließ ich mir nichts anmerken, aber mein Wohlergehen hatte erheblich darunter gelitten. Nie wieder habe ich meine Nase in Mutters Schrank gesteckt. Die Lust dazu war mir gründlich vergangen.

Meinem Bruder schenkte der Weihnachtsmann einen zottligen Teddybär. Freudestrahlend drückte er ihn ans Herz. Und als er dann unter dem Christbaum noch eine hölzerne, blauweiß bemalte Gans mit drei Rädern entdeckte, war er ganz aus dem Häuschen. Dieses kompakte Gefährt, in das sich ein Kleinkind bequem hineinsetzen konnte, hatte mein Vater extra für sein Söhnchen anfertigen lassen.

Doch diese dickleibige Gans entpuppte sich als Störenfried der Feiertage und deshalb war ihr nur ein ziemlich kurzes Dasein vergönnt. Wobei das keinesfalls an der Gans lag, sondern daran, dass jedes von uns Kindern der Fahrer sein wollte. Denn es ging mir absolut gegen den Strich, dass mein Bruder immerzu mit dem Wägelchen rund um den Wohnzimmertisch strampelte. Als ich darauf drängte, es auch einmal versuchen zu wollen, war er keineswegs bereit, mir seinen Platz zu überlassen. Wir gifteten uns an, stritten laut um das Gefährt. Mittlerweile störte Vater das Gezerre. Zuerst versuchte er unseren Streit zu schlichten. Als aber seine Ermahnungen nicht fruchteten, fackelte er nicht lange, nahm einen Hammer und zerlegte damit das nigelnagelneue Streitobjekt in lauter kleine Einzelteile. Dann öffnete er die Tür vom Kachelofen und ohne zu zögern verbrannte er die Überbleibsel der Gans an Ort und Stelle. Mutter weinte. Wir Kinder sahen uns erschrocken an. Zum Schluss blieb von dem hölzernen Federvieh nur ein Häufchen Asche übrig. Ohne Frage, die weihnachtliche Stimmung war dahin. So einen Heiligen Abend hatte es bei uns noch nicht gegeben. Wenn auch durch diese ungestüme Vorgehensweise meines Vaters ein Schatten auf die Feiertage fiel, für uns Kinder war es eine heilsame Lehre. Nie wieder sind wir in seinem Beisein aneinandergeraten. Vorzeitig verschwanden wir in unser Kinderzimmer und verhielten uns dort mucksmäuschenstill.

Rückblickend war die erste Kriegsweihnacht ein völlig verkorkstes Fest. Ob meine Eltern das Gleiche empfanden, danach habe ich mich nicht getraut zu fragen.

Dienst ist Dienst

Denke ich an die letzten Kriegsjahre zurück, so lebten wir in Dresden wie auf einer Insel im Auf und Ab der Wirren des Krieges. Die vereinzelten Luftangriffe auf unsere Stadt demoralisierten in keiner Weise die Einwohner. Lediglich in der Altstadt wurden einige Schulen aus Vorsichtsmaßnahmen geschlossen, darunter auch die 9. am Georgplatz. Während die eine Hälfte der Klasse künftig die Schule in der Marschnerstraße besuchte, setzte die andere, zu der ich gehörte, den Unterricht in einer Bildungsstätte in der Nähe des Hauptbahnhofes fort. Genau genommen ein Widerspruch, denn kein Stadtviertel war mehr gefährdet als die Südvorstadt.

Den Georgplatz schaffte ich zu Fuß, zum Hauptbahnhof musste ich mit der Straßenbahn fahren. Heimwärts verzichtete ich zumeist auf das Beförderungsmittel. Lieber bummelte ich mit meiner Schulfreundin die Prager Straße entlang, vorbei an Kinopalästen und Geschäften bis hin zum Kaufhaus Renner. Ein Einkaufstempel, der auch für den kleinen Geldbeutel Waren bereithielt. Obwohl das Weihnachtsfest vorüber war, nutzte ich die Gelegenheit und erstand einige Päckchen von dem schweren Lametta, das Vater so mochte. Auch Faschingsartikel gab es noch in Hülle und Fülle. Und da wir beide glaubten, nicht genügend davon zu haben, deckten wir uns reichlich damit ein.

Jeden Mittwoch- und Sonnabendnachmittag mussten Jungen wie Mädchen im Schulgebäude zum Dienst antreten. Auf dem Programm standen Lehrgänge und Körperertüchtigung. Auch ich konnte mich diesem Muss nicht entziehen. Die Vorgesetzte führte akribisch Buch über die Anwesenheit jeder Schülerin. Bei unentschuldigtem Fehlen hatte die Betreffende vor der Gruppe Rechenschaft abzulegen. Weil mich aber diese Zusammenkünfte nicht sonderlich interessierten, meldete ich mich mit einer Klassenkameradin zum Kriegsdiensteinsatz. Wir wurden zu einer Drogerie beordert, in der Arbeitskräfte fehlten. Statt Drill in der Schule trafen wir uns dort, um die vorgeschriebenen Stunden abzuleisten. Unermüdlich packten wir Waren aus, füllten Regale auf und dekorierten das Schaufenster. Nebenbei kümmerte ich mich noch um die langhaarige siamesische Katze der Ladenbesitzerin. Wahrlich ein elendes Biest, das mit ihrem fortwährenden Schnaufen und Niesen alles um sich herum besudelte. Drehte ich ihr den Rücken zu, verwandelte sie das mit viel Aufwand hergerichtete Schaufenster in ein heilloses Durcheinander. Mehrfach lag sie ausgestreckt unter einem Stapel zerdrückter Schaupackungen und fauchte, wenn ich ihr zu nahe kam. Gern hätte ich der Katze einen Klaps auf ihr Hinterteil gegeben, aber das wäre wohl der Besitzerin nicht recht gewesen.

Für uns Aushilfen war die Belieferung älterer und behinderter Kunden mit Drogerieartikeln eine lukrative Nebeneinnahme. Oftmals fuhren wir mit dem Bus in die Außenbezirke der Stadt. Das war zwar eine elende Schlepperei, aber die Mühe zahlte sich aus. Diese Einsätze wurden von den Kunden immer sehr großzügig belohnt.

Von der Inhaberin der Drogerie haben wir viel gelernt. Unter ihrer Anleitung fertigten wir aus diversen Zutaten Pralinen, zerrieben mit dem Mörser Gewürze zu Pulver und mischten aus vielerlei Essenzen gut riechendes Duftwasser. Ab und zu besserte sie unser Taschengeld mit ein paar Markstückchen auf und an Geburtstagen oder zum Weihnachtsfest verwöhnte sie uns mit kleinen Geschenken. Auf unserem Platz lag immer etwas zum Naschen und, wie sollte es auch anders sein, allerlei Kosmetika.

Meine Eltern profitierten ebenfalls von meinen Drogerieeinsätzen. Ich versorgte den Haushalt mit Körperpflegemitteln, Waschpulver und nicht tropfenden Kerzen. Auch gutes Rasierwasser und Klingen aus Solingen waren für Vater dabei. Gern denke ich an diese Zeit zurück.

Aber es waren nicht nur schöne Stunden, die ich in dieser Drogerie erleben durfte, auch betrübliche Ereignisse, bedingt durch den Krieg, machten nicht Halt vor heimischer Idylle. So ist mir eine besonders traurige Begebenheit in Erinnerung geblieben.

Es war an einem Herbsttag im Jahre 1943. Wie jeden Mittwoch traf ich mich mit meiner Mitstreiterin am Türkenbrunnen im Jüdenhof. Von dort aus waren es nur noch wenige Schritte bis zu unserer Wirkungsstätte. Schwatzend betraten wir das Geschäft. Doch irgendwie war alles anders als sonst. Uns fiel auf, kein Käufer befand sich im Laden, niemand erwiderte unseren Gruß. Selbst die Katze hatte sich davongeschlichen. Unsicher schauten wir uns um. Ein lautes, vernehmliches Schluchzen ließ uns aufhorchen. Die Verkaufskraft, die stets lächelnd die Kunden bediente, stand mit verquollenen Augen hinter dem Ladentisch. Fortlaufend wischte sie sich mit einem durchnässten Taschentuch das Gesicht ab. Auf Zehenspitzen liefen wir in die hinteren Räume der Drogerie. Dort nahm uns die Besitzerin beiseite und erzählte uns von dem Unglück, das die junge Frau betroffen hatte. Erst vor wenigen Monaten war sie mit ihrem Mann, der an der Ostfront kämpfte, vor den Traualtar getreten. Das Paar erwartete demnächst Nachwuchs und beide freuten sich schon auf den lang ersehnten Heimaturlaub. Doch wider Erwarten kam alle Feldpost zurück mit dem Vermerk: »Gefallen für Großdeutschland!« Der Schmerz der jungen Frau war unermesslich. Zwar teilte sie ihr Schicksal mit vielen anderen Kriegswitwen, aber das tröstete sie nicht.

Diese Begebenheit warf mich eine Zeit lang aus der Bahn. Auch wenn ich in meinem Alter noch nicht das Ausmaß der Katastrophe erkennen konnte, das Leid der jungen Frau bewegte mich und es dauerte eine Weile, bis ich meine Unbeschwertheit wiederfand.

Der Kriegsschauplatz rückte unaufhaltsam näher. Das Blutvergießen war nicht mehr zu stoppen. Immer öfter traf es die Familie, Freunde und Bekannte. Niemand konnte das Ende dieser Feindseligkeiten voraussagen. Noch glaubte der größte Teil der Bevölkerung an den »Endsieg« und war bedenkenlos bereit, Opfer zu bringen.

Tante Else und der General

Des Öfteren führte ein Sonntagsausflug meine Eltern und mich hinauf zu Dresdens Balkon, dem Weißen Hirsch. Mit der Standseilbahn fuhren wir vom Körnerplatz bis hoch zum Luisenhof. Der Blick von den Anhöhen hinunter auf die bezaubernde Stadtsilhouette mit der Kuppel der Frauenkirche war immer überwältigend. Eingebettet im Elbtal lag uns die herrliche Stadt zu Füßen.

Auf dem Weißen Hirsch besuchten wir die Schwester meiner Mutter, Tante Else, die bei einem verwitweten Generalmajor außer Dienst den Haushalt führte. Sie wohnte in einer stilvollen Villa, hatte ein schönes Zimmer und durfte jederzeit Besuch empfangen. Nicht selten spazierten wir mit ihr zum Kurkonzert in den Waldpark. Dort lustwandelte immer die feine Gesellschaft. Mutter achtete darauf, dass ich in meinem Sonntagsstaat brav am Tisch sitzen blieb und nicht herumtollte. Das war sehr langweilig, aber ich musste mich fügen, sonst hätte es Ärger mit meinen Eltern gegeben.

Später, als ich die Mittelschule besuchte, bin ich oft nach dem Unterricht mit dem Hecht-Triebwagen der Linie 11 vom Hauptbahnhof aus, ohne umzusteigen, bis hoch zum Weißen Hirsch gefahren. Tante Else freute sich immer, wenn ich sie besuchte. Gelegentlich spielte der General mit mir eine Partie Schach. Er fand Gefallen daran, eine so unerfahrene Gegnerin vor sich zu haben. Die Figuren auf dem Brett waren vermutlich seine Soldaten und am meisten machte es ihm Spaß, wenn ich die Schlacht verlor.

Waren die Herrschaften einmal nicht zu Hause, durfte ich mich in den Räumen umsehen. Zuvor musste ich aber meiner Tante hoch und heilig versprechen, keine Gegenstände anzufassen oder gar Bücher aus dem Regal zu nehmen. Ein schwer zu haltendes Gelübde, denn gerade im Esszimmer gab es viel zu entdecken. Dieser Raum war bis unter die Decke vollgestopft mit mehr oder weniger kostbaren Mitbringseln vom schwarzen Kontinent, den der General in früheren Jahren oft bereist hatte. Mir kam es vor, als betrete ich ein Museum fremdländischer Kulturen, eine Fundgrube exotischer Schätze. So hingen an den Wänden über Kreuz angebrachte Speere, metallene Schutzschilde und kunstvoll geschnitzte Masken. Dazwischen starrten ausgestopfte Jagdtrophäen entseelt von oben auf mich herab. Auf dem Schreibtisch standen potthässliche Briefbeschwerer, originelle Bücherstützen und skurrile Schreibutensilien. Da kam ich aus dem Staunen nicht heraus. Dabei war so eine Stippvisite nicht ungefährlich. Oft stolperte ich über ein mitten im Zimmer liegendes Tigerfell. Das Dumme daran war, an dem Fell hing noch der Kopf, und das vergaß ich leider allzu oft.

Eine besondere Anziehungskraft übte eine mitten in der Diele stehende, mit Tiermotiven reich verzierte Truhe aus. Ein geheimnisvolles Schmuckstück, das Rätsel aufgab. Obwohl ich fast vor Neugier platzte, aber das schwere Vorhängeschloss schreckte mich ab. Wenn auch hohnvoll der Schlüssel steckte, für mich war ja alles tabu.

Am liebsten schaute ich mich im Zimmer von Jutta um, der Tochter des Generals. Jener Raum lag auf der Südseite der Villa und mündete in einen kleinen Erker. Jutta war ein lebensfroher Backfisch, der Wert auf gepflegtes Äußeres legte. Deshalb hatte sie das Stübchen gezielt als Verschönerungssalon für sich eingerichtet. Beim Betreten fiel mir sogleich die an der Fensterfront stehende weiße Frisierkommode auf, an deren geteilter Spiegelfläche allerlei schmückendes Beiwerk hing. Auf der Glasplatte der Kommode standen in reicher Auswahl Schönheitsmittel und Parfümflakons, deren betörende Düfte mich permanent zu undisziplinierten Handhabungen verleiteten.

Das ganze Drum und Dran reizte mich. Ich konnte den zur Schau gestellten Dingen einfach nicht widerstehen. Ohne Skrupel setzte ich mich auf die Bank und nach einem prüfenden Blick in den Spiegel ging ich ans Werk. Zuallererst legte ich auf Wangen und Lippen Farbe auf. Dann kamen die Fingernägel dran. Hingebungsvoll bepinselte ich jeden Einzelnen mit knallrotem Lack. Als Nächstes gab ich den Wimpern mithilfe schwarzer Tusche den besonderen Pfiff. Zu guter Letzt hängte ich mir noch die auffallendsten Klunker um den Hals, derer ich habhaft werden konnte. So zurechtgemacht stellte ich mich bei meiner Tante vor. Aber statt begeistert in die Hände zu klatschen, wischte sie zu meinem Bedauern all das Schöne wieder ab. Dabei wetterte sie unablässig über meine Unvernunft und nahm mir das Versprechen ab, künftig solche Dinge zu unterlassen. Doch ihr Ordnungsruf fiel auf keinen fruchtbaren Boden. Schon beim nächsten Besuch fand ich es toll, als bemaltes Abziehbild einer Diva in Erscheinung zu treten, und der Zirkus ging von vorne los.

Zweifellos war die Entscheidung von Tante Else richtig. Nicht auszudenken, wenn ich mich in dieser Maskerade würde zu Hause blicken lassen. Vater wäre ausgerastet, und die Fahrten auf den Weißen Hirsch hätte ich glattweg vergessen können.

Nachdem sich die Kriegslage mit den Jahren zunehmend verschlechterte, schlug der General meinen Eltern vor, mich wegen möglicher Bombenangriffe auf die Stadt in seiner Villa wohnen zu lassen. Vater hatte keine Einwände und so hielt ich mich auch eine Zeit lang dort auf. Als dann niemand mehr an einen Angriff glaubte und ich meine gewohnte Umgebung vermisste, kehrte ich wieder nach Hause zurück.

Nicht vergessen habe ich ein für mich damals sehr aufregendes Erlebnis bei meiner Tante. Als ich auf ein Klingeln hin eigenmächtig die Tür öffnete, stand ein Offizier der deutschen Wehrmacht in Begleitung seiner Ordonnanz davor und reichte mir freundlich die Hand. Mir fiel auf, um den Hals trug er ein Ritterkreuz mit Schwertern und Brillanten und an seinem Militärmantel waren reihenweise Orden geheftet. Unsicher sah ich ihn an. Lächelnd griff er mir unters Kinn und sagte zu meiner hinzugekommenen Tante: »Fräulein Elsa, sie haben aber eine reizende Nichte.« Seine Bemerkung brachte mich in Verlegenheit. Ich vergaß glatt, den von meiner Mutter eingetrichterten Knicks zu machen. Meine Tante bewahrte Haltung und begrüßte ihn mit den Worten »Herr Generalfeldmarschall«. Das haute mich um. Selbstverständlich war am nächsten Tag in meiner Klasse die Begegnung mit diesem ranghohen Offizier das Thema Nummer »Eins«.

Vermutlich veranlassten Informationen aus höchsten Kreisen den General dazu, meiner Mutter ans Herz zu legen, sicherheitshalber in seiner Villa Wäsche und Bekleidung einzulagern. Mutter überlegte nicht lange, packte einige Koffer und schaffte sie ohne Wissen meines Vaters auf den »Hirsch«. Als er davon Wind bekam und Mutter sich in Widersprüche verstrickte, war alle Mühe umsonst. Vater war empört. Seiner Auffassung nach verbreitete sie damit Panik und er war auf keinen Fall bereit, solche Aktivitäten zu unterstützen. Aber meine Mutter hatte noch mehrere Pakete zu ihren Eltern ins Vogtland geschickt. Nun musste sie, seinem Willen zufolge, alles wieder zurückfordern. Wenn sich auch meine Großmutter deswegen mächtig aufregte, der Weg zur Post blieb ihr nicht erspart. Vater beharrte auf Rücksendung und so trudelte Tage später alles wieder bei uns ein.

Obwohl ich mich freute, meine Schätze wieder bei mir zu haben, konnte ich kein Verständnis für die Forderungen meines Vaters aufbringen. Meiner Ansicht nach war das eine nicht wieder gut zu machende Fehlentscheidung. Erfahrungsgemäß waren die Sachen auf dem Land entschieden besser aufgehoben als in einer Großstadt. Aber wer konnte schon wissen, dass wenige Monate später alles, aber auch alles, einem Bombenangriff zum Opfer fallen würde.

Abschied nehmen tut weh

Es war an einem grauen Novembertag im Jahre 1944. Ich saß mit meinem Bruder am Wohnzimmertisch und wollte die Eltern zum Kartenspielen überreden. Doch sie steckten die Köpfe zusammen, tuschelten miteinander. Bestimmt lag ihnen eine unangenehme Nachricht auf der Seele, die sie uns Kindern nicht zu sagen wagten. Erst als ich keine Ruhe gab, rückten meine Eltern mit der Sprache heraus. Sie teilten uns mit, dass Ida krankheitshalber die Kündigung eingereicht hatte.

Diese Hiobsbotschaft traf mich wie ein Blitz aus heiterem Himmel. Nie wäre mir in den Sinn gekommen, dass mich Ida eines Tages nicht mehr bemuttern würde. Ihr Abschied war für mich ein regelrechter Schock. Zugegeben, neu war es nicht, dass Ida sich vor Kurzem das rechte Bein derart verknackst hatte, dass vorerst keine Besserung zu erwarten war. Der Arzt empfahl ihr, eine Arbeitspause einzulegen. Doch Ida wollte meine Mutter nicht im Stich lassen, versuchte trotz der Beschwerden ihren Pflichten nachzukommen. Letztendlich blieb ihr keine andere Wahl, sie musste die Stelle aufkündigen. Schweren Herzens stimmte Mutter zu und auch mein Vater bedauerte das Auseinandergehen. Nur ich wollte davon nichts wissen. Mich auf die Schnelle an eine andere Person gewöhnen zu müssen, das konnte weiß Gott niemand von mir verlangen.

Weil aber meine Mutter wegen der großen Wohnung auf zusätzliche Hilfe im Haushalt angewiesen war, beauftragte sie meinen Vater, sich nach einem Ersatz umzusehen. In seinem Bekanntenkreis fand er eine Frau mittleren Alters, die sich für die Tätigkeit interessierte. Als Vater sie uns vorstellte, hätte ich heulen können. Ich gönnte der Neuen Idas Stelle nicht. Diese hagere Person in ihrer hausbackenen Kleidung und der biederen Frisur konnte ich vom ersten Moment an nicht leiden. Ihr überhebliches Getue und das gekünstelte Interesse, was sie mir vormachte, beeindruckten mich in keiner Weise. Für mich stand ein für alle Mal fest, nie würde ich mich ihr anvertrauen und nie würde ich bei ihr Trost suchen wollen.

Die neu Eingestellte nervte mich. Ihr Mundwerk stand keine Minute still. Ständig mäkelte sie an mir herum. Mal gefiel ihr dies nicht, mal jenes nicht. So wie Ida, die mir jederzeit mit Rat und Tat zur Seite gestanden hatte, diese Bereitschaft war bei ihr nicht vorhanden. Brauchte ich mal Hilfe, fühlte sich diese Dame nicht zuständig, täuschte Überlastung vor. Wen wundert's, dass sie keine Zeit für mich hatte. Trachtete sie doch danach, die Haushaltsführung meiner Mutter nach ihren Vorstellungen umzukrempeln. Schlimmer noch, sie scheute sich nicht, ihr die Zügel aus der Hand zu nehmen. Ohne Hemmungen rüttelte sie an bewährten Abläufen und versuchte, neue Regeln aufzustellen. Natürlich war das ständige Hineinreden meiner Mutter zuwider und sie hoffte, bei meinem Vater Verständnis zu finden. Aber weit gefehlt. Die dauernden Zwistigkeiten waren ihm ein Dorn im Auge. Er meinte kurz und bündig: »Ich mische mich da nicht ein. Das müsst ihr Frauen untereinander ausmachen.« Mutter war enttäuscht. Sie schmollte. Logisch, dass bei uns der Haussegen zunehmend schief hing.

Und weil ich mich nicht für die Neue erwärmen konnte, war der Weggang von Ida ein herber Verlust, dem ich noch lange nachtrauerte.

Die Frauenkirche öffnet wieder ihre Pforten

Endlich, nach vier Jahren Bauzeit sollte die Frauenkirche zum 1. Advent 1942 wieder ihre Pforten öffnen. Meine Freude war groß. Hatte ich doch in all den Jahren der Schließung das Gotteshaus sehr vermisst. Besonders in der Adventszeit sehnte ich mich nach den großen Tannenbäumen mit den vielen weißen Kerzen und dem cremefarbenen Adventsstern, der die Kirche und deren Besucher mit seinem wundersamen Licht verzauberte.

Aber gerade der wurde zum Problem. Um nun die Frauenkirche für die Eröffnung weihnachtlich herauszuputzen, musste vor al-

Frauenkirche, Christmette, Foto: Walter Möbius, Fotothek

lem der in den Katakomben eingelagerte Stern wieder hervorgeholt werden. Aber der Zahn der Zeit hatte dem Material arg zugesetzt, es brüchig werden lassen. Auch die eine oder andere Spitze bedurfte einer Erneuerung. Da war guter Rat teuer. Die Kirche zum 1. Advent ohne Stern eröffnen zu wollen, wäre völlig undenkbar gewesen. In Zeitnot geraten, erklärte sich mein Vater bereit, in seiner knapp bemessenen Freizeit den Stern neu anzufertigen. Meine Mutter war nicht sonderlich erbaut darüber. Lagen doch überall in der Stube Sternspitzen in unterschiedlichen Längen herum, und klebrige Leimtöpfe mit ebensolchen Pinseln standen auf dem Wohnzimmertisch. Etliche Rollen Pergamentpapier und ein sperriges Metallgestell machten sich auf dem Plüschsofa breit. Unsere Wohnstube hatte sich im wahrsten Sinne des Wortes in eine Werkstatt verwandelt. Wir durften uns dort nicht blicken lassen, mussten das Essen zwangsläufig in der Küche einnehmen.

Zum Leidwesen von Mutter war Vater jeden Abend mit seinem Sternwerk beschäftigt. Er nahm Maß, schnitt Papier zurecht, faltete, klebte und klebte. Keiner von uns durfte die Sterntuten berühren, geschweige denn zur Seite räumen. Vater versah jede mit einer Nummer und wurde fuchsteufelswild, wenn wir denen zu nahe kamen. Das war aber nicht immer zu vermeiden. Als ich einmal an eine über die Tischkante herausragende Sternspitze stieß, war Vater echt sauer. Er fuhr mich an und bediente sich dabei gotteslästerlicher Worte. Künftig machte ich einen Bogen um den Wohnzimmertisch.

Nachdem mein Vater das Werk glücklich vollendet hatte, wurde der Stern mit einem Seil über den Altar hochgezogen. Dann bewunderten ihn alle und es gab jede Menge anerkennende Worte für den Stern und für seinen Schöpfer. Die Tage harter Arbeit gerieten in Vergessenheit, und ich war sehr stolz auf meinen Vater.

Als am Eröffnungstag die Frauenkirche in ihrer unübertroffenen Schönheit erstrahlte, stimmten die Kirchgänger Lobgesänge an. Der festlich geschmückte Innenraum mit dem prächtigen, reich vergoldeten Altar, der glanzvolle Rundgang unter der Kuppel und das aufgemöbelte Kirchengestühl versetzten die Besucher in eine weihevolle Adventsstimmung. Voller Freude und Dankbarkeit nahmen sie das neu hergerichtete Gotteshaus in Empfang, den Ort der Einkehr und des Friedens, wonach sich alle in den ungewissen Zeiten so sehnten.

Aber ganz fertig war die Frauenkirche noch nicht. Die mühsamen Sanierungsarbeiten dauerten noch bis in den Sommer 1943 hinein. Das hinderte aber viele Paare nicht daran, den Bund der Ehe im Dom von Dresden zu schließen. Zahlreiche Soldatenhochzeiten wurden abgesegnet. Die Damen bevorzugten nach alter Sitte ein weißes Kleid, während die Herren zur damaligen Zeit häufig in einer Paradeuniform zur Trauung erschienen. An den Kirchentreppen nahmen die Kameraden in ihren Uniformen Aufstellung und salutierten den Brautpaaren. Da konnte ich es kaum erwarten, ins heiratsfähige Alter zu kommen.

Für die Frauenkirche war es ein besonders trauriger Tag, als sie eine ihrer Glocken für die Herstellung von Munition opfern musste. Ich kann mich noch gut daran erinnern, wie die Arbeiter sie mit einem Kran vom Turm herunterholten und mit einem Lastwagen abtransportierten. Ein unwiederbringlicher Verlust, der uns alle sehr berührte. Leider konnte kein Protest, keine Bittschrift den Vorgang aufhalten. Umso mehr die Gewissheit: Unserem Gotteshaus hatte man einen Teil seiner Seele geraubt.

In den Jahren 1943 und 1944 wurden in der wieder eröffneten Frauenkirche Schallplattenaufnahmen von Konzerten auf der Silbermannorgel mit dem damaligen Domorganisten Hanns Ander Donath aufgezeichnet. Auch der Reichsrundfunk übertrug Konzertmitschnitte. Bei einer Aufnahme durfte ich dabei sein, aber Vater wies darauf hin, dass ich mich im Kirchenschiff still verhalten sollte. Husten und Niesen hätte ich tunlichst zu vermeiden.

Im Dezember 1944 führte noch einmal der Dresdner Kreuzchor unter Prof. Mauersberger das Weihnachtsoratorium auf. Die wohlklingenden Knabenstimmen und der herrliche Klang der Silbermannorgel, unterstützt von der einzigartigen Akustik der Frauenkirche, waren für alle Kirchgänger ein unvergessliches Erlebnis. Auch ich hatte mit meiner Mutter im Betstübchen Platz genommen und lauschte ergriffen den weihnachtlichen Klängen. Man spürte, die Menschen sehnten die Feiertage herbei und auch ich fieberte dem Fest entgegen.

In den Kriegsjahren lagerte das deutsche Luftfahrtministerium umfangreiches Filmmaterial in den Kellerräumen der Frauenkirche ein. Mein Vater sah das gar nicht gern, erschwerten doch die länglichen Stahlblechkisten den Weg in die Katakomben. Sein Protest, dass das ein völlig aus dem Rahmen fallender Ort für die Aufbewahrung von Dokumenten solch brisanter Art sei, stieß auf taube Ohren.

Der Striezelmarkt zieht um

Meinen Erinnerungen zufolge stellte man in den Kriegsjahren zur Adventszeit keine Weihnachtsbuden mehr auf dem Neumarkt auf. Der Striezelmarkt wurde in den Stallhof des Schlosses verlegt. Für mich ein bitterer Wermutstropfen, der meine Vorfreude auf das Weihnachtsfest trübte. Immer, wenn ich in dieser Zeit vom Kinderzimmer aus auf den leeren Markt hinunterblickte, brachte mich das dem Weinen nahe. Der Zauber der vergangenen Jahre war verschwunden, das emsige Treiben wich einer nüchternen Betriebsamkeit. Obwohl die Straßenlaternen sich bemühten, Licht in das Dunkel zu bringen, die anheimelnde Beleuchtung vom Striezelmarkt

Strizelmarkt im Stallhof 1938, Foto: Fotothek

konnten sie nicht ersetzen. Es dauerte eine geraume Zeit, bis ich mich mit der neuen Situation vertraut machen konnte. Enttäuscht wollte ich dem Markt fernbleiben, aber das duldete meine Mutter nicht. Als ich ihrem Rat zufolge dem Striezelmarkt im Stallhof dann doch einen Besuch abstattete, musste ich Abbitte tun. Eingebettet in das historische Gemäuer waren die dicht an dicht aufgestellten, weihnachtlich geschmückten Buden eine Augenweide für jeden Besucher. Wie eh und je bemühten sich die Händler, mit einem ansprechenden Warenangebot viele Käufer anzulocken. Auch wir Kinder bestaunten die angepriesenen Herrlichkeiten und wünschten uns einiges davon auf den Gabentisch. Trotz des Standortwechsels konnten wir Dresdner stolz auf unseren Striezelmarkt sein. Die mit Tannengrün verzierten Torbögen des Stallhofs und die traumhafte Kulisse des Schlosses sorgten dafür, dass viele auf den Markt strömten und sich von der stimmungsvollen Atmosphäre verzaubern ließen.

Mit den Jahren hatte sich das Gesicht des Dresdner Striezelmarktes zunehmend verändert. Viel Traditionelles musste Neuem weichen. Zum Beispiel wurden die Petroleumlampen, die in den Buden auf dem Neumarkt noch an frühere Zeiten erinnerten, dem Zeitgeist entsprechend durch elektrische Beleuchtung ersetzt. Neu war auch ein geschmückter Tannenbaum, der aufgrund seiner Größe alles überragte. Nicht zu vergessen auch der überdimensionale Pflaumentoffel, der auf einem Sockel stand und den alle bestaunten. Sehr weihnachtlich sahen auch die auf den Rampen im Stallhof aufgestellten Tannenbäumchen aus, die schon am späten Nachmittag in reicher Lichterfülle erstrahlten. Da hätte ich mich weiß Gott nicht gewundert, wenn dazwischen Hasen und Rehe aufgetaucht wären. Leuchtende Sterne und Laternen zauberten eine Märchenstimmung herbei, der sich kaum ein Besucher entziehen konnte. Sehr amüsant fand ich ein Puppentheater, das ständig große und kleine Leute zum Lachen brachte. Die aufgeführten Stücke versprühten so viel Witz und gute Laune, da mischte ich mich gern unter die Zuschauer und vergaß dabei glatt meine Schularbeiten.

In den ersten Kriegsjahren war das Angebot auf dem Striezelmarkt noch zufriedenstellend. Wenn auch der Weihnachtsmann nicht mehr alle Wünsche erfüllen konnte, in dieser Zeit erfreuten auch kleine Dinge unsere Kinderherzen. Oft genügte ein Räucherhäuschen aus Blech oder ein Brummkreisel, um uns glücklich zu machen. Wer sich für Kriegsspielzeug interessierte, war da weitaus besser dran. Hier war kein Mangel zu spüren. Geschütze, Panzerwagen und Gulaschkanonen gab es zuhauf. Ganze Regimenter, vorneweg der Fanfarenzug, ließen die Verkäufer auf den Tischen aufmarschieren. Sogar die Kavallerie war reichlich vertreten. Gern hätte ich einen Blick darauf geworfen, aber die Burschen drängten mich immer wieder zur Seite. Sie ließen eine Bezopfte ungern an eine männliche Domäne heran.

Natürlich wurden nicht mehr säckeweise Nüsse oder Kaffeebohnen angeboten, noch weniger Südfrüchte. Auch den Stand mit dem türkischen Honig suchte man vergeblich, wie auch den Duft von gebrannten Mandeln. Als Ersatz dafür hatte eine typische

Strizelmarkt mit Pflaumentoffel 1938, Foto: Walter Möbius, Fotothek

Dresdner Spezialität, der »Pflaumentoffel«, Hochsaison. Dieser Knabe fehlte auf keinem Weihnachtsteller. Trotz der ernsten Lage sangen die Kruzianer im Stallhof Weihnachtslieder, und die bei den Menschen aufkommende Feststimmung ließ den Krieg vorübergehend in Vergessenheit geraten.

In dieser Zeit bekamen wir Schüler den Auftrag, für das Winterhilfswerk Geld zu sammeln. Da im Stallhof stets reger Publikumsverkehr herrschte, klapperten wir eifrig mit den Sammelbüchsen und versuchten Abzeichen der verschiedensten Art an den Mann beziehungsweise an die Frau zu bringen. Tonangebend waren seinerzeit bunt bemalte Anstecker aus Porzellan mit Motiven aus dem Brauchtum und dem Reich der Tiere. Besonders die landestypischen Trachtenpärchen und die heimischen Vögel in Miniaturausgabe begeisterten Jung und Alt. Die gingen weg wie warme Semmeln. Sehr gefragt waren auch Stadtwappen, die sich zu begehrten Sammlerstücken entwickelten und viele Besucher zum Erwerb kompletter Serien animierten.

Besonders ansprechend war das Sortiment der kleinformatigen Spielwaren aus Holz. Wir boten Lokomotiven an, Schaukelpferdchen mit Reiter, halbwüchsige Nussknacker und als Rarität winzige Mundharmonikas, denen man immerhin drei Töne entlocken konnte. Obgleich wir keine Mühe scheuten, die Einsätze zahlten sich nicht aus. Im Gegenteil, durch die Unbilden der Witterung litten wir fortwährend an tropfenden Nasen, kalten Händen und Füßen. Natürlich gab es mehr als genug mütterliche Ermahnungen, doch das Ringen untereinander um hohe Sammelergebnisse ließ uns Schüler immer wieder auf den Striezelmarkt zurückkehren und die Büchsen zum Klappern bringen. Deren Klang und die zunehmende Schwere trösteten uns über so manches Kältetief hinweg.

Wenn ich dann Tage später mit Fieber, Halsweh und einem Thermometer unterm Arm im Bett lag, dazu Mutters heißen Fliedertee schlürfen musste, war ich mir trotz allem sicher, Großes geleistet zu haben.

Das Jahr 1944 geht zu Ende

Wieder stand ein Weihnachtsfest vor der Tür, das vom Kriegsgeschehen überschattet wurde. Eigentlich nichts Neues, daran hatte ich mich im Laufe der Jahre gewöhnt. Deshalb schenkte ich der von Tag zu Tag näher rückenden Front keine Beachtung und fühlte mich, fernab vom Kanonendonner, in meiner Heimatstadt gut aufgehoben. Ich konzentrierte mich einzig und allein auf das kommende Fest und hoffte, trotz kriegsbedingter Rationierung einen auf meine Wünsche abgestimmten Gabentisch vorzufinden.

Wenn es auch von Jahr zu Jahr Abstriche beim Festbraten und bei den Geschenken gab, trotzdem konnte ich mich nicht beklagen. Auf meinem Platz lagen Bücher und Gutscheine für Dinge, die momentan nicht zu beschaffen waren und die ich irgendwann noch bekommen sollte. Mein Bruder hingegen war ein Glückspilz. Seine Wünsche erfüllten sich. Freudestrahlend nahm er eine komplette Eisenbahn in Empfang, die sich kraft ihres Federwerkes auf Schienen in Bewegung setzte. Auch über das Spielmagazin, das Vater für ihn aufgetrieben hatte, brach er in Jubel aus und wollte es gleich mit uns ausprobieren. Weil er aber den süßen Verlockungen seines Weihnachtstellers nicht widerstehen konnte, war das Bauchgrimmen, was ihn daraufhin plagte, durchaus verständlich. Und so war es kein Zufall, dass die geplante Spielrunde den Nachwehen seiner Naschsucht zum Opfer fiel.

Der Jahreswechsel 1944 stand bevor. Schon der Gedanke daran stimmte uns Kinder froh. Durften wir doch zu Silvester immer etwas länger aufbleiben. Natürlich konnten wir das Ende des Jahres kaum erwarten und verfolgten voller Ungeduld den Zeiger der Stubenuhr. Gern hätten wir etwas nachgeholfen, aber zunächst gab es in schöner Regelmäßigkeit zum Abendbrot Kartoffelsalat und Wiener Würstchen. Danach spielten wir mit den Eltern »Mensch ärgere dich nicht«, ein unterhaltsamer Zeitvertreib, auf den wir Kinder keinesfalls verzichten wollten. Kurz vor Mitternacht stieg Vater mit seinem Flügelhorn unterm Arm zum Neujahrsblasen auf den Turm der Frauenkirche. Punkt vierundzwanzig Uhr stießen wir mit Mutter und perlender, rosaroter Himbeerbrause auf das neue Jahr an. Übermütig warf mein Bruder Knallerbsen auf den Fußboden. Das ballerte so schön und machte ziemlichen Radau. Ich strapazierte Mutters Nerven mit einer Papierschlange, die vorn ein Mundstück und am Ende eine Feder zierte. Blies ich hinein, plusterte sie sich auf und gab einen quietschenden Ton von sich. Nahm ich die Luft weg, rollte sie sich auf Anhieb wieder zusammen.

Kam Vater vom Turmblasen nach Hause, bedrängten wir Kinder ihn mit dem Gießen von Blei. Dazu setzten wir uns an den Wohnzimmertisch und verfolgten gespannt das immer nach gleichem Schema ablaufende Zeremoniell. Zuerst holte Vater die Schöpfkelle aus der Küche, legte ein Stückchen Blei hinein und hielt es eine Weile über eine dicke, brennende Kerze. Schmolz das Blei in der Wärme dahin, kippte er es in eine Schüssel mit kaltem Wasser. Durch den Kälteschock zischte das heiße Metall auf und erstarrte zu den unterschiedlichsten Formen. Die daraus entstandenen Gebilde deuteten wir als gutes oder schlechtes Omen für das neue Jahr. Vater strahlte, wenn er aussagefähige Figuren zustande brachte. Meine bezeichnete er als abstrakte Machwerke. Glaubten wir an den Brauch, so sollte es Vaters Ergebnissen zufolge ein gutes Jahr werden. Doch wenig später stellte sich heraus, dass es das schlimmste war, das wir je erlebten.

Bislang hatte das Kriegsgeschehen unserer Stadt keine größeren Schäden zugefügt. Entgegen der Berichterstattung in ausländischen Sendern und Warnungen auf Flugblättern glaubten wir felsenfest daran, dass die alliierte Luftflotte Dresden auch künftig in Ruhe lassen würde. Was konnte uns auf dieser Friedensinsel schon passieren?

Nur einmal wurde ich unsicher. Und das kam so: Nach den

Weihnachtsfeiertagen spazierte ich in Begleitung meiner Mutter über den Theaterplatz. Plötzlich, am helllichten Tage, flog ein Flugzeug auffallend niedrig über unsere Köpfe hinweg. Im Grunde genommen nichts Neues, doch kurz danach schwebte eine Menge weißer Papierblätter auf uns herab. Ich staunte nicht schlecht. Mutter rief erschrocken: »Um Himmelswillen, das sind ja Flugblätter!« Neugierig hob sie eines auf und überflog hastig den Text. Verlegen blickte sie um sich und erst, als sie sich Gewissheit verschaffte, dass sich niemand in unserer Nähe aufhielt, steckte sie es in ihre Tasche. Auf dem kürzesten Weg liefen wir nach Hause. Unterwegs hielt meine Mutter Selbstgespräche. Sicher veranlasste sie das Gelesene dazu. So sehr ich mich auch bemühte, ihr Gemurmel zu verstehen, ich wurde nicht schlau daraus. Als sie meinem Vater das Blatt zeigte, war er außer sich. Ohne einen Blick darauf zu werfen, warf er den »Wisch« ins Feuer. Er warnte Mutter davor, jemals wieder so etwas aufzuheben. Seine Ängste waren berechtigt. Wurde damals eine Person mit einem Flugblatt ertappt, so musste diejenige mit einer hohen Haftstrafe rechnen.

Bestimmt wurden von der gegnerischen Seite realitätsbezogene Informationen auf die Flugblätter gedruckt. Doch meine Eltern ignorierten jede Warnung, jeden Fingerzeig und ließen sich von derartigen Parolen nicht verunsichern. Trotz der angespannten Lage plante mein Vater für das Jahr 1945 verschiedene Geselligkeiten ein. Auch das Ziel und der Zeitpunkt der Ferienreise standen schon fest. Sein Kalender war mit Terminen gefüllt und wir sahen allesamt dem neuen Jahr voller Zuversicht entgegen.

Doch kurz nach Weihnachten erreichte uns eine betrübliche Nachricht. Tante Else hatte die Feiertage bei ihren Eltern in Neumark verbracht. Auf der Rückfahrt nach Dresden, kurz vor Chemnitz, nahmen feindliche Flugzeuge den Zug unter Beschuss. Dabei richteten sie unter den Fahrgästen ein Blutbad an. Viele Reisende kamen um. Dass meine Tante diesen Angriff überlebte, verdankte sie einem Sanitäter, der auf ihr verzweifeltes Rufen aufmerksam wurde. Obwohl sie etliche Stunden in einem zertrümmerten Waggon, eingeklemmt zwischen Toten und Verletzten, nicht mehr an eine Rettung glaubte, gelang es ihm, sie aus ihrer misslichen Lage zu befreien. Umgehend wurde sie in ein nahegelegenes Krankenhaus gebracht. Die Wunden verheilten, aber der Schock des Erlebten saß tief. Es musste viel Wasser die Elbe hinunterfließen, bis Tante Else all das Schreckliche verkraftet hatte und ihre Lebensfreude wiederfand.

Faschingsfreuden am 13. Februar 1945

Viel zu langsam vergingen die ersten Wochen des neuen Jahres. Ungeduldig fieberte ich dem nächsten Vergnügen, der Faschingszeit, entgegen. Trotz der besorgniserregenden Lage hatte ich mir in den Kopf gesetzt, die viel gerühmten, närrischen Tage gebührend zu feiern. Ob mir das aber gelingen würde, war völlig ungewiss. Durfte ich doch zu Hause keinesfalls von den Freuden des Karnevals schwärmen, geschweige den Wunsch äußern, ein Kostüm zu tragen. Vater lehnte solche Späße strikt ab. Von seiner Warte aus war Fasching ein heidnischer Brauch und deshalb verabscheute er das Spektakel. Wiederholt trat Mutter als Fürsprecherin auf und versuchte ihn umzustimmen. Doch das war für die Katz. Vater blieb bei seinem »Nein«. Obwohl ich nicht mehr an ein Wunder glaubte, kam mir der Zufall zu Hilfe. Im Pfarramt Pirna stellte die Revision Unregelmäßigkeiten in der Buchführung fest. Mein Vater, der wegen seiner Behinderung nicht in den Krieg musste, half bei Bedarf auch im Außendienst aus. Ohne zu zögern nahm er den Auftrag an, befürchtete aber, die Prüfung der Unterlagen könnte mehrere Tage in Anspruch nehmen. Aus diesem Grund hielt er es für erforderlich, vom 13. bis 14. Februar im Pfarramt Pirna zu übernachten. Ich machte einen Luftsprung. Nun stand einer zünftigen Faschingsfete nichts mehr im Wege. Ob mein Vater absichtlich den Termin so legte, um uns Kindern das Feiern zu ermöglichen, habe ich nicht klären können.

Als dann der ersehnte Tag auf dem Abreißkalender stand, die Nachbarskinder andauernd auf den Klingelknopf drückten, gab Mutter auf mein Drängen hin die Erlaubnis, mich nach Herzenslust anzuscheußeln. Ich wollte als Blumenmädchen gehen und hatte mir dazu ein Kleid aus rosa Organdy, ein feines Baumwollgewebe, zurechtgelegt. Das Röckchen zierten farbige Stoffblüten und Blätter. Ein Kranz aus Kunstblumen, den mir Mutter im Haar befestigte, ergänzte das Kostüm. I-Tüpfelchen war ein Körbchen voll reizender Biedermeiersträußchen, das sie mir an den Arm hängte. Bevor ich mich aber in den Faschingstrubel stürzte, warf ich noch einen selbstverliebten Blick in den Spiegel, um die Bestätigung zu finden, dass das ausgewählte Kostüm ganz meinen Erwartungen entsprach. Und ohne dick auftragen zu wollen, ich fand diese Aufmachung spitze.

Auch mein Bruder konnte sich sehen lassen. Er trug ein typisches Indianerkostüm samt allem Pipapo. Die Krönung war ein üppiger Federschmuck, den er sich stolz auf den Kopf setzte. Und da ihm jeder Respekt zollen sollte, steckte er einen Tomahawk unter seinen breiten Ledergürtel. Seine Kinderpistole hatte er, ohne Mutter das wissen zu lassen, mit Zündplättchen gefüllt und heimlich in die Hosentasche gesteckt. Er freute sich diebisch darauf, seinen Spielkameraden einen Schrecken einzujagen.

Um die Freunde nicht länger auf die Folter zu spannen, baten wir Mutter, uns endlich gehen zu lassen. Doch wegen der ungünstigen Witterung bestand sie darauf, dass wir uns unter den Kostümen warm anziehen. Erst, als sie unser doppelt und dreifaches Angehose für ausreichend befand, gab sie grünes Licht. Zuvor schminkte sie noch unsere Gesichter. Gekonnt frischte sie meine blassen Wangen auf und zog mit schwungvollen Strichen die Augenbrauen nach. Auch bei meinem Bruder sparte sie nicht mit Farbe. Sie verpasste ihm eine Kriegsbemalung, die seine Kostümierung ausgezeichnet ergänzte. Als Wegzehrung drückte uns Mutter noch ein paar Kekse in die Hand und schob uns zur Tür hinaus. Sie bat uns, es nicht ganz so toll zu treiben.

Wir stürmten beide, nicht gerade leise, die drei Stockwerke hinunter und tobten in Gesellschaft vieler lustig angemalter und angeputzter Kinder ausgelassen auf dem Neumarkt herum. Hin und wieder warfen wir eine Handvoll Konfetti auf Herrn Luther, der trotz der Attacke auf seine Person keine Notiz von uns nahm. Unsere Dreistigkeit ging so weit, dass wir an die Stäbe des Eisengitters jede Menge Papierschlangen hängten und es noch zusätzlich mit aufgeblasenen Luftballons unterschiedlicher Lebensdauer dekorierten. Zwischendurch versuchte unser zusammengewürfeltes Faschingsvölkchen unter Zuhilfenahme von Pauken und Trompeten die Aufmerksamkeit der Erwachsenen auf sich zu lenken, wobei zur Steigerung des Lärmpegels noch Trillerpfeifen, Ratschen und allerlei Gerassel zum Einsatz kamen.

Grölend zogen wir in Grüppchen um die Häuser an der Frauenkirche und erbettelten bei den Bewohnern Süßigkeiten oder eine milde Gabe. Die Naschereien wurden gleich an Ort und Stelle vertilgt. Das Geld teilten wir untereinander auf und setzten es postwendend beim Bäcker auf der Rampischen Straße in »Kuchenrändeln« um. Am späten Nachmittag erreichten wir durch unser überlautes Gekreische und Krakeele den Höhepunkt der Fete. Übermütig beschossen wir Kinder uns gegenseitig mit Knallerbsen, Luftschlangen und sonstigem Faschingskram. Völlig außer Rand und Band gaben sich alle dem possenhaften Treiben hin, bis sich die Abenddämmerung herabsenkte und einer nach dem anderen den Heimweg antrat.

Später als sonst rief unsere Mutter zum Abendbrot. Zur Feier des Tages gab es »Hamburger Stullen«, so nannten wir die mit Schinken, Fleischsalat und Käse belegten Brotscheiben. Halbierte Eier, Gurken- und Tomatenscheiben rundeten das Ganze ab. Unser Benehmen am Tisch strotzte von Vornehmheit. Wir bemühten uns, höchst manierlich mit Messer und Gabel zu speisen, ganz so, als hielten wir uns in einem erstklassigen Hotel auf. Darüber hinaus bevorzugten wir in unserer Redeweise einen besonders noblen Stil. Die Unterhaltung verlief in nahezu perfektem Hochdeutsch. Geziert prosteten wir uns mit heißem Pfefferminztee in Kaffeetöpfen zu und das häufige »Bitteschön« und »Dankeschön« war selbst meiner Mutter zu viel. Völlig aufgekratzt widmeten wir Kinder uns dem unterhaltsamen Spiel. Allerdings gehörte zu dem Spaß noch ein Rollentausch. Jeder musste sein Sportidol nachahmen. Mutter verkörperte die damalige Olympiasiegerin im Diskuswerfen Gisela Mauermeier, ich versetzte mich in die Person der Eiskunstläuferin Sonja Henny und mein Bruder nahm die Stelle des Boxers Max Schmeling ein. Vater hasste solche Albernheiten. Deshalb nutzten wir seine Abwesenheit und flippten mal so richtig aus.

Die Wohnstube hatten wir faschingsmäßig geschmückt, jedes Möbelstück mit Luftschlangen und Flittergold verschönt. Zu allem Überfluss hängte ich noch an die Stehlampe eine quittegelbe Laterne mit einem gutmütig lächelnden Mondgesicht darauf. Aber Mutter fand diese Dekoration wegen der bestehenden Brandgefahr gar nicht so lustig und sah die Stube schon in Flammen aufgehen.

Nach dem Abendbrot ließen wir Kinder Mäuse, Frösche und anderes Getier zum Aufziehen über die Tischplatte laufen. In Stimmung geraten, machten wir mit unserem Trommel- und Pfeifkonzert solch einen Krach, dass Mutter sich genervt Watte in die Ohren stopfte.

Benommen vom Klamauk flüchtete sie in die Küche. Als sie nach einer Weile zurückkehrte, schilderten wir überschwänglich, was sich alles auf der Faschingsfete rund um das Lutherdenkmal zugetragen hatte. Dann beknieten wir Mutter so lange, bis auch sie spaßige Erlebnisse aus ihrer Kindheit zum Besten gab. Mein Bruder kugelte sich vor Lachen, verdrehte die Augen und zog laufend Grimassen. Wie zufällig nahm er die Karten vom »Schwarzen Peter« aus seiner Hosentasche und obwohl sich der Zeiger der Stubenuhr auf 20.00 Uhr zubewegte, gab er keine Ruhe, wollte unbedingt noch einige Runden mit uns spielen. Auch wenn ich mich vor Müdigkeit kaum noch auf den Beinen halten konnte, ihm zuliebe machte ich mit. Mein Bruder strahlte wie ein Honigkuchenpferd, wenn Mutter und mir das Glück beim Spielen versagt blieb. Ich merkte zwar, dass er laufend schummelte, trotzdem gönnte ich ihm von Herzen seinen Triumph.

An dem Faschingsabend sendete der Großdeutsche Rundfunk

vorwiegend heitere Musik. Ein Kassenschlager nach dem anderen klang aus dem Radiogerät und ließ uns die angespannte Kriegslage vergessen. Besonders gern hörte meine Mutter die Publikumserfolge »Davon geht die Welt nicht unter« und »Es geht alles vorüber, es geht alles vorbei«. Ertönte dann noch der Dauerbrenner »Lilli Marlen«, drehte sie die Lautstärke voll auf. Hingerissen von dem Tränendrücker trällerte sie diese Melodie in einem fort, und wir Kinder hopsten dazu ausgelassen um den Wohnzimmertisch herum.

Vom vielen Herumtollen müde geworden, legten wir uns gegen 21.00 Uhr ins Bett. Mutter atmete erleichtert auf. Endlich konnte sie sich anderen Dingen widmen. Wir Kinder drückten uns, wie so oft, vorm leidigen Aufräumen, wünschten uns gegenseitig eine gute Nacht und versanken selig im Reich der Träume. Wundersame Träume, aus denen uns kurze Zeit später die grausame Wirklichkeit riss.

Der 13. Februar 1945 war damals ein Faschingstag, der uns Kinder von Anbeginn viel Freude und Frohsinn zuteilwerden ließ, aber an dessen Ende der Tod und das Verderben die Übermacht hatten.

Bomben fallen vom Himmel

Unvergessen dann die kommenden Stunden, nach denen alles nicht mehr so war wie vorher. Gerade am Faschingsabend des 13. Februar 1945 und in der Nacht zum Aschermittwoch legten angloamerikanische Bomberverbände unser schönes Dresden in Schutt und Asche.

Zu diesem Zeitpunkt rechneten die Wenigsten noch mit feindlichen Angriffen. Im Vergleich zu anderen Städten unseres Landes war Dresden weitgehend vom Luftkrieg verschont geblieben. Abgesehen davon, dass einige Wohngebiete in den Außenbezirken durch Bombenabwürfe zerstört und der Rangierbahnhof in Friedrichstadt teilweise lahmgelegt wurde, die vereinzelten Angriffe rissen noch keine allzu tiefen Wunden in unsere Stadt. Und glaubten wir den Presseberichten, so war nur eine geringe Anzahl von Opfern zu beklagen und auch die angerichteten Schäden hielten sich in Grenzen. Um nun die Bevölkerung nicht unnötig zu beunruhigen, verbreitete die damalige Regierung wissentlich die Parole: »Es ist mit keiner ernsthaften Bedrohung zu rechnen.« Doch die vorgegaukelte Sicherheit war irreführend. Niemand ahnte, dass die sorglose Einschätzung der Lage den Einwohnern eines Tages teuer zu stehen kommen würde.

Dresden war im Februar 1945 eine völlig überbelegte Stadt. Zahlreiche Heimatvertriebene aus dem Osten unseres Landes und Evakuierte aus den zerbombten Städten des Ruhrgebietes suchten Unterkunft in der Elbmetropole. Viele städtische Ausstellungshallen, Schulen und auch die Wartehallen der Bahnhöfe waren mit Flüchtlingen überfüllt. Täglich trafen voll besetzte Züge mit Obdachlosen am Hauptbahnhof ein. Mit Koffern und Rucksäcken bepackt strömten sie aus der Halle heraus und warteten, von Rotkreuzschwestern begleitet, auf den Transport in ihre neuen Unterkünfte.

Der Zustrom an Flüchtlingen war kaum zu bewältigen. Die

Stadt platzte buchstäblich aus allen Nähten. Ihre Einwohnerzahl hatte sich in den letzten Monaten drastisch erhöht. Aber trotz totalem Krieg ging das Leben in unserer sächsischen Metropole ungehindert weiter, und auch an diesem Faschingstag zogen Kinder in lustigen Kostümen durch die Straßen und Gassen unserer Stadt. Wenn auch das Feiern in diesen schwierigen Zeiten nicht alle für angebracht hielten, erreichten die verkleideten Gestalten doch, dass ihr Lachen die Erwachsenen für einige Stunden die Sorgen vergessen ließ.

Was nicht vorauszusehen war: Noch ehe der Tag sich neigte, fand dieser unbeschwerte Frohsinn ein jähes Ende. Bereits am späten Nachmittag startete von ihren Stützpunkten aus eine erschreckend große Anzahl britischer und amerikanischer Bomberverbände in Richtung Dresden. Ungeachtet der Tatsache, dass es nachweisbar keine militärische Notwendigkeit für einen Terrorangriff gab, bereitete sich die Bomberflotte auf ihr Zerstörungswerk vor.

Es war kurz nach 21.40 Uhr. Wir Kinder schliefen schon tief und fest in unseren Betten. Nur meine Mutter fand noch keine Ruhe. Sie war mit dem Beseitigen der Faschingsdekoration, dem kunterbunten Durcheinander, vollauf beschäftigt. Geduldig entwirrte sie die verfitzten Papierschlangen, entfernte die Luftballons, die inzwischen schlaff an den Stühlen hingen, und fegte das auf dem Fußboden liegende Konfetti zusammen. Unsere Kostüme stopfte sie in eine Tasche und versteckte den Plunder in ihrem Kleiderschrank.

Sie war gerade dabei, sich für die Nacht zurechtzumachen, als plötzlich, ohne Vorwarnung, in allen Stadteilen gleichzeitig die Sirenen aufheulten. Das klang so beängstigend, so bedrohlich, wie die Ankündigung eines nahenden Unheils. Mutter erschrak. Von Sorge erfüllt stürmte sie ins Kinderzimmer und rief: »Ursula! Dieter! Aufstehen! Fliegeralarm!« Energisch an der Bettdecke ziehend forderte sie uns auf, schnellstens das Nachtlager zu verlassen. Aber das war vergebliche Liebesmüh, denn ausgerechnet an diesem Abend hatte mich der Schlaf derart übermannt, dass ich das Heulen der Sirene nur im Unterbewusstsein wahrnahm. Der Faschingstag mit all seinem Trubel steckte mir noch mächtig in den Gliedern. Mehrmals versuchte meine Mutter mich wach zu schütteln, doch die Augen fielen mir immer wieder zu. Und so dauerte es eine Weile, bis ich den Ernst der Lage erfasste. Schlaftrunken tastete ich nach meinen Sachen und zog mich umständlich an. Mutter verlor die Geduld. Sie fauchte mich an, ich solle mich beeilen, zu viel Zeit wäre schon vergangen.

Auch mein Bruder wollte nicht aufstehen, kroch immer wieder unter sein warmes Federbett. Obwohl er sich schlafend stellte, Mutter griff sich den Burschen, setzte ihn auf einen Stuhl und befahl ihm, unverzüglich in seine Hosen zu schlüpfen. Doch vor Aufregung stieg er immer wieder ins falsche Hosenbein. Wenn er versuchte, den Fehler zu korrigieren, rutschte er von der Sitzfläche herunter und landete unsanft auf dem Fußboden. Dann heulte er und fühlte sich allein gelassen. Mutter hatte ihre liebe Not mit ihm.

Aufgeschreckt durch den Fliegeralarm war alle Heiterkeit von uns gewichen, die Faschingslaune verflogen. Mutter wirkte zerfahren, sah blass aus, als ahne sie, dass eine Gefahr auf uns zukommen würde. Und diese Unruhe übertrug sich auch auf uns Kinder. Mich ergriff ebenso eine Bangigkeit, ein Gefühl, das sich schwer erklären ließ.

Inzwischen schaltete ich das Radio ein. Die Musik verstummte. Bang starrte ich auf das Gerät. Plötzlich setzte das alarmierende Ticken des Weckers ein. »Achtung! Achtung!«, tönte es aus dem Lautsprecher, »feindliche Bomberverbände befinden sich im Anflug auf Dresden. Es ist mit Bombenabwürfen zu rechnen.« Ungläubig schaute ich meine Mutter an, darauf waren wir nicht gefasst. Der Sprecher wiederholte die Meldung. Seinen Worten zufolge war ein Angriff an diesem Abend nicht auszuschließen.

Nachdenklich, den Gefahrenhinweis noch im Ohr, ergriff ich

meinen Rucksack, in dem einige Bücher, Fotos und andere mehr oder weniger notwendige Dinge Platz gefunden hatten, klemmte mir zum Sitzen auf den harten Holzbänken des Luftschutzkellers eine Decke unter den Arm und löschte das Licht. Mit meinem Bruder, der seinen Teddy fest an sich presste, machte ich mich auf den Weg nach unten. Inzwischen holte meine Mutter die zwei mit Sachen vollgestopften Koffer aus der Schlafstube, nahm ihre Handtasche und schloss die Wohnungstür ab. Der Ordnung halber schob sie den verrutschten Abstreicher zurecht.

Dieser Bombenangriff traf Mutter wie ein Blitz aus heiterem Himmel. Ausgerechnet am 13. Februar hielt sich mein Vater dienstlich in Pirna auf. Die Verantwortung für uns Kinder lag einzig und allein in ihren Händen. Ohne Vaters Hilfe musste sie schwerwiegende Entscheidungen treffen. Rückblickend wäre bei seiner Anwesenheit manches anders verlaufen.

Im Treppenhaus kam uns der Hauswart, Oberinspektor Weinert, entgegen und drängte zur Eile. »Beeilt euch! Schnell! Schnell! Die Bomber sind schon da«, rief er, »macht euch in den Keller!« Obwohl die Haustür geschlossen war, hörten wir ein lautes Brummen und Dröhnen. Der Lärm kam von den britisch-amerikanischen Bomberverbänden, die unaufhaltsam auf unsere Stadt zusteuerten, und es mussten sehr, sehr viele sein.

Im Nu gerieten wir in Panik und hasteten mit unserem Gepäck die steilen Stufen hinunter in den Luftschutzkeller. Auf den hufeisenförmig angeordneten Bänken saßen schon alle Hausbewohner auf ihren Plätzen. Wir kamen als Letzte hinzu. Kaum hatte ich die Decke ausgebreitet, meine Mutter die Koffer in einer großen Holzkiste verstaut, die in einer Nische in unserem Keller stand, da explodierten schon die ersten Sprengbomben über der Stadt. Nachdem sich die Einschläge häuften, hebelte der Hauswart sicherheitshalber die große Stahltür zu, die den Schutzraum luftdicht und feuersicher abschloss.

Nach Vaters Meinung waren wir in unserem Keller gut aufgehoben. Seinen Nachforschungen zufolge gehörte das Kirchenhaus in dem vergangenen Jahrhundert einem Goldschmied, der besonderen Wert auf einen sicheren Ort für die Aufbewahrung seiner Schätze legte. Deshalb gab uns der Keller mit seinem massiven Deckengewölbe auch nach Jahrzehnten ein Gefühl von Schutz und Geborgenheit.

Trotz der geschlossenen Tür hörten wir es unaufhörlich krachen. Wir Kinder saßen verstört auf den Bänken. Mir zitterten die Knie. Zudem hatte ich so ein komisches Kribbeln im Magen, als würde ich laufend Achterbahn fahren. Auch mein Bruder rutschte auf seinem Platz unruhig hin und her. Großmutters gestrickte Pudelmütze zog er weit über Augen und Ohren. Scheu blinzelte er durchs Maschenwerk. Von Angst ergriffen suchten wir Mutters Nähe und drückten unsere Gesichter in ihren flauschigen Wintermantel.

Die Gemeindeschwestern falteten ihre Hände und beteten laut: »Lieber Vater im Himmel, beschütze uns!« Der Hauswart versuchte sie zu beruhigen. Er meinte: »Bestimmt haben sie es nur auf die Versorgungswege absehen, den Bahnhof.« Doch das Lärmen und Tosen kam näher, immer näher. Gebannt wartete ich auf den nächsten Einschlag und zuckte bei jedem erschrocken zusammen.

Einen Luftangriff von solcher Intensität hatten wir in Dresden noch nicht erlebt. Kein einziges Mal wurden wir in dem Maße mit dem Schrecken des Krieges konfrontiert. Nun hatte das Verderben, diese sinnlose Vernichtungswelle, auch unsere Stadt erreicht. Nichts konnte sie aufhalten, sie war endgültig angekommen und damit begann für uns der Kampf ums nackte Überleben. Beklommen sahen wir zur Decke und hofften, dass uns der Keller den erforderlichen Schutz bieten möge.

Fassungslosigkeit machte sich bei den Hausbewohnern breit. Das ungewohnte Lärmen der niedergehenden Vernichtungswaffen war für alle eine außergewöhnliche Belastung. Auch die ständige

Ungewissheit, wie lange müssen wir das Bombardement noch aushalten, beunruhigte uns sehr. Ebenso die bange Frage: »Bleiben wir verschont, oder trifft es uns am Ende doch noch?« Wahrlich, der unabsehbare Verlauf der Ereignisse zehrte mächtig an unseren Nerven. Besonders wir Kinder litten darunter. Doch wir scheuten uns, Fragen zu stellen. Die Erwachsenen wären uns sowieso die Antwort schuldig geblieben. Jeder hatte mit sich selbst zu tun. Stumm saßen wir auf den Bänken und verfolgten mit angstvollen Blicken das weitere Geschehen.

Als das Krachen nach und nach schwächer wurde, löste sich die Spannung. Erleichtert atmeten wir auf. Mutter sagte: »Gott sei Dank, wir sind noch einmal davongekommen.« Kopfnickend bestätigten alle Hausbewohner ihre Worte. Die Gespräche untereinander kamen wieder in Gang. Allen war sozusagen ein Stein vom Herzen gefallen. Trotzdem blieb eine nie vordem erlebte Angst zurück, eine Angst, die schonungslos von uns Besitz ergriff.

Später erzählte Tante Else meiner Mutter, dass sie die Angriffe vom Dachfenster der Villa des Generals aus beobachtet hatte. Gleich nach dem Alarm flammten unzählige grellweiße Leuchtstäbe über der nachtdunklen Stadt auf, die so genannten »Christbäume«. Sie fielen reihenweise vom Himmel und anhand dieser Orientierungshilfen bereitete es den nachfolgenden Bomberverbänden keine Schwierigkeiten, den taghell erleuchteten Stadtkern von Dresden auszumachen. Die Bewohner bemerkten wegen der abgedunkelten Fenster größtenteils nichts von den Vorbereitungen. Nur das Heulen der Sirenen schreckte sie auf.

Unmittelbar nach dem Abwurf der Leuchtbomben hörte meine Tante das Dröhnen der Flugzeuge und den Höllenlärm der detonierenden Sprengkörper. Der General meinte: »Es war zu erwarten, dass Dresden nicht ungeschoren davonkommt.« Er bemängelte, dass keine Scheinwerfer den Horizont absuchten, keine Abwehr im Einsatz war. Unbehelligt erreichten die Bomberverbände das vorgegebene Ziel und führten den Befehl der totalen Vernichtung aus. Tante Else sah von der Höhe, wie das Verderben vom Himmel fiel und eine Feuersbrunst ungeahnten Ausmaßes die Stadt erfasste. Sie konnte uns nicht mehr warnen, die Ereignisse spielten sich innerhalb kürzester Zeit ab. An diesem Abend gab sie die Hoffnung auf, uns jemals wieder zu sehen.

Der Luftangriff auf Dresden dauerte ungefähr eine halbe Stunde. Uns kam es wie eine Ewigkeit vor. Dankbar registrierten wir die eingetretene Stille, wenn auch eine gewisse Unsicherheit zurückblieb. Allein das Ausmaß der angerichteten Schäden war für uns überhaupt nicht vorstellbar. Denn in den dreißig Minuten zertrümmerten Unmengen von Sprengbomben ganze Häuserreihen und auch die von den Kampfflugzeugen massenweise abgeworfenen Brandbomben verursachten zahlreiche Brände, die sich in den engen, verwinkelten Gassen der Stadt rasch ausbreiteten. Wir aber, in Unkenntnis der Dinge, nahmen an, das Schlimmste überstanden zu haben.

Obwohl zu dem Zeitpunkt noch niemand den Zustand des Kirchenhauses überprüfen konnte, wollte meine Mutter gleich nach dem Entwarnungston wieder in unsere Wohnung zurückkehren. Da aber weder eine Sirene noch der Luftschutzwart das Ende des Bombardements anzeigte, musste sie, wie alle anderen auch, vorerst im Keller sitzen bleiben. Zwar genügte ein vereinzeltes Wummern, um die Erinnerung an den Angriff wachzuhalten, doch nach dem Abklingen dieser Geräusche wähnten wir die Fliegerverbände auf dem Rückflug und hofften, dass damit weiteres Unheil gebannt sei.

Doch die vermeintliche Sicherheit sollte trügen. Abgeschottet von der Außenwelt bekamen wir im Keller nicht mit, dass draußen noch die Hölle los war. Uns entging, dass viele Einwohner verstört über den Neumarkt hetzten, um ihr Hab und Gut zu retten oder ihren Angehörigen zu Hilfe eilten. Auch konnten wir nicht wissen, dass ein großer Teil der Betroffenen in Panik aus der brennenden Innenstadt über die Augustusbrücke auf die Neustädter Seite rannte, weil sie dachten, dort sicher zu sein. Keiner ahnte, dass auf dem Markt die Folgen des Angriffs keineswegs zu Ende waren. Dass immer noch Zeitzünder explodierten und durch deren Heimtücke unzählige Todesurteile vollstreckt wurden.

Plötzlich klopfte es an die Feuertür. Wir öffneten und der für unseren Wohnblock verantwortliche Luftschutzwart stand davor. Er informierte uns über die derzeitige Lage, sprach von Personen, die auf dem Neumarkt zu Schaden gekommen waren und bat meine Mutter, die Laienhelferin war, ihm bei der Bergung der Verletzten zu helfen. »Aber Vorsicht! Es liegen noch Zeitzünder herum!«, gab er zu bedenken. Dann stürmte er die Kellertreppe wieder hoch. Ich hatte große Angst um meine Mutter, wollte sie nicht gehen lassen. Beherzt hielt ich sie am Ärmel fest. Doch sie riss sich los, eilte nach oben und unterstützte die Rettungskräfte bei dieser lebensbedrohlichen Aufgabe. Wohl war mir dabei nicht.

An diesem Abend glich unser Luftschutzkeller einem Kriegslazarett. Laufend trugen Helfer auf Tragbahren von Bombensplittern getroffene oder mit Kampfstoffen in Berührung gekommene Opfer in den Schutzraum. Einige konnten sich wegen ihrer zerquetschten Gliedmaßen kaum bewegen, andere wiederum hatten schwere Verbrennungen erlitten, bei deren Anblick ich entsetzt den Kopf wegdrehte. Die Verletzten stöhnten und klagten. Meine Mutter hatte alle Hände voll zu tun, um die vielen Wunden zu versorgen.

Das im Keller in einem Sanitätsschrank deponierte Verbandsmaterial wurde knapp, die Brandsalben gingen zur Neige, alle Teereserven waren aufgebraucht. Zudem nahm der Stapel Schlafdecken rapide ab. Jedes Plätzchen im Keller war belegt. Auch in den Gängen und auf dem Fußboden lagen noch auf Hilfe wartende Verwundete.

Als die Helfer noch eine blutverschmierte Frau in unseren Keller brachten, schlug ich entsetzt die Hände vors Gesicht. »Hier kommt jede Hilfe zu spät«, meinte ein Sanitäter. Die Frau stieß fortwährend Seufzer aus, wälzte sich auf dem Lager hin und her. Ihr kritischer Zustand erforderte sofortigen ärztlichen Beistand, aber den konnte zurzeit keiner beschaffen. Geduldig versuchte meine Mutter ihr Mut zuzusprechen, doch ihre tröstenden Worte erreichten die Frau nicht mehr. Sie lag in den letzten Zügen. Ihr Leben ging unaufhaltsam zu Ende. Ein auf dem Neumarkt explodierter Zeitzünder hatte sie so übel zugerichtet, dass sie kurz darauf in unserem Keller verstarb. Es war das erste Mal in meinem Leben, dass ich jemanden sterben sah. Das laute Röcheln dieser Todgeweihten stürzte mich in ein seelisches Tief und am liebsten wäre ich davongelaufen, weit, weit, weg. Weil das aber nicht möglich war, schloss ich die Augen und hielt mir die Ohren zu.

Das Dahinscheiden eines Menschen, der in jeder Phase mitempfundene Todeskampf, hinterließ eine schmerzhafte Wunde in meinem Innersten. Es wäre besser gewesen, uns Kinder den Anblick zu ersparen. Viel zu spät deckte man die Verstorbene mit einem Leinentuch zu.

Die Rettungskräfte wollten noch weitere Opfer in unseren Keller bringen, aber nirgendwo waren noch Liegeplätze frei. Um trotzdem die Verletzten nicht ihrem Schicksal zu überlassen, legten die Helfer sie in den Lichthof unseres Hauses, gleich neben der Waschküche auf den kalten Fußboden. Sie versprachen ihnen, für medizinische Hilfe und baldigen Abtransport zu sorgen. Auch wenn in der Nacht winterliche Temperaturen herrschten und der Aufenthalt im Hof keinesfalls die Qualen der Opfer linderte, aber eine andere Lösung gab es vorerst nicht.

Eine tragische Begebenheit bewegte mich damals in einem fort. Ein junger Soldat wurde von einem Blindgänger so schwer verletzt, dass er sich kaum rühren konnte. Die Sanitäter legten ihn im Hof ab und bedeckten ihn notdürftig mit einer Plane. Natürlich wollte der Landser auf keinen Fall da oben liegen bleiben und hatte wahnsinnige Angst, die Nacht unter freiem Himmel verbringen zu müssen. Offensichtlich plagten ihn starke Schmerzen. Seine zu Herzen gehenden Rufe drangen bis tief hinunter in den Keller. Die Helfer versuchten ihn zu beruhigen, stellten ärztliche Hilfe in Aussicht. Ein fataler Trugschluss, der von der grausamen Wirklichkeit überrollt werden sollte. Was niemand ahnte, durch den nachfolgenden Luftangriff Stunden später wurde der Lichthof das Grab für viele namenlose Opfer und auch für diesen unbekannten jungen Mann.

Als meine Mutter im Alleingang unsere Wohnung aufsuchte, um nach dem Rechten zu sehen, hielt ich es im Keller nicht länger aus. Obwohl sie mich bat, in der Zwischenzeit auf meinen Bruder aufzupassen, verließ ich den Keller auf eigene Faust. Und da meine Neugier stärker war als die Angst, ignorierte ich die Gefahren und dachte keineswegs daran, dass dieser Ausflug auch für mich ein tragisches Ende nehmen könnte.

Die Haustür stand offen, ängstlich sah ich hinaus. Der Markt war in flackerndes Licht getaucht. Gegenüber der Frauenkirche brannten einige Häuser und auch von der Schössergasse her loderten Feuer. Vorsichtig trat ich aus dem Hausflur heraus. Das Kirchenhaus hatte den Angriff verhältnismäßig glimpflich überstanden. Nur sämtliche Fensterscheiben waren den heftigen Detonationen zum Opfer gefallen. Unzählige Glassplitter bedeckten den Gehsteig und der rote Nachthimmel spiegelte sich in den Scherben wieder. Ich stolperte über zerbrochene, vom Luftdruck heruntergefegte Dachziegel, die haufenweise vor der Haustür lagen. Als ich zur Frauenkirche blickte, erhob sie sich wie eh und je auf ihrem angestammten Platz, als wollte sie trotzig jedem Anschlag widerstehen.

Nachdem ich mich noch ein paar Schritte weiter herauswagte, blies mir der einsetzende Sturm glühende Funken ins Gesicht. Ich vernahm das Prasseln des Feuers, das von den gegenüberliegenden Häusern bis zu mir herüberdrang, und sah dichte Rauchwolken über dem Neumarkt treiben. Instinktiv spürte ich Unheil auf mich zukommen und ohne lange zu verweilen, flüchtete ich wieder zurück in den Keller.

Unterdessen hatte meine Mutter die Federbetten aus der Schlafstube geholt, in ein Tuch gewickelt und in die im Keller stehende Kiste gestopft. Von Unruhe getrieben hatte sie vor, ein zweites Mal die Wohnräume aufzusuchen. Ich sorgte mich um sie, bat sie, im Keller zu bleiben. Nur weil ich ihr andauernd in den Ohren lag, nahm mich meine Mutter mit nach oben. Meinen Bruder vertraute sie in der Zwischenzeit einer Gemeindeschwester an.

Eilends stiegen wir die Treppen bis zur 3. Etage hoch. Graue Rauchschwaden zogen durchs ganze Haus. Es stank widerlich nach Verbranntem. Oben angekommen öffnete meine Mutter die Vorsaaltür und wir betraten eine durchweg verräucherte Wohnstätte. Dort, wo einstmals Fensterscheiben waren, gähnten leere Rahmen uns entgegen und gaben unverhüllt den Blick auf den vom Feuer taghell erleuchteten Neumarkt frei. Bestürzt sahen wir uns um. Die Fensterbretter waren mit Glasscherben übersät und auch auf dem Fußboden knirschte und knackte es, wenn wir darüber liefen.

Am schlimmsten betroffen waren jedoch die Räume auf der Südseite des Neumarktes. Gespenstig flatterten die Vorhänge um die leeren Rahmen. Ein Luftstrom drängte die weißen Stores nach draußen und manch einer blieb am rauen Mauerwerk hängen. Der aufkommende Sturm versuchte die Gewebe davon loszureißen. Das hielt aber die feinfädige Spitze nicht aus und beim Anblick der zerrissenen, vom Funkenflug angesengten Gardinen schossen meiner Mutter Tränen in die Augen. Völlig zerfetzt hingen die Verdunklungsrollos aus schwarzem Packpapier an den scheibenlosen Öffnungen herunter und die Zugvorrichtungen baumelten trostlos hin und her. Starke Böen bliesen Glutreste in alle Räume und glimmende Verbrennungsrückstände verteilten sich über das ganze Inventar.

Hilflos standen wir diesem Chaos gegenüber. Was bis vor Kurzem noch unser gemütliches Zuhause war, hatte sich durch den Fliegerangriff in eine übel riechende, von Rauch und Qualm verpestete Behausung verwandelt. Überall lag Ruß, alles war mit einem gräulichen Belag bedeckt. Der einsetzende Funkenflug bewirkte, dass die Decke vom Esstisch in der Stube eine Fülle von Brandlöchern zierte und der mit Seide bespannte Lampenschirm ebenfalls stark davon betroffen war. Sogar Großmutters Vase, ein Erbstück, das immer oben auf der Vitrine stand, hatte der Luftdruck heruntergefegt. Die Scherben lagen verstreut auf dem Fußboden. Mutter erschrak. Einige Aufzeichnungen meines Vaters, die er stets sorgsam auf dem Schreibtisch ablegte, wirbelten angesengt und teilweise verkohlt in der Stube umher. »Das wird ihm gar nicht gefallen«, murmelte sie.

Als ich noch rasch einen Blick ins Kinderzimmer warf, hätte ich heulen können. Gerade blies der Sturm einen Schwall sprühender Funken in den Raum. Das glimmende Zeug fiel auf mein Bett und brannte unzählige Löcher in den Überzug hinein. Auch meine herumliegenden Sachen wurden aufs Übelste verschandelt. Aber nicht nur das. Betrüblich stellte ich fest, sogar meine Puppen blieben nicht verschont. Ihre braun gesprenkelten Gesichter stimmten mich traurig. Aber am meisten sorgte ich mich um meine Bücher und hätte gern das eine oder andere mit in den Keller genommen. Doch Mutter meinte: »Wir können doch nicht die ganze Wohnung ausräumen. Morgen sehen wir weiter.«

Zaghaft trat ich an eine Fensteröffnung. Von oben sah alles noch furchterregender aus. Die grellen Lichtscheine der flackernden Brände kamen so verdächtig nahe, ein loderndes Feuermeer wälzte sich von allen Seiten uns entgegen. Erschrocken wandte ich mich ab.

Nachdem wir alles in Augenschein genommen hatten, stand fest, dass wir in der mitternächtlichen Stunde in unserer Wohnung nichts ausrichten konnten. Der gegenwärtige Zustand und das ernst zu nehmende Risiko, welches der aufkommende Feuersturm mit sich brachte, ließen ein längeres Verweilen hier oben nicht zu. Mit einer Flasche Wasser und etwas Proviant liefen wir wieder zurück in den Keller.

Nie hätte ich gedacht, dass dies der letzte Aufenthalt sei, den ich in unseren eigenen vier Wänden verbrächte und ebenso wenig wäre mir der Gedanke gekommen, dass alles, aber auch alles durch einen erneuten Angriff der Zerstörung anheimfalle und sich das Kirchenhaus alsbald in eine trostlose Ruine verwandle.

Mittlerweile waren noch mehrere Personen in unseren Schutzraum geflüchtet, darunter auch einige junge Flakhelfer und Kriegsdiensthelferinnen. Eng aneinander gedrängt saßen sie in den Gängen auf den Bänken, die unser Hauswart angesichts des Andrangs noch zusätzlich aufgestellt hatte. Grob geschätzt hielten sich an diesem Abend rund 30 fremde Personen in unserem Keller auf. Warum sie ausgerechnet bei uns Unterschlupf suchten, danach haben wir sie nicht gefragt. Womöglich nahmen sie an, dass das Kirchenhaus unter Gottes Schutz steht. Aber dem war nicht so. Bevor der Morgen graute, hatte die Hölle den Himmel verdrängt. Alle Fremden, die sich in unserem Luftschutzkeller sicher wähnten, fanden gegen Morgen ein tragisches Ende.

Unser Hauswart, Herr Weinert, der sich, aus welchen Gründen auch immer, nach dem Fliegerangriff mit seiner Familie in die Katakomben der Frauenkirche zurückgezogen hatte, kam unverhofft in den Keller zurück. Er bat meine Mutter, sich mit den Kindern ebenfalls in die unterirdischen Gemäuer der Kirche zu begeben. Seiner Ansicht nach boten die Grabkammern einen wesentlich besseren Schutz als unser Keller. Mutter lehnte jedoch seinen gut gemeinten Rat ab. Der Hauswart gab so schnell nicht auf. Geduldig versuchte er meine Mutter umzustimmen. »Die Nacht ist noch nicht vorbei. Wer weiß, was noch alles auf uns zukommt«, gab er zu bedenken, »und sollte das Feuer auf unser Haus übergreifen, in der Kirche sind wir sicher.« So sehr er sich auch bemühte, meine Mutter von der Notwendigkeit des Kellerwechsels zu überzeugen, sie schüttelte den Kopf. »Nie und nimmer gehe ich da rüber«, sagte sie, »wenn die Kirche einstürzt, kommen wir da nicht mehr lebend heraus.« Obwohl zu diesem Zeitpunkt kein Grund bestand, an der Standfestigkeit des Gotteshauses zu zweifeln – doch der Gedanke, womöglich in den unterirdischen Gewölben lebendig begraben zu werden, beeinflusste meine Mutter maßgeblich bei ihrer Entscheidung. Sie hatte Angst, doch Angst ist nicht in jedem Fall ein guter Ratgeber.

Wahrscheinlich empfand der Hauswart durch die Abwesenheit meines Vaters eine gewisse Verantwortung uns gegenüber. Immer wieder redete er auf meine Mutter ein, doch sie ließ sie sich nicht beirren, wollte auf keinen Fall den Schutzraum verlassen. Sichtlich verärgert über ihr Verhalten verließ der Hauswart den Keller und begab sich zurück in die Katakomben. Nur die Gemeindeschwestern erhoben sich von den Plätzen und schlossen sich ihm an. Alle anderen folgten dem Beispiel meiner Mutter und blieben auf den Bänken sitzen.

Sicher waren es triftige Gründe, die das Handeln meiner Mutter bestimmten. Vielleicht wollte sie die Kiste mit den Koffern nicht aus den Augen lassen, misstraute den Fremden oder ihr gefiel die Bevormundung vom Hauswart nicht. Wobei uns in den Katakomben die schlimmen Erlebnisse, der erbitterte Kampf ums Überleben und die ständige Begegnung mit dem Tod sehr wohl erspart geblieben wären. Nachweisbar sind alle in die Frauenkirche geflüchteten Personen in den frühen Morgenstunden des 14. Februar von unserem Hauswart wohlbehalten aus den Grabkammern herausgeführt worden. Sie konnten sich über die Brühlsche Terrasse hinweg ans Elbufer retten.

Uns traf es entschieden härter. Aber das sollte wohl unser Schicksal sein. Ausgerechnet an diesem unglückseligen Tag vermissten wir unseren Vater. Bei seiner Anwesenheit wären wir garantiert in die unterirdischen Kellerräume der Frauenkirche geflüchtet. Ich war mir hundertprozentig sicher, dass er sich keiner anderen Zufluchtsstätte anvertraut hätte, als eben dieser. Voreilig wollte ich den Mund aufmachen und Mutter bitten, ihren Entschluss noch einmal zu überdenken. Doch ihre Miene verriet nichts Gutes und so schwieg ich lieber. Es hatte keinen Sinn, ihr nach dem Disput mit dem Hauswart zu widersprechen. Sie war von der Stabilität des Luftschutzkellers überzeugt und sah keinen zwingenden Grund, ihm den Rücken zu kehren. Im Nachhinein werde ich mich hüten, ihr Verhalten zu kritisieren. Wem gelingt es schon, in solch einer ungewöhnlichen Situation das zweifellos Richtige zu tun?

Als der Aschermittwoch anbrach, deutete nichts auf einen erneuten Angriff der alliierten Luftstreitkräfte hin. Niemand hätte damit gerechnet, dass zu diesem Zeitpunkt bereits wieder Hunderte von Kampfflugzeugen Kurs auf Dresden nähmen und dass die Stadt ein zweites Mal angegriffen werde. Auch kam es uns nicht in den Sinn, dass das Vorangegangene keineswegs das alleinige grauenvolle Geschehen dieser Nacht sein werde.

Meine Mutter war überzeugt, dass sie bei Tagesanbruch wieder in unsere Wohnung zurückkehren könnte; und da wir glaubten, der Katastrophe entronnen zu sein, traf uns das Kommende umso mehr.

Es geht wieder los!

Es war ungefähr eine Stunde nach Mitternacht. Immer noch auf Hilfe hoffend saßen wir dicht gedrängt auf unseren Plätzen. Zweifellos hatte das vorangegangene Bombardement bei uns allen Spuren hinterlassen, und fast jeder hier unten im Keller konnte das Geschehene überhaupt noch nicht verkraften. Die Meisten standen unter dem Schock des Erlebten, den Nachwehen eines grässlichen Albtraums. Andere wiederum, insbesondere die Verletzten, erinnerten mit ihrem berechtigten Wehklagen an die kurz zuvor erlittenen Grausamkeiten. Ungeachtet der Unruhe im Schutzraum nickten einige vor Erschöpfung im Sitzen ein, und manchem fiel dabei der Kopf müde auf die Schulter des Nachbarn. Auch Mutter, meinen Bruder im Arm, wurde vom Schlaf übermannt. Ich dagegen konnte in dieser griesegrauen Umgebung kein Auge zumachen. Meine angespannte Gemütslage ließ mich nicht zur Ruhe kommen. Offensichtlich war das stundenlange Hocken auf den harten Bänken schuld daran. Durch die gliederlahme, verkrampfte Haltung tat mir unentwegt der Rücken weh und auch meine Beine schliefen abwechselnd ein. Gern hätte ich die Nacht im Kinderzimmer verbracht, aber der Aufenthalt in den verräucherten Räumen war zu gefährlich. Wenn ich auch die nächtliche Kälte empfindlich spürte und mein warmes Bett schmerzlich vermisste, ich musste mich, wie die anderen auch, mit dem ungewohnten Quartier im Luftschutzkeller abfinden. Den letzten Nerv raubte mir allerdings die stinklangweilige, geistlose Warterei auf das Ende der Nacht. Fortwährend sah ich auf Mutters Uhr und sehnte den Morgen herbei.

Mitten in unserer mehr oder weniger schläfrigen Verfassung kam plötzlich jemand die Treppe herunter gepoltert. Das irritierte mich und ich zupfte Mutter am Ärmel. Verschreckt fuhr sie hoch und beklagte die unerwartete Störung. Hinterher begriff sie meine Erregung, denn in dieser mitternächtlichen Stunde hatten wir keinen Zulauf mehr erwartet. Umso größer war der Schreck, als Sekunden später der Luftschutzwart in unseren Keller stürmte und befahl, die Brandschutztür zu schließen. »Es geht wieder los«, rief er aufgeregt, »und Alarm gibt es keinen. Der Strom in der Stadt ist ausgefallen!« Auf unsere fragenden Blicke hin ließ er uns wissen: »Nur in den Außenbezirken heulten die Sirenen, aber die könnt ihr hier unten sowieso nicht hören.« Er drängte zur Eile, ermahnte uns noch, den Keller auf gar keinen Fall zu verlassen. Dann rannte er, zwei Stufen auf einmal nehmend, die Kellertreppe wieder hoch. Ein Luftwaffenhelfer drückte die zwei großen Hebel der Stahltür nach unten. Erneut waren wir von der Außenwelt abgeschnitten. Die Erwachsenen rückten eng zusammen, jeder suchte die Nähe des anderen. Mich erfasste ein beklemmendes Gefühl. Hilfesuchend klammerte ich mich an meine Mutter, deren angstvolle Miene aber nicht die Geborgenheit spendete, die ich zu finden hoffte. Ich hatte Angst, eine Todesangst, stärker als zuvor und stärker, als ich bereit war, einzugestehen.

Wenige Minuten später hörten wir das Brummen der herannahenden Bomber, noch heftiger, noch gewaltiger als zuvor und wir fürchteten, ein zweites Mal keinesfalls so unversehrt davonzukommen.

Und so begann um 1.20 Uhr, knapp drei Stunden nach dem ersten Bombardement, der zweite, völlig unerwartete Angriff auf eine zum Sterben verurteilte Stadt.

Wieder steuerte eine gewaltige Bomberflotte auf Dresden zu, Welle auf Welle, und wieder fielen massenweise Spreng- und Brandbomben auf die dicht besiedelte Innenstadt. Flugzeuge warfen in die vom ersten Angriff verschonten Stadtteile Brandbeschleuniger und entfachten damit ein Schadenfeuer ungeahnter Intensität. Dieser teuflische Plan der Vernichtung bewirkte, dass sich im Zentrum der Stadt in Windeseile ein verheerender Feuersturm ausbreitete. Binnen Kurzem stand ein Straßenzug nach dem anderen in Flammen. Ein weithin sichtbares Höllenfeuer, bei dessen Anblick wahrscheinlich auch den Angreifern Schauer über den Rücken liefen. Die abgeworfenen Vernichtungswaffen steckten alles in Brand. Besonders die Altstadt wurde regelrecht eingeäschert.

Diese erneute Bombardierung brachte noch viel größeres Unheil über die Dresdner Bevölkerung als die vorherige und war durch das ungeheuere Ausmaß an Zerstörung mit nichts zu vergleichen.

Pausenlos folgte nun Detonation auf Detonation, Schlag auf Schlag. Das Bombardement nahm von Minute zu Minute an Heftigkeit zu. Wir hörten, wie das Krachen der herabfallenden Bomben näher kam, immer näher. Angstvoll achteten wir auf jedes Geräusch, registrierten jeden Treffer, und der davon ausgehende Höllenlärm belastete unser Seelenleben. Unruhe kam auf. Einige der Kellerinsassen gerieten in Panik, haderten mit ihrem Schicksal. Auch meine Mutter flehte inbrünstig: »Lieber Gott, behüte uns, steh uns bei!« Ihre Stimme versagte mit einem lauten Schluchzen. Nur mit Mühe hielt sie sich aufrecht, und als ich nach ihren eiskalten Händen griff, reagierte sie abweisend. Versunken im Gebet suchte sie Hilfe bei Gott, dem Allmächtigen.

Auch wenn ich mir Watte in die Ohren stopfte, bei jeder Detonation fuhr ich erschrocken zusammen und zog den Kopf ein. Ich merkte, meine Beine gehorchten mir nicht mehr. Sie waren außer Kontrolle geraten und zitterten in einer Tour. So sehr ich mich auch bemühte, ich konnte sie einfach nicht stillhalten. Kopfscheu geworden, klammerte ich mich innerlich an meinen Herrgott und leise, fast unhörbar, sagte ich alle Verse des Vaterunsers auf. Mir schlug das Herz bis zum Halse. Am liebsten wäre ich in die Holzkiste gekrochen, aber da ging eh nichts mehr rein. Auch in den Gesichtern der Kellerinsassen spiegelten sich Betroffenheit und Furcht wider, all das erdulden zu müssen, was das Schicksal uns auferlegte. Und der Gedanke, der drohenden Gefahr nicht mehr entgehen zu können, machte die ausweglose Lage, in der wir uns befanden, zur Gewissheit.

Trotz der geschlossenen Stahltür fegte plötzlich ein scharfer Luftzug über unsere Köpfe hinweg. Dieses ungewöhnliche, heftige Pfeifen und Zischen nahm uns beinahe die Luft weg. Eine Männerstimme befahl: »Hinlegen! Mund auf und Hände an die Ohren! Das schützt Lunge und Trommelfell!« Ohne Widerrede legten sich alle auf den kalten Steinboden, sperrten den Mund auf und pressten die Handflächen ans Ohr. Dabei konnten wir uns kaum rühren. Durch die Überbelegung lagen Männlein und Weiblein dicht nebeneinander. Ein enger körperlicher Kontakt, eine Tuchfühlung, war kaum zu vermeiden. Aber das spielte keine Rolle. Das spürten auch wir Kinder, und da wir auf einen Platz neben unserer Mutter beharrten, schoben wir die Fremden unsanft zur Seite und quetschten uns respektlos dazwischen.

Bange Minuten vergingen. Die Notbeleuchtung flackerte. Ein fahles, gespenstiges Licht erhellte den Raum. Ununterbrochen drang das Lärmen und Tosen der Sprengkörper bis tief hinunter in unseren Luftschutzkeller. Eine Explosion jagte die andere, ein Einschlag folgte dem nächsten. Das Grauen triumphierte und mit jeder abgeworfenen Bombe fiel der Tod vom Himmel. Mir war elend zumute. Eine kaum zu beschreibende, irrsinnige Todesangst drückte mich zwangsläufig auf den kühlen Kellerboden.

Plötzlich, mitten im Bombenhagel, ein markerschütterndes Tosen und Heulen, ein mächtiger, fürchterlicher Donnerschlag, eine Bombe, die mit voller Wucht in das Kirchenhaus einschlug und es bis in die Grundmauern erschütterte. Ein Volltreffer begleitet von einer ohrenbetäubenden Detonation, einem unsäglichen Knall, der alles bisher Erlebte bei Weitem übertraf. Das Haus, der Keller, die Wände, alles bebte durch den enormen Luftdruck, den dieser Sprengkörper erzeugte. Gleichzeitig presste die Druckwelle eine dicke Staubwolke in den Schutzraum hinein. Erschrocken schnappte ich nach Luft. Fortwährend rieselte Kalk von der Decke herab und Putz bröckelte aus den Mauerfugen. Ich spürte Sandkörnchen auf den Lippen und Staub, der sich schmerzhaft in meinen Augen festsetzte. Obwohl das Lärmen der Einschläge alles übertönte, nahm ich ein beängstigendes Knacken und Knirschen wahr. Ein Zeichen, dass jeden Moment die Stabilität des Gewölbes verloren gehen könnte. Der darauf folgende Einsturz des Hauses würde uns allesamt vom Leben zum Tode befördern. Ein kaum zu überbietendes Horrorszenario, was sich da über unseren Köpfen zusammenbraute. Mutter schrie entsetzt: »Das war unser Haus, das ist unser Ende!« Gellende Angstschreie hallten durch den Keller. Verwirrt baten einige in ihrer Not den Heiligen Vater um Beistand.

Der Volltreffer auf unser Haus war wie ein böser Traum, aus dem ich zu erwachen hoffte. Ich sträubte mich, das Schreckliche zu begreifen. Mit einem Mal zweifelte ich den Sinn meines Daseins an. War doch die Chance, mit dem Leben davonzukommen, unweigerlich am Nullpunkt angelangt. Aber deswegen das Handtuch werfen, die Segel streichen, würde bedeuten, den Keller als letzte Ruhestätte zu akzeptieren. Doch dazu war ich noch nicht bereit. Auf dem kühlen Boden liegend quälten mich trübe Gedanken, schwirrten Trugbilder durch meinen Kopf. Ein Engel im weißen Gewand streckte mir beide Hände entgegen. Wollte der mich schon in den Himmel holen?

Die Notbeleuchtung erlosch. Jemand fuchtelte mit der Taschenlampe umher. Nur schemenhaft waren die Gestalten auf dem Kellerboden zu erkennen, auf allen lag von Kopf bis Fuß eine gräuliche Kalkschicht. Das gespensterhafte Äußere, die besudelten Gesichter und die eingestaubten Haare ließen alle irgendwie greisenhaft aussehen. Abbilder des Jammers und der Verzweiflung.

Als sich die Explosionen merklich abschwächten, richtete sich einer nach dem anderen wieder auf. Benommen klopften sich die Erwachsenen den Staub aus der Kleidung und wischten den Schmutz vom Angesicht. Wie betäubt nahmen alle ihre Plätze wieder ein. Niemand sagte etwas. Noch schnürte eine unbeschreibliche Angst die Kehlen zu. Auch ich war zu keinem bewussten Handeln fähig. Die schrecklichen Vorgänge blockierten meine Sinne. Offenbar wurde auch mein Bruder durch das Erlebte traumatisiert. Unentwegt sperrte er den Mund auf und hielt sich die Ohren zu. Er war ebenso wenig ansprechbar wie meine Mutter. Unentwegt stierte sie zur Decke hoch und man sah ihr an, sie rechnete mit dem Schlimmsten.

Wachgerüttelt aus unserer Lethargie registrierten wir, dass jemand an die Stahltür pochte. Ein Landser hebelte den Zugang auf. Völlig außer Atem stand unser Luftschutzwart davor. Nach kurzer Verschnaufpause forderte er uns im barschen Ton auf: »Raus! Macht euch raus! Euer Haus brennt! Aber ihr müsst durchs Feuer!« Er wiederholte seine Worte und ohne zu verweilen, hetzte er die Treppen wieder hoch. Keiner rührte sich. Wie angewurzelt blieben alle auf ihren Bänken sitzen. Sein schroffer Befehlston, die nüchterne Einschätzung der Lage und die Weisung, den Weg durchs Feuer zu nehmen, ließen Zweifel aufkommen. Einige murmelten: »Hier unten sind wir sicher. Draußen ist bestimmt die Hölle los und durchs Feuer gehen wir nicht, da kommen wir um.« Alle im Keller schlossen sich dieser Meinung an, denn zu dem Zeitpunkt konnte noch niemand voraussehen, dass das Nichtbefolgen seines Befehls, das Abwarten, maßgeblich über Leben und Tod entscheiden würde. Bestimmt waren die Worte des Luftschutzwartes ausschlaggebend für unser Zögern. Auch wenn wir in Bälde mit dem Einsturz des Hauses rechnen mussten, der Weg durchs Feuer stieß einvernehmlich auf Ablehnung. Im Gegenteil, wir bildeten uns ein, dass der Verbleib im Keller durchaus erträglicher sei, als im Freien qualvoll lebendigen Leibes zu verbrennen.

Unter diesen Umständen gelang es mir nicht, die Todesangst abzuschütteln. Die vorangegangenen, schrecklichen Ereignisse lagen wie Blei auf meiner Seele. Flügellahm, auf Hilfe angewiesen, klammerte ich mich an meine Mutter, die aber immer noch wie geistesabwesend auf ihrem Platz saß.

Kurz darauf donnerte es erneut an die Kellertür. Unser Luftschutzwart kam ein zweites Mal, und als er seine Schutzbefohlenen so unentschlossen auf den Bänken sitzen sah, brüllte er aus vollem Hals: »Raus! Raus! Oder ihr erstickt hier unten! Ihr müsst sofort raus! Ich komme nicht mehr wieder!« Er unterstrich seine Worte mit einer Handbewegung, die zum Ausgang zeigte. Und ohne sich lange aufzuhalten, preschte er mit seinen Stiefeln geräuschvoll nach oben. Die Stahltür ließ er sperrangelweit offen stehen, richtungsweisend sozusagen. Aber auch nach dieser nochmaligen Aufforderung war keiner von den Kellerinsassen bereit, der Forderung des Luftschutzwarts nachzukommen. Fragend sah ich Mutter an. Bleiben wir im Keller oder müssen wir durchs Feuer gehen? Vergeblich wartete ich auf eine Antwort. Aber meine Mutter war immer noch nicht in der Lage, einen klaren Gedanken zu fassen. Und so sehnte ich einen Schutzengel herbei, der ihr helfen sollte, die richtige Entscheidung zu treffen.

Ein Landser aus unserem Keller wollte das Feuer umgehen und die Mauerdurchbrüche der Nachbarhäuser nutzen. Er nahm an, durch diese Vorgehensweise unbeschadet an das Elbufer zu kommen. Kurz entschlossen griff er nach dem bereitliegenden Hammer und zerschlug die für den Notfall markierte, dünne Ziegelwand, die zum Haus »An der Frauenkirche 1« führte. Sie zerfiel in lauter kleine Stücke. Voller Hoffnung kletterten wir der Reihe nach durch die Öffnung hindurch und folgten dem Landser auf seinem Fluchtversuch. Er tastete sich als Erster vorwärts und leuchtete mit dem schwachen Lichtkegel seiner Taschenlampe den Weg aus. Und da wir einzig und allein das Heil in der Flucht suchten, kümmerten wir uns nicht um die Belegung des Nachbarkellers. Dank der Leuchte fiel uns die totale Finsternis überhaupt nicht auf. Selbst die gespenstige Stille machte keinen stutzig. Unbeirrt, ohne auch nur einen

Blick nach rechts oder links zu werfen, stolperten wir unserem Wegbereiter hinterher.

Doch schon an der nächsten Brandmauer kam unser Ausbruch ins Stocken. Trotz größter Anstrengung war der junge Mann nicht in der Lage, den Durchbruch zum nächstfolgenden Haus ausfindig zu machen. So sehr er sich auch bemühte, er stieß immer wieder auf stabiles Mauerwerk. Warum er es nicht schaffte, aus welchen Gründen er die richtige Stelle verfehlte, war nicht nachvollziehbar. Der Versuch, das Feuer zu umgehen, schlug fehl. Wir kamen keinen Schritt weiter. Enttäuscht kehrten wir alle wieder um.

Erst als wir frustriert durch den eben passierten Keller zurückliefen, erst da fiel uns auf, dass sämtliche Bewohner des Nachbarhauses regungslos auf ihren Plätzen saßen. Entsetzt bemerkten wir, sie waren allesamt tot. Wahrscheinlich hatte der Luftdruck der explodierenden Sprengkörper sie voll erwischt. Ihrer Haltung nach zu urteilen versäumten sie, sich auf den Fußboden zu legen, schützten weder Lunge noch Trommelfell, und weil sie keiner aufklärte, verloren sie durch diese Unwissenheit ihr Leben.

Geschockt schlichen wir an der Totenreihe vorbei. Als rein zufällig der Lichtkegel der Taschenlampe einen Jungen traf, der noch angemalt und mit einem Faschingskostüm bekleidet auf der Bank saß, blieb mein Bruder erschrocken stehen. Dieser Knabe war zweifellos sein bester Freund. Mit ihm hatte er den ganzen Nachmittag ausgelassen auf dem Neumarkt herumgetollt und sich bereits für den nächsten Tag zum Spielen verabredet. Mein Bruder trat nahe an ihn heran und rief aufgeregt: »Günther, Günther, hörst du mich? Hier ist dein Freund, der Dieter!« Immerfort nannte er seinen Namen. Aber sein Gefährte blieb stumm. Er gab kein Lebenszeichen von sich. Wie sollte er auch? Tot, mit starr aufgerissenen Augen saß er neben seiner leblosen Mutter. Mein Bruder streckte die Hand aus, wollte ihn berühren, doch meine Mutter zog ihn behutsam von dem traurigen Anblick weg. Widerwillig ließ er es geschehen. Noch eine

Zeit lang weinte und schluchzte er herzzerreißend, konnte das grausige Erlebnis nicht verkraften. Auch mir war der Tod seines Freundes sehr nahe gegangen und bedrückt nahm ich meinen Sitzplatz im Keller wieder ein.

Erneut verstrichen kostbare Minuten. Unseligerweise hielt sich keiner an die Weisung vom Luftschutzwart, den Keller unverzüglich zu verlassen. Niemand wagte den ersten Schritt, keine Menschenseele traute sich nach oben. Teilnahmslos saßen alle auf ihren Plätzen. Vergessen die mahnenden Worte des Luftschutzwartes: »Nur wer den Keller verlässt, kann mit dem Leben davonkommen.«

Nach und nach wurde es im Schutzraum dunstig. Rauch kroch die Kellertreppe herunter. Mir wurde übel davon, meiner Mutter wohl auch. Vielleicht war das der Auslöser, warum sie sich mit einem Ruck erhob, uns Kinder ergriff und dem Ausgang zustrebte. Wir konnten ihr kaum folgen. Auch die Frau des Kirchners, er selbst stand an der Front, eilte mit ihrer Tochter die Stufen hoch. Von den anderen kam keiner hinterher. Sicher war die Furcht vor dem Feuer der Grund, dass niemand von den Zurückgebliebenen den Mut aufbrachte, dieser Zufluchtsstätte den Rücken zu kehren.

Dass meine Mutter Hals über Kopf den Keller verließ, war für uns lebensrettend. Mag sein, dass sie den Worten des Luftschutzwarts Glauben schenkte, weil sie ihn gut kannte. Vielleicht folgte sie auch einer inneren Eingebung. Wie dem auch sei, ihr rasches Handeln bewahrte uns Kinder vor einem schrecklichen Ende.

Fürwahr, der gewählte Weg fiel uns keineswegs leicht. Schon nach den ersten Stufen kam uns brütend heiße Luft entgegen. Und als wir, misstrauisch geworden, nun schrittweise dem Ausgang zustrebten, hielten wir auf dem letzten Absatz erschrocken inne. Ein brennender, geräuschvoll knisternder Holzbalken lag quer vor der offenen Kellertür. Allem Anschein nach war er vom Dach des Hauses in den Lichthof gestürzt. Die hell lodernden Flammen und die glühende Hitze schreckten uns ab. Wir zögerten und im Grunde genommen wollten wir sofort wieder umkehren, denn der Aufenthalt im Keller schien für uns die weitaus bessere Lösung zu sein. Unschlüssig verharrten wir vor der feuersprühenden Sperre. Die einzige Fluchtmöglichkeit, die uns noch geblieben war, hatte der brennende Dachträger verbarrikadiert. Mehrmals bemühte sich meine Mutter über die Hürde zu kommen, aber sie schaffte es aufgrund ihrer Größe nicht. Der Balken war zu hoch. Auch die Versuche der Kirchnersfrau scheiterten.

Verängstigt wichen wir einige Schritte zurück. Das unüberwindliche Hindernis bestärkte unseren Hang zur schnellen Umkehr. Doch mit einem Mal, als hätte ihn ein Schutzengel geschickt, tauchte unser Luftschutzwart im Hausflur auf. Und als er uns so ratlos am Kellerausgang stehen sah, sprang er kurz entschlossen über den brennenden Balken, packte uns Kinder und hob uns der Reihe nach über das Feuer. Dann half er den beiden Frauen drüber zu kommen. Sie schrien auf. Die glühenden Funken hinterließen schmerzhafte Brandlöcher an ihren dünn bestrumpften Beinen. Mein Bruder weinte, sein Teddy war ihm aus der Hand gefallen. Wir konnten ihm nicht helfen, die Flammen fraßen auf der Stelle sein Spielzeug auf. Gottlob, meinen Rucksack brachte ich heil übers Feuer. Auch Mutter presste ihre Handtasche mit den Papieren fest an sich. Mehr konnten wir aus dem Keller nicht mitnehmen. Unser Luftschutzwart sprang als Letzter über den Balken. Mutter glaubte, ihn dabei lächeln zu sehen. Das wäre gut möglich gewesen. Seine Hartnäckigkeit zahlte sich aus, sie rettete uns das Leben. Er rief noch: »Macht euch an die Elbe!« Dann stürmte er davon.

Dankbar schauten wir ihm nach. Ohne ihn hätten wir die Barriere nicht überwinden können und ohne seine Hilfe wären wir bestimmt im Keller umgekommen. Bang stellten wir uns die Fragen: »Gelingt uns die Flucht an die Elbe oder gehen wir hier noch zugrunde? Und was wird aus denen, die im Keller geblieben sind? Werden sie qualvoll ersticken oder verbrennen?« Wir wussten keine Antwort darauf.

Flüchtig dachten wir an die Verletzten, die im Lichthof untergekommen waren. Nicht auszudenken, was in denen vorging, als der Volltreffer das Kirchenhaus traf. Wie furchtbar, wenn man den Tod vor Augen hat und ein Entrinnen nicht möglich ist.

Da der Lichthof durch den brennenden Balken unzugänglich war, stellte keiner von uns Überlegungen an, sich von dem Schicksal der Opfer Gewissheit zu verschaffen. Zu sehr waren wir mit uns selbst beschäftigt. Ich glaube, es war auch besser so. Wie gut, dass höhere Gewalt uns den Anblick ersparte.

Unschlüssig standen wir im Hausflur. Die große, wuchtige Eingangstür hatte der Luftdruck aus den Angeln gerissen. Sie lag völlig ramponiert neben dem Torbogen. Verängstigt griff ich nach Mutters Hand und vorsichtig, in kleinen Schritten, bewegten wir uns dem Ausgang zu. Dichter Qualm wälzte sich die Treppen herunter und hüllte den ganzen Eingangsbereich ein. Im Haus durften wir nicht bleiben, es brannte bis hoch zum Dachgeschoss.

Voll Furcht blickten wir auf den taghell erleuchteten Neumarkt. Uns bot sich ein grauenhaftes Bild. Überall Feuer, nichts als Feuer. Es sah aus, als ob die Luft ein einziges Flammenmeer sei. Alle Häuser rings um den Markt brannten, an manchen Stellen sogar der Asphalt. Meine Mutter wich erschrocken zurück. Auch wir Kinder waren keineswegs gewillt, durch diese Feuerhölle zu gehen. Wir sträubten uns, wollten zurück in den Keller flüchten. Aber so sehr wir auch aufbegehrten, Mutter lies sich durch uns nicht beirren, vertraute den Worten des Luftschutzwartes: »Euch bleibt nur die Flucht an die Elbe, wollt ihr hier nicht umkommen«.

Der Feuersturm

Zögernd traten wir aus dem Hauseingang. Da erfasste uns mit ungeahnter Gewalt der Feuersturm, der orkanartig über dem Neumarkt tobte, und trieb uns erbarmungslos vor sich her. Mit aller Kraft stemmten wir uns dagegen, spürten die ungeheure Hitze und die erdrückende Schwüle, die von dieser Feuersbrunst ausging. Doch es gab kein Zurück. Hilfe suchend krallten wir Kinder uns an Mutters Mantel fest und stolperten verstört neben ihr her.

Den Worten des Luftschutzwarts zufolge sollten wir uns an die Elbe machen. Aber der Sturm ließ nicht von uns ab, schob uns von einer Seite zur anderen. Mutters Vorstoß Richtung Kirche wehrte er ab. Trotzdem versuchte sie immer wieder an das brennende Gotteshaus heranzukommen. Als sie es endlich schaffte, sich mit uns Kindern bis zum Eingang D durchkämpfte, bekamen wir einen Mordsschreck. Sämtliche Häuser der Münzgasse standen in Flammen. Allein der Gedanke, durch diese Feuerhölle gehen zu müssen, flößte uns Furcht ein. Aber es gab keinen anderen Weg. Vom Sturm gebeutelt kämpften wir uns Meter für Meter vorwärts. Dann ging es nicht mehr weiter. Das Feuer hatte einige Häuser gegenüber der Frauenkirche schon zum Einsturz gebracht. Schwelende Gesteinsbrocken türmten sich bis an die Mauern der Kirche. Der Erfolg versprechende Fluchtweg endete in einer Sackgasse.

Meine Mutter, den tosenden Sturm im Nacken, uns wehklagende Kinder im Schlepptau, suchte einen Ausweg aus dieser Misere. Aber so sehr sie auch Ausschau hielt, wir mussten umkehren, wollten wir hier nicht zu Tode kommen. Vom Sturm getrieben, rannte meine Mutter mit uns Kindern wieder zurück zu unserem brennenden Haus, dann weiter bis vor zum Hotel Stadt Berlin. Sie hoffte, von dieser Seite aus die Elbe erreichen zu können. Aber auch hier war das Terrain nicht mehr begehbar, auch hier versperrten rauchende

Trümmerberge den Weg ans rettende Ufer. Bevor wir diese Niederlage verkraften konnten, heftete sich der Sturm erneut an unsere Fersen und schob uns an dem vom Feuer eingefassten Jüdenhof vorbei über die Straßenbahnschienen zurück zu den in Flammen stehenden Häusern des Neumarkts. Meine Mutter stemmte sich dagegen, wollte sich der aufgezwungenen Laufrichtung nicht unterwerfen, aber der Sturm gewann letztendlich die Oberhand.

Der verhängnisvolle Verlauf der Ereignisse war von ungeheurer Tragweite. Viel zu spät hatten wir den Luftschutzkeller verlassen. Eine undurchdringliche Feuerwand stellte sich uns entgegen, ließ jeden Fluchtgedanken zum Albtraum werden. Aus den brennenden, mit unheimlichem Getöse einstürzenden Gebäuden lief die Flammenglut auf die Straße und verbrannte alles, was sich ihr in den Weg stellte. Hilfe von außerhalb konnten wir nicht erwarten. Hier kam keiner hinein, geschweige heraus.

Und in diesem Hexenkessel trennte uns der Sturm von der Kirchnersfrau und deren Tochter. Wir hatten sie glattweg aus den Augen verloren.

Damit wir von den einfallenden Häuserwänden nicht erschlagen werden, mussten wir uns in die Mitte des Marktes begeben. Aber die Feuerwirbel zerrten uns immerfort in eine andere Richtung. Nur mit Müh und Not hielten wir uns aufrecht, kamen beinahe zu Fall. Mutter setzte sich zur Wehr, doch ihre Kraft reichte nicht aus, um dem entfesselten Sturm Paroli zu bieten. »Wenn kein Wunder geschieht, sind wir verloren!«, rief sie mir zu. Verzweifelt suchte sie einen Halt, einen Rettungsanker, an den wir uns festklammern konnten. Aber weit und breit war nichts Greifbares auszumachen. Und dennoch ließ uns der Herrgott nicht im Stich.

An der Straßenbahnhaltestelle schräg gegenüber dem Kirchenhaus stand eine Laterne und von dort aus vernahmen wir laute Rufe: »Hier her! Hier her! Haltet euch fest!« Wir sahen eine dunkle Gestalt am Laternenpfahl stehen, erkennen konnten wir sie nicht.

Dichter Funkenregen behinderte die Sicht. Als wir fortwährend dieses Rufen hörten, wollte meine Mutter mit uns Kindern sogleich zur Laterne eilen. Doch vergebens, der Sturm drängte uns immer wieder ab. Obwohl sie hartnäckig Widerstand leistete, dieser brachialen Gewalt war sie nicht gewachsen. Wie der Teufel war das fauchende Ungetüm hinter unseren armen Seelen her. Wenn uns auch nur wenige Meter von der Laterne trennten, wir kamen einfach nicht an sie heran. Unzählige Male nahm meine Mutter Anlauf und unzählige Male wurde sie vom starken Luftstrom attackiert. Uns Kinder zog sie dabei ständig hinter sich her. Wir weinten und jammerten, die glühenden Funken, die der Sturm uns ins Gesicht wehte, hinterließen schmerzhafte Brandlöcher auf der Haut. Den Kopf gesenkt, einen Arm schützend vor die Augen gepresst, so taumelten wir an der Hand unserer Mutter orientierungslos über das holprige Kopfsteinpflaster.

Gebückt, nach vorn gebeugt, versuchten wir Schritt für Schritt an die Laterne heranzukommen. Aber der Feuersturm tobte so heftig, dass es nahezu übermenschlicher Kräfte bedurfte, sich ihm zu widersetzen. Und so glich der Weg dorthin einem Martyrium ohnegleichen. Jedes mühsam errungene Stück Straßenpflaster, jeden Fußbreit Boden, mussten wir hart erkämpfen. Es war ein ständiges Hin und Her, das uns kräftemäßig und psychisch alles, aber auch alles abverlangte. Dann endlich, als Mutter schon aufgeben wollte, gelang uns der Griff nach der Laterne. Dort stand einsam und verlassen eine alte Frau, die mit beiden Armen den Pfahl umklammerte und durch lautes Rufen, mehr einem verzweifelten Schreien, versuchte auf sich aufmerksam zu machen. Sie rief in einem fort: »Hier her! Hier her! Haltet euch fest!« Als wir ihren Mantel zu fassen bekamen, klammerten wir uns daran fest. Wir zogen und zerrten an ihren Sachen, wir haben der Frau fast die Kleider vom Leibe gerissen. Fürwahr ein Wunder, dass es in dem Chaos noch eine Stelle gab, die ein Fünkchen Hoffnung zum Überleben bereithielt. Gewiss hatte wieder ein Schutzengel seine schützende Hand über uns gehalten und uns an diesen Ort geleitet.

Mein Bruder war zum Umsinken müde. Ermattet kauerte er sich auf das Straßenpflaster und kroch unter Mutters Rock. Schluchzend umklammerte er ihre Beine. Und damit ihn der Sturm nicht in die brennenden Häuser treibt, stellte ich mich schützend vor seinen Unterschlupf.

Später kamen auf das Rufen hin noch weitere Obdachlose hinzu. Sie mussten, ebenso wie wir, erbittert gegen den Feuersturm ankämpfen und waren am Ende ihrer Kräfte. Auch die Frau vom Kirchner und ihre Tochter tauchten wieder auf. Wir bildeten eine Menschentraube um die Laterne und um die alte Frau, ergriffen Hände, umschlangen uns gegenseitig. Dabei erdrückten wir beinahe unsere Retterin. Aber es war die einzige Möglichkeit, dem mit unglaublicher Geschwindigkeit über dem Neumarkt hinwegrasenden Sturm standzuhalten. Einige riefen laut um Hilfe, flehten aus tiefer Seele den Herrgott an. Doch jeder Aufschrei ging in dieser tosenden, unfassbar wütenden Feuerbrunst unter.

Und so hing da eine kleine Schar Überlebender, voller Verzweiflung und um ihr Leben kämpfend an der für mich unvergessenen Laterne und an der tapferen alten Frau.

Während wir uns an den Laternenmast klammerten, fielen ununterbrochen glühende Funken und brennende Holzstückchen auf uns herab. Besonders schmerzhaft waren die herumschwirrenden Stofffetzen, die auf der Haut kleben blieben. Hatte man dieses Zeug mit Phosphor getränkt? Gleich, welchen Kampfstoff die Alliierten zum Einsatz brachten, es war das Grausamste, was wir je erlebten. Überall an den Händen, an Hals und Kopf zeichneten sich unzählige Brandwunden ab. Wir stöhnten. Beißender Qualm ließ unsere Augen anschwellen, die Kehlen trocken werden. Den Rest der Folter besorgten giftige Rauchgase, die sich zunehmend in den Lungen festsetzten. Alsbald trat eine Verschlechterung unserer körperlichen

Verfassung ein. Die Luft wurde knapp. Gierige Flammen zehrten den Sauerstoff auf. Mit ungeheurem Sog fegte der vom Feuer entfachte Hurrikan über dem Neumarkt hinweg und in dem Tosen, in dieser unsäglichen Hitze, schwand jegliche Hoffnung, das Inferno je überleben zu können. Gefangen im Zentrum des Brandes schien ein Davonkommen unmöglich zu sein. Wir mussten damit rechnen, dass uns der Sturm bei der erstbesten Gelegenheit in die Feuerhölle schleudert. Somit wäre nicht das Geringste von uns übrig geblieben.

So geschah es dann auch. Eine der Hilfesuchenden löste sich plötzlich von der Laterne. Vermutlich verließen sie die Kräfte. Augenblicklich wurde die Frau vom Sturm erfasst und ins Flammenmeer geworfen. Sie schrie, doch wir konnten ihr nicht helfen. Sie war unrettbar verloren. Entgeistert starrten wir ihr nach, wissend, dass sie verbrannte. Einfach so. Ein an Tragik kaum zu überbietender Zwischenfall, der die Ausweglosigkeit unserer Lage deutlich machte.

Eingeschlossen in dieser Feuerhölle erlebten wir eine, jede Vorstellungskraft übersteigende, grauenvolle Nacht. Eine Nacht, die ich niemals in meinem Leben vergessen werde. Ringsherum nur brennende Häuserfronten, lodernde Feuer, überall nur Tod und Verderben. Meine Mutter flehte den Herrgott an, er möge uns erlösen. Derweil sprach uns die alte Frau unentwegt Mut zu. »Haltet aus! Haltet aus!«, rief sie in einem fort. Unglaublich, mit welchem Stehvermögen sie den extremen Belastungen trotzte. Ihr ungebrochener Lebenswille beschämte uns und wir begriffen, die tapfere Frau, sie war unsere Schutzpatronin an diesem Schreckensort.

Vom Überlebenskampf gekennzeichnet verharrten wir nun eine Ewigkeit an dieser Laterne. Fortwährend durchlitten wir bange Momente, nahmen eine Grausamkeit nach der anderen wahr. So mussten wir mit ansehen, wie nur wenige Meter von uns entfernt unser Wohnhaus vom Erdgeschoss bis hoch zum Dach hinauf brannte und wir, zur Untätigkeit verdammt, nichts dagegen unternehmen konnten. Grellrote Flammen züngelten aus den leeren Fensterhöhlen und loderten geräuschvoll zwischen dem hölzernen Dachgebälk. Das gesamte Mauerwerk glühte und ließ ahnen, mit welcher unfassbaren Stärke das Feuer in den Räumen wütete. Ein schauriges Werk der Vernichtung, das uns den Krieg mit seinen Folgen schonungslos vor Augen führte.

Nach und nach stürzte ein Gebäude nach dem anderen ein. Auch unser Haus blieb nicht verschont. Erst senkte sich die Fassade in ihrer Gesamtheit schwerfällig nach unten, dann fiel sie nach außen und das Übrige sackte mit einem unheimlichen Gepolter in sich zusammen. Mauerbrocken donnerten auf den Gehweg und einige davon rollten bis hin zur Laterne, genau vor meine Füße. Mutter schrie: »Unser Haus ist weg. Jetzt haben wir alles verloren!« Leeren Blickes starrte ich auf den schwelenden Trümmerhaufen. Meine Sachen, meine Bücher, die Flammen raubten alles, was mir lieb und teuer war. Ich fühlte mich elend, so erbärmlich, wie innerlich ausgebrannt. Unendliche Traurigkeit erfasste mich. Nun hatte ich kein Zuhause mehr, kein Dach über dem Kopf, war obdachlos geworden.

Angstvoll sah ich zur brennenden Frauenkirche hin. Wird sie das Feuer überstehen oder stürzt sie ebenso wie die anderen Gebäude in Kürze ein? Da wäre unser Ende gewesen. Würde doch das herabfallende Gestein unser Grüppchen an der Laterne erschlagen. Vor dem Angriff war die Kirche eine Stätte der Zuflucht und der Geborgenheit. Nun besiegelten unzählige Brandbomben, die ins Innere der Kirche eingedrungen waren, ihr Schicksal. Keiner konnte dem Feuer Einhalt gebieten, die Flammen loderten aus den scheibenlosen Fenstern ungehemmt bis zur Kuppel empor. Ein Gotteshaus, das sich nicht wehren konnte, das mit all seinen Schätzen unterzugehen schien, und wir standen hilflos daneben.

Ich bemerkte Mutters schmerzverzerrtes Gesicht. Ohne unseren Vater, ganz allein auf sich gestellt, das war entschieden zu viel für sie. Der Verlust unserer Wohnstätte und der ständige Kampf ums Dasein stießen an die Grenzen ihrer Belastbarkeit. Auch die berechtigte Angst um das Gotteshaus, das dem Feuer bestimmt nicht mehr lange standhalten würde, setzte ihr zu. Hinzu kam noch die Sorge um uns Kinder. Meine Mutter sah so mitgenommen aus, als stände sie bereits mit einem Bein im Grab.

Weiß Gott, die von uns durchlebte Hölle war beileibe nicht das Ende der Unmenschlichkeit. Mit unverminderter Stärke rüttelte der Sturm an unserem Menschenknäuel, versuchte ständig, uns von dem rettenden Anker wegzureißen. Von der alten Frau wachgerüttelt leisteten wir erbitterten Widerstand. Wenn es auch verdammt schwer fiel, keiner durfte den anderen loslassen. Unser Durchhaltevermögen wurde auf eine harte Probe gestellt. Ununterbrochen fielen sprühende Funken auf uns nieder, brannten bleibende Narben ein. Es war schlimm. Im Wüten des Feuersturms und der großflächigen Brände führten wir einen nahezu aussichtslosen Kampf ums Überleben. Wie würde das wohl für uns enden?

Lange, lange standen wir an der Laterne. Stunde um Stunde verrann. Die Hoffnung auf Rettung erlosch. Unsere Lebenskraft schwand dahin. Wir wurden zunehmend daseinsmüde. Nur ein übernatürliches Ereignis konnte unseren höllischen Qualen ein Ende setzen. Und wieder mussten Schutzengel am Werk sein. Buchstäblich in letzter Minute schickte der Himmel kleine Sendboten auf die Erde. Es fing an zu regnen, ganz sachte. Nur hier und da benetzte ein verirrter Tropfen unsere Gesichter. Die alte Frau keuchte: »Gerettet! Gerettet! Das ist die Rettung!« Gierig fingen wir jede herabfallende Wasserperle auf und dankten dem Herrgott für das kostbare Nass. Diese himmlische Gabe half, unsere ausgetrockneten Kehlen etwas anzufeuchten.

Als es dämmerte und fast alle Häuser ruinenhaft zum Himmel ragten, wurde der Feuersturm etwas schwächer. Irgendwann ließen wir von der Laterne und von der Frau ab. Völlig entkräftet kauerten wir auf dem erhitzten Straßenpflaster. Auch unsere Retterin, das Kopftuch im Nacken, den Mantel halb offen, sank erschöpft zu Boden. Unser andauerndes Ziehen und Zerren an den Sachen hatten ihr gehörig zugesetzt.

Wenn auch der Sturm durch die ausgebrannten Häuser nicht mehr seine volle Stärke entfalten konnte, reichte sie noch aus, um uns sitzend ein ganzes Stück von der Laterne wegzuschieben. Der Sturm bewarf uns immer noch mit glimmenden Holzstückchen und heißer Asche und das Leiden, diese Pein, nahm und nahm kein Ende. Schwelender Rauch legte sich auf unsere Lungen. Das Atmen fiel unsagbar schwer. Röchelnd zogen wir die verräucherte Luft ein.

Meine Mutter verließen gleichermaßen die Kräfte. In sich gekehrt saß sie ein Stück von mir entfernt und starrte vor sich hin. Dass mein Bruder andauernd lamentierte, nahm sie nicht wahr. Er hatte seine Pudelmütze verloren und nun piesackten ihn die glühenden Funken, die sich fortlaufend auf sein unbedecktes Haupt setzten. Besorgt nahm ich ihn auf den Schoß und versuchte ihn davor zu schützen. Mich erwischte es umso mehr. Fortwährend wehte der Feuersturm Glutreste auf meine Kopfhaut und eine schmerzende Brandwunde reihte sich an die andere. Mutter bekam von alledem nichts mit.

Mein Rucksack, den ich die ganze Zeit auf dem Rücken trug, entglitt mir. Blitzschnell rollte er über den Bürgersteig und ging in Flammen auf. Unbegreiflich, wie das geschehen konnte. In wenigen Sekunden verlor ich das Letzte, was mir noch geblieben war. Auch meiner Mutter riss der Sturm die Handtasche mit den Dokumenten aus der Hand und trieb sie ins Feuer. Benommen schaute sie ihr nach.

Anscheinend versetzten die Rauchgase und der Sauerstoffmangel uns in einen Dämmerzustand. Ein Zustand, der unwiderruflich zu einem sanften Hinübergleiten in das Reich des Todes führen würde, falls nicht irgendein Geschehnis uns von diesem Ort wieder zurückholte. Da wir glaubten, den Überlebenskampf schon verloren zu haben, nahmen wir ohne Gegenwehr unser Schicksal an und dusselten so vor uns hin. Dann schliefen wir ein. Wir wären wohl nie wieder aufgewacht, wenn nicht eine Frau, die ebenfalls neben uns auf dem Boden hockte, meine Mutter plötzlich an den Schultern gepackt und immerfort geschüttelt hätte. Mit heiserer Stimme keuchte sie ihr ins Ohr: »Aufwachen! Aufwachen! Ihr Kind brennt!« Das Kind, das brannte, war ich. Ohne dass ich es merkte, fing mein Mantel Feuer. Es brannte das Kleid, es brannte die Unterwäsche, es versengte meine Haut. Die Flammen schlugen am Rücken hoch und es fehlte nicht mehr viel und ich wäre mit meinem Bruder lebendigen Leibes auf dem Neumarkt verbrannt.

Glücklicherweise kam meine Mutter zu sich. Sie rückte zu mir heran und klopfte die Flammen aus. Ihr Klopfen weckte mich aus meinem Dämmerschlaf und holte mich auf dem Weg zum Himmel zurück in die Hölle auf Erden. Ich spürte einen stechenden Schmerz auf der rechten Pobacke. Vorsichtig tastete ich über die betroffene Stelle und erschrak über deren Ausmaß. Die Flammen hinterließen auf meiner Haut ein Feuermal, so groß wie eine Untertasse. Noch konnte ich die Beschwerden aushalten. Anscheinend betäubten die Raucheinwirkungen mein Empfinden. Nicht auszudenken, die Wahrnehmungen dieser unbekannten Frau ersparten mir und meinem Bruder den Feuertod. Vielleicht wäre meine Mutter irgendwann auf unsere verkohlten Körper gestoßen oder sie hätte kein Stäubchen Asche mehr vorgefunden, denn der Feuersturm brauchte sich kaum anzustrengen, um unsere Überbleibsel zu verwehen. Bestimmt hatte hier wieder ein Schutzengel seine Hände im Spiel.

Als Mutter meine Brandwunde berührte, war uns beiden zum Heulen zumute. Doch keine Träne kam aus unseren verquollenen Augen heraus. Matt und kraftlos hockten wir auf dem Bürgersteig. Nicht weit von uns entfernt saßen hier und da noch einige menschliche Wesen, die ebenso wie wir auf Rettung aus dieser Notlage hofften.

Allmählich erhellte sich der Horizont, zögernd brach der neue Morgen an. Plötzlich hörten wir aus der Ferne näherkommendes Motorengeräusch. Bang schauten wir zum Himmel empor. Braute sich über unseren Köpfen wieder Unheil zusammen? Mit einem Schlag wich alle Benommenheit, wir waren augenblicklich hellwach. »Einen dritten Angriff überleben wir nicht«, raunte Mutter, »wir müssen hier weg, sonst gehen wir noch zugrunde.« Hektisch blickte sie um sich, hielt Ausschau nach einem Versteck. Aber in dieser trostlosen Kraterlandschaft gab es kein Schlupfloch, kein Versteck, in das wir hätten kriechen können. Nur auf der gegenüberliegenden Straßenseite stand unversehrt ein Löschsandkasten. Die einzig heile Stelle in dem Trümmerfeld. Mutter schob uns Kinder vom Gehweg über die Straßenbahnschienen bis hin zu dem Kasten. Sie nahm an, dass wir an den Seitenwänden Schutz fänden. Kaum waren wir dort angekommen, rief irgendwer: »Schnell runter! Duckt euch! Das sind Tiefflieger!«

Erschrocken legte ich mich auf den Boden und presste meinen Körper auf die erhitzten Pflastersteine. Meinen Bruder drückte ich fest an mich. Er wimmerte, ein Stein war auf seinen Fuß gefallen. Meine Mutter lag auf der gegenüberliegenden Seite des Sandkastens, gleich neben der Frau vom Kirchner und deren Tochter. Kurz darauf flogen mehrere Flugzeuge von der Elbseite her über uns hinweg. Wie versteinert blieben wir liegen, bewegten uns nicht. Gerade als ich den Kopf heben wollte, kehrten die Flugzeuge zurück und setzten zum Tiefflug an. Die Bordwaffen knatterten. Ich hörte das Pfeifen der Projektile und ihr Aufklatschen auf den Pflastersteinen. Gänzlich wehrlos waren wir den Angreifern ausgeliefert, kamen uns wie Freiwild vor. Wieder hatte ich Angst um mein Leben und hoffte auf die Hilfe eines Schutzengels. Einige Male umkreisten uns die Tiefflieger. Dann drehten sie ab und der Pulk flog in Richtung Großer Garten davon. Noch lange lag mir das Knattern der Bordwaffen im Ohr.

Neben mir bewegte sich nichts. Verschwommen nahm ich wahr, dass einige der Schutzsuchenden regungslos am Sandkasten hockten. Mich gruselte. Bei dem Versuch, mich aufzurichten, bemerkte ich, dass eine schwarz gekleidete Frau halb auf mir lag. Vorsichtig schob ich sie zur Seite. Und da sie kein Lebenszeichen von sich gab, bekam ich mit, sie war tot. Wahrscheinlich entging ich deswegen der Hinrichtung und verdanke dieser Unbekannten mein Leben.

Angstvoll sah ich mich nach meiner Mutter um. Gott sei Dank, sie lebte. Unerklärlich, dass ausgerechnet wir den Tieffliegerangriff überstanden hatten. So froh wir auch darüber waren, wir vermissten die Frau von der Laterne. Nirgends konnten wir sie erspähen. Ihr Schicksal berührte uns sehr. Ohne ihren Halt, ihre Hoffnung und Zuversicht würden wir bestimmt nicht mehr unter den Lebenden weilen. Die tapfere Frau, sie bleibt uns unvergessen.

Im Laufe der Zeit verschlechterte sich unser Befinden. Bedingt durch den stundenlangen Aufenthalt in der verräucherten Umgebung schwollen unsere Augen stark an. Nur ein schmaler Schlitz gestattete die Umrisse der Objekte auszumachen. Zudem quälte uns ein lästiges Kratzen und Brennen im Hals. Keuchend rangen wir nach Luft. Noch schlimmer war das kaum zu ertragende Durstgefühl. Unsere ausgedörrten Kehlen verlangten dringend Linderung. Aber leider hatte es aufgehört zu regnen und so warteten wir vergeblich auf eine weitere himmlische Gabe.

Gezeichnet von den Strapazen kauerte unser immer kleiner werdendes Häufchen Ausgezehrter an dem Löschsandkasten. Unfähig jeglicher Regung, nur noch Schatten unserer selbst, warteten wir voller Ungeduld auf eine Erlösung aus dieser Notlage.

Als wir so ohne Zeitgefühl dahindämmerten, drang plötzlich Stimmengewirr an unsere Ohren. Ein Rettungstrupp war auf der Suche nach Überlebenden. Näher kommend riefen sie über den Platz: »Hallo! Ist hier jemand? Meldet euch doch!« Ungläubig drehten wir den Kopf in die Richtung, aus der die Rufe kamen. Wohl hörten wir die Stimmen, doch sehen konnten wir die Helfer nicht. Kraftlos hoben wir die Hände, wiesen mit einem matten Winken auf unseren Standort hin. Der Versuch, sich zu verständigen, misslang. Die rauen Kehlen brachten nur ein heiseres Krächzen zustande. Zum Glück entdeckten uns die Männer, eilten herbei und griffen uns unter die Arme. Doch das Aufstehen fiel uns sichtlich schwer. Die geschwächten Körper versagten den Dienst. Mutter schwankte, mir rutschten die Beine weg und mein Bruder kroch auf allen Vieren, ehe er sich erhob.

Dabei verlor ich einen Schuh. Ich suchte ihn, lief mehrmals im Kreis herum, fand ihn aber nicht. Allem Anschein nach lag er in der Nähe des Sandkastens und war dort unter die Trümmer geraten. Leider erschwerte meine eingeschränkte Sehkraft das Auffinden der für mich unentbehrlichen Fußbekleidung. Fieberhaft tastete ich das herumliegende Gestein ab. Aber so sehr ich mich auch bemühte, er kam nicht zum Vorschein. Ich krächzte: »Mein Schuh, mein Schuh, wo ist mein Schuh?« Wie besessen wühlte ich im Schutt, schob Stein um Stein zur Seite. Aber es war umsonst, er blieb verschwunden. Obwohl ich von Anfang an den Verlust beklagte, kein Mensch half mir in meiner Not, niemand nahm Anteil daran.

Die Rettungskräfte drängten zur Eile und befahlen: »Fasst euch an den Händen und bildet eine Kette! Beeilt euch! Die Frauenkirche kann jeden Moment einstürzen!« Ängstlich ergriffen wir entgegengestreckte Hände, klammerten uns daran fest. Auch Mutter packte mich am Arm und zog mich mit sich fort. Ein älterer Mann stürzte, fand sich nicht zurecht. Er rief: »Wo seid ihr? Ich sehe euch nicht!« Die Helfer reihten ihn in die Menschenkette ein. »Schnell! Schnell!«, riefen sie ungeduldig, »wir dürfen keine Zeit verlieren. Wir müssen weg, sonst kommen wir hier noch um.«

Wahrlich, der Weg aus dem Trümmerfeld war höchst beschwerlich. Nur mühsam kamen wir voran. Ohne es zu wollen stieß ich an Steine, strauchelte über Schuttmassen, stolperte über Geröll. Durch den Schuhverlust handelte ich mir schmerzende Zehenverletzungen ein. Aber die Aufmerksamkeit auf meine Wehwehchen zu lenken war unter den gegebenen Umständen fehl am Platze. Und so biss ich die Zähne zusammen und humpelte, als letztes Glied in der Kette, den Flüchtenden hinterher.

Während die Rettungskräfte uns über den Markt lotsten, forderten sie uns auf, schneller zu gehen. Doch als wir uns dem Gotteshaus näherten, kroch lähmende Angst in uns hoch. Wir sträubten uns, daran vorbeizugehen. Die Warnung vor dem Einsturz zeigte offensichtlich ihre Wirkung. Vor allem meine Mutter setzte sich trotz Mahnung nicht in Bewegung. Sie weigerte sich, diese Gratwanderung fortzusetzen. Natürlich konnten die Helfer auf Einzelne keine Rücksicht nehmen und schubsten Mutter weiter. Und da sie selbst den risikoreichen Ort unverzüglich verlassen wollten, erhöhten sie das Tempo. Erneut spürten wir die Gefahr, in der wir schwebten und nur der Wille zum Weiterleben trieb uns vorwärts. Eilig kletterten wir über die aufgeheizten Trümmer der eingestürzten Häuser. Jeder Schritt war ein Wettlauf mit dem Tod, ein Balanceakt am Rande des Abgrunds. Häuserwände drohten einzustürzen, Schuttmassen kamen ins Rutschen, Klüfte taten sich auf. Fast blind, auf wegbereitende Hilfe angewiesen, versuchten wir, die Hindernisse zu überwinden. Ohne Helfer wären wir bestimmt nicht aus dieser Steinwüste herausgekommen. Erst am späten Vormittag des 14. Februar erreichten wir, ungefähr ein Dutzend zu Tode Erschöpfter, das ersehnte Elbufer.

Die Einsatzkräfte führten uns zur Schiffsanlegestelle am Terrassenufer und befahlen, uns nicht von der Stelle zu rühren. »Die Busse sind bereits unterwegs. Sie bringen euch in Sicherheit«, meinten sie zuversichtlich. Dann eilten sie davon. Völlig entkräftet lehnten wir uns ans Ufergeländer. Gierig atmeten wir die feuchtkalte Elbluft ein. Sie half, die Schmerzen unserer verquollenen Augen etwas zu lindern. Nach und nach erkannten wir die Umgebung wieder. Es war für uns unbegreiflich, dass ausgerechnet wir davongekommen sind und gedachten in diesen Augenblicken der Opfer des fürchterlichen Bombenterrors.

Wer das Inferno am 13. Februar 1945 in Dresden nicht miterlebte, kann sich überhaupt nicht vorstellen, was für unmenschliche Qualen die Einwohner damals ausgestanden haben. Und wer nicht im Feuersturm um sein Leben fürchten musste, kann niemals das Leid nachempfinden, das die Angriffe bewirkten. Tausende und Abertausende fanden im Bombenhagel den Tod. Wir überlebten und dankten dem Herrgott für die Rettung aus einer von Menschenhand geschaffenen Hölle.

Wir schauten zurück zu Dresdens berühmtestem Wahrzeichen, zur Frauenkirche, deren mächtige Kuppel wie eine Sinnestäuschung hoch über der Trümmerwüste herausragte. Innerlich ausgebrannt, aber nach wie vor aufrecht stehend. Gräulicher Rauch verhüllte die Laterne und das Turmkreuz an ihrer Spitze. Wir ahnten, dass wir sie wohl nicht mehr wiedersehen würden, und warfen einen letzten, wehmütigen Blick auf die geschundene »Steinerne Kuppel«. Schweren Herzens nahmen wir Abschied. Entwurzelt, aller Habe beraubt, standen wir verloren am Elbufer. Zurück ließen wir eine in Trümmern versunkene Stadt.

Dresden nach der Zerstörung, Foto: Fotothek

Es war eine schmerzliche Trennung, ein leidvoller Fortgang, der unser weiteres Leben maßgeblich beeinflusste. Wir hatten kein Zuhause mehr, mussten Dresden verlassen. Ein Leben in dieser toten Steinwüste war ohne Zukunft. Aber wohin sollte die Reise gehen? Was hatte man mit uns vor? Keiner konnte diese Fragen beantworten. Hin- und hergerissen, zwischen Hoffnung und Trübsal, standen wir am Elbufer und warteten auf den Transport nach einem für uns unbekannten Ziel.

Unter den Geretteten war auch die Frau vom Kirchner mit ihrer Tochter. Sie hatte vor, ihre Mutter in Striesen, einem Stadtteil von Dresden, aufzusuchen und bot uns an, sie zu begleiten. Dort könnten wir, sofern das Haus noch stehen würde, nach den Anstrengungen der vergangenen Stunden eine Erholungspause einlegen. Meine Mutter äußerte Bedenken. Eigentlich hatte sie vor, unserem Vater ein Lebenszeichen zukommen zu lassen. Doch vorerst genügte ein Blick von ihr in unsere rußgeschwärzten Gesichter, der sie von der Notwendigkeit überzeugte, uns Kindern erst einmal eine Erholungspause zu gönnen. Deshalb nahm Mutter das Angebot der Kirchnersfrau an und gemeinsam, ohne auf die Busse zu warten, zogen wir los.

Der Tod hat viele Gesichter

Hungrig, durstig und zerlumpt, versuchte meine Mutter mit uns Kindern und der Frau vom Kirchner am späten Vormittag des 14. Februar entlang des linken Elbufers in Richtung Striesen voranzukommen. Wahrlich ein erschöpftes Fortbewegen, das uns kräftemäßig sehr zu schaffen machte. Leider Gottes kamen unsere von Furcht und Entsetzen gepeinigten Seelen nicht zur Ruhe. Alles, was wir dort sahen, war so schauderhaft, so abscheulich, dass es schwerfällt, dieses Grauen zu beschreiben.

Die Bombenangriffe Stunden vorher, diese gnadenlose Vernichtungswelle, hatte selbst am Elbufer nicht haltgemacht. Auch hier gab es kein Entrinnen, auch hier lauerte der Tod. Viele Einwohner der Stadt, die vor dem Feuersturm an die Elbwiesen geflüchtet waren, fanden hier ein tragisches Ende. Die Bänke, auf denen sonst Spaziergänger verweilten, besetzten stattdessen starre, leblose Gestalten. Viele Ehepaare mit Kindern, alte Leute und Wehrmachtsangehörige, die sich an der Elbe in Sicherheit wähnten, saßen entseelt auf den Ruheplätzen. Einige der Opfer hingen mit dem Kopf über der Banklehne, andere lagen regungslos daneben. Entweder sie kamen durch Tiefflieger um oder sie wurden vom Luftdruck der Bomben getötet. Ich wusste es nicht. Noch viel schlimmer berührten mich die verlassenen Kinderwagen, die aller Wahrscheinlichkeit nach mit toten Babys am Wege standen. Kein Laut drang aus ihnen heraus, kein Schrei war zu hören. Die gewölbten Kissen und Decken bewegten sich nicht, ließen demzufolge kein Leben mehr darunter vermuten.

Überall standen Koffer und Rucksäcke herum. An den Bänken lehnten mit Taschen und Netzen behangene Fahrräder. Sie warteten ebenso auf ihre Besitzer, wie die auf den Rasenflächen abgestellten, bis obenhin mit Sachen vollbepackten Leiterwagen. Dazwischen stumme, ausgestreckt daliegende Opfer des Bombenterrors. Obwohl viele Personen zugegen waren, auf den Elbwiesen herrschte eine beklemmende Stille, eine Totenstille. Nichts regte sich mehr.

Um vorwärtszukommen, stieg ich über den Weg versperrende, herrenlose Gegenstände. Dabei versuchte ich, die Augen nicht seitwärts zu richten, zu grauenvoll war der Anblick der am Elbufer zu Tode gekommenen Menschen. Abgelenkt wurde ich von meiner Brandwunde am Po, die bei jeder Bewegung schmerzte. Weitaus schlimmer traf mich der Verlust meines Schuhs. Verbissen, das betroffene Bein nachziehend, schlich ich den Kiesweg entlang. Die spitzen Steinchen piekten und stachelten bei jedem Schritt. Dabei durchlöcherten sie nicht nur den Strumpf, auch die Fußsohle wurde von ihnen arg misshandelt. Doch keiner kümmerte sich um mich. Unbeirrt liefen meine Mutter, mein Bruder und die Kirchnersfrau mit ihrer Tochter weiter, immer weiter. Und weil auch ich überleben wollte, ertrug ich tapfer die Beschwerden und trottete mit letzter Kraft denen hinterher.

Als wir dann erschöpft in Striesen auf der Huttenstraße ankamen, fuhr mir erneut der Schreck in die Glieder. Wenn auch das Haus keinen Treffer abbekommen hatte, aber im Vorgarten in einer Schubkarre lag eine tote Frau, deren strumpflose Beine seitlich herabhingen. Das sah so gespenstig, so haarsträubend aus, dass ich verstört ins Haus rannte.

Dummerweise war die Mutter der Kirchnersfrau verreist. Zum Glück besaß der Hausmeister den Schlüssel und öffnete die Tür. Das Unterkommen für die Nacht war gesichert. Als Erstes stürzten wir in die Küche zum Wasserhahn. Doch wie wir auch drehten und drehten, kein einziger Tropfen lief aus der Leitung heraus. Die Bombenangriffe Stunden vorher hatten das gesamte Versorgungsnetz der Stadt lahmgelegt. Für unsere ausgedörrten Kehlen ein Desaster. Um wenigstens für uns Kinder etwas Trinkbares aufzutreiben, sahen sich die beiden Frauen in der Küche um. Sie entdeckten eine angerissene Flasche Limonade, die aber nicht annähernd unseren quälenden Durst zu stillen vermochte. Auch die Suche nach etwas Essbarem blieb ergebnislos. Bloß ein knochenhartes Stück Brot lag im Kasten. Uns ging es hundsmiserabel. Kein Wunder, nach dieser Schreckensnacht konnten wir uns kaum noch auf den Beinen halten. Nur ich tanzte aus der Reihe. Weil ich im Flur ein Paar Turnschuhe entdeckte, die mir einigermaßen passten, hüpfte ich ausgelassen in der Küche umher. Dabei verspürte ich ein so wohltuendes Glücksgefühl in mir aufkommen, das ich nach den furchtbaren Erlebnissen für verloren gegangen glaubte. Ich war selig.

Obwohl wir uns nach Ruhe sehnten, auch hier wurde uns keine Atempause gegönnt. Wieder hörten wir Motorengeräusche auf uns zukommen und wieder griffen feindliche Flugzeuge Dresden an. Dieses Mal kamen sie zur Mittagszeit und nahmen den Stadtrand ins Visier. Ohne Vorwarnung explodierten etliche Sprengkörper in nächster Nähe und erneut erlebten wir den Schrecken und die Hilflosigkeit, dem Unheil nicht entrinnen zu können. Mutter beklagte unser Schicksal. Auch uns Kindern saß die Angst im Nacken. Eingeschüchtert von dem Erlebten bedrängten wir sie, den Keller aufzusuchen. Doch davon wollte sie nichts wissen. Sie befürchtete, in den nur wenige Stufen hinunterführenden Abstellräumen einen unzureichenden Schutz vorzufinden. Selbst die Hausleute mieden diesen Unterstand.

Nachdem die Bomber sich ihrer todbringenden Last entledigt hatten, drehten sie ab. Wir atmeten auf. Dem Haus wurde kein großer Schaden zugefügt, nur sämtliche Fensterscheiben gingen zu Bruch. Jedoch in der Nachbarschaft erwischte es einige Häuser. Beim Anblick der brennenden Gebäude kam bei mir der Gedanke auf, dass es auch uns hätte treffen können. Vermutlich legten meine diensthabenden Schutzengel eine Sonderschicht ein.

Die Nacht vom 14. zum 15. Februar verbrachten wir in der Wohnung auf der Huttenstraße. Ausgestattet mit einer dünnen Decke legte sich meine Mutter mit uns Kindern in der Küche auf den harten Fußboden. Ein eisiger Wind blies durch die leeren Fensterrahmen. Wir froren jämmerlich. Eng umschlungen versuchten wir uns gegenseitig zu wärmen. Ich zitterte vor Kälte. Die Brandwunden schmerzten. Überall bildeten sich nässende Blasen. Vor allem die Wunde am Po brannte wie Feuer. Ich konnte nur auf dem Bauch liegen. Zu allem Unglück besaßen wir kein Mittel, das die Beschwerden lindern konnte. Wimmernd und schluchzend, der eigenen Wohnstätte beraubt, schliefen wir in dieser trübseligen Umgebung dann doch noch ein.

Als der neue Tag anbrach, fasste meine Mutter den für mich unbegreiflichen Entschluss, das Zentrum der völlig zerstörten Stadt aufzusuchen. Der Gedanke, vielleicht noch einen Teil der eingelagerten Sachen aus dem Keller des Kirchenhauses bergen zu können, ließ sie nicht los. Und da wir nur das besaßen, was wir auf dem Leibe hatten, wollte sie vermutlich Abhilfe schaffen. Auch die Kirchnersfrau war nicht abgeneigt, sich meiner Mutter anzuschließen. Und so machten sich die beiden Frauen mit uns Kindern trotz schlechter körperlicher Verfassung auf den Weg in die Innenstadt.

Wir waren noch nicht weit gekommen, da hörten wir einen ohrenbetäubenden, dumpfen Knall. Und als wir ahnungsvoll in die Richtung der, wie wir vermuteten aufrecht stehenden Frauenkirche blickten, schwebte eine, die ganze Umgebung verhüllende, tiefschwarze Staubwolke über der Stadt. Erstarrt blieben wir stehen. Mutter brach in Tränen aus. »Das war die Frauenkirche«, sagte sie, »nun haben wir alles verloren. Erst unser Haus, nun noch unsere Kirche.«

Wie recht sie hatte. Der Einsturz der Frauenkirche am 15. Februar gegen zehn Uhr, dieser gewaltige, dumpfe Donnerschlag, war weithin zu hören. Er veränderte maßgeblich die Silhouette von Dresden und machte die Stadt um ein Kleinod ärmer. Das über viele Stunden im Inneren der Kirche lodernde Feuer hatte den Sandstein völlig ausgeglüht und zermürbt. Augenzeugen berichteten später, dass sich an dem Vormittag plötzlich die Kuppel herabsenkte, die Außenwände auseinanderfielen und das Gotteshaus mit unheimlichem Getöse unter einer schwarzen Staubwolke verschwand. Der dadurch entstandene Druck schleuderte große Gesteinsbrocken auf den Neumarkt und auf die Ruine des Kirchenhauses. Sogar der Magister, Martin Luther, wurde von seinem Sockel gerissen und fiel mit der Nase auf die Pflastersteine des Marktes.

Das Wahrzeichen Dresdens, die Frauenkirche, war aus dem Stadtbild verschwunden. Von der »Steinernen Glocke« blieb nur noch ein riesiger, rauchender Trümmerhaufen übrig. Lediglich zwei schmale, stehengebliebene Teile der Seitenwände ragten anklagend zum Himmel empor. Ein unwiederbringlicher Verlust, der mich schmerzlich berührte. Versank doch in dem Augenblick auch ein Stück meiner Kindheit in Schutt und Asche.

Mein Vater erklärte mir später seine Version über den Untergang der Kirche. Im Jahre 1940 wurde bei der Restaurierung der

Der Tod hat viele Gesichter, Foto: Fotothek

Ring unter der Kuppel mit Beton verstärkt. Vermutlich setzten die unzähligen Brandstäbe, die beim zweiten Angriff durch die zerborstenen Kirchenfenster in das Innere der Frauenkirche fielen, das gesamte Gestühl in Brand. Durch diese enorme Hitze dehnte sich der Betonring aus, und als er sich nach dem Erlöschen des Feuers wieder zusammenzog, waren die Pfeiler nicht mehr in der Lage, die Last der Kuppel zu tragen. Sie stürzte in das Innere der Kirche und durch den ungeheuren Druck barsten die Mauern auseinander. Die Verstärkung des Ringes könnte einer der Gründe für den Einsturz gewesen sein.

Experten vertraten die Meinung, dass die eingelagerten Filmrollen in den Katakomben den Brand begünstigt hätten. Doch die verschweißten Stahlbehälter dürften nach meinen Überlegungen nicht dafür verantwortlich gemacht werden. Das Feuer drang, nach den Angaben unseres Hauswarts, von oben in die Kellerräume der Kirche, was ihn dazu veranlasste, die Geflüchteten am 14. Februar noch vor Tagesanbruch aus den Katakomben der Frauenkirche herauszuführen.

So sehr auch meine Mutter der Einsturz des Gotteshauses berührte, er hielt sie nicht davon ab, unser zerstörtes Haus aufzusuchen. Abermals brachen wir auf, um in die Altstadt vorzudringen. Wir liefen am Großen Garten entlang, vorbei an ausgebrannten Häuserzeilen, hinein in eine tote Stadt. Die mit roten Ziegeln und grauen Schiefern gedeckten Dächer waren verschwunden. Dort, wo einst lange Häuserreihen standen, gähnten uns rauchgeschwärzte Ruinen und zerlöchertes Mauerwerk entgegen. Kaum ein Gebäude war dem Bombenhagel entgangen. Noch gravierender fielen die Verwüstungen zum Stadtkern hin aus. Der tonnenweise Abwurf der Vernichtungswaffen hatte die gesamte Altstadt entvölkert. Kein Stein stand mehr auf dem anderen. In dieser Nacht erloschen der Glanz und die Schönheit unserer Stadt. Viele Kunstschätze gingen verloren. So weit das Auge reichte, von der berühmten Elbmetropole blieb nur eine trostlose Ruinenlandschaft übrig. Erstmals wurde uns das Ausmaß der Zerstörung bewusst. Die Straßen, die in die Innenstadt führten, waren zum größten Teil unbegehbar. Berge von Gesteinsbrocken erschwerten unser Vorwärtskommen.

Unbegreiflich, was meine Mutter und die Kirchnersfrau uns Kindern damals abverlangten. Kaum dem Tode entronnen, stiegen wir über Unmengen von Bruchstücken einer zugrunde gerichteten Stadt. Wir konnten den beiden kaum folgen. Mancherorts gaben die Schuttmassen nach und wir schlitterten über Mauerreste und Geröll. Dabei fielen wir öfter auf die Nase. Doch die Frauen ließen sich dadurch nicht erschüttern. Zielstrebig setzten sie den Weg durch die Trümmerlandschaft fort. Kein leichter Gang, denn je mehr wir uns der Stadtmitte näherten, umso mehr nahmen die Grausamkeiten zu.

Was meine Mutter in jenen Tagen bewegte, kann man aus heutiger Sicht kaum nachempfinden. Ich nehme an, sie wollte unserem Vater nicht mit leeren Händen entgegentreten, fühlte sich gewissermaßen schuldig, dass sie nichts, aber auch gar nichts aus dem Keller hatte mitnehmen können. Anscheinend einer der Gründe, die sie dazu bewog, sich und uns Kinder vorbehaltlos in Gefahr zu bringen.

Im Gänsemarsch liefen wir ein Stück in die Grunaer Straße hinein und auf dieser kurzen Wegstrecke sahen wir zahlreiche verstümmelte und verkohlte Leichen, die den von einem Räumkommando freigeschaufelten Pfad säumten. Beim Passieren des schmalen Durchlasses drangen an manchen Stellen schlimme Wahrnehmungen gehäuft auf mich ein. Hier ragte ein Bein aus dem Geröll, dort ein abgerissener Arm. Ein Soldat mit aufgesetztem Stahlhelm kauerte tot am Wegesrand. Als ich mich noch einmal nach ihm umdrehte, wäre ich beinahe über einen Kopf mit weit aufgerissenen Augen gestolpert. Ich schrie auf. Dieser Anblick löste bei mir Panik aus. Nachdem ich noch zwei leblose, eng umschlungene Kinder zwischen den Trümmern liegen sah, war es mit meiner Beherrschung vorbei. Ich heulte hemmungslos. Völlig desorientiert, wie vor den

Kopf geschlagen, lief ich weiter. Mitunter lagen die Toten so dicht beieinander, dass ich mich vorsehen musste, nicht auf Leichenteile zu treten. Es wäre das Schlimmste gewesen, was mir in dieser Todeszone hätte wiederfahren können.

Der Abstand zu meiner Mutter vergrößerte sich. Widerwillig folgte ich ihr stadteinwärts. Dabei stieß ich, ohne das ich es wollte, andauernd an sterbliche Überreste, erspähte unter Steinbrocken Kleiderbündel, vom Gestein erschlagene Opfer oder Teile von dem, was einmal zu einem Menschen gehörte. Und immer wieder bekam ich eine Gänsehaut, wenn meine Blicke auf die grausam zugerichteten Kreaturen fielen. Eine Unbarmherzigkeit nach der anderen nahm ich zur Kenntnis und mit jedem Schritt steigerte sich mein Entsetzen. Dieses Elend war kaum noch zu ertragen.

Ein süßlicher, penetranter Leichengeruch lag über der Stadt und vermengte sich mit dem Rauch, der noch vielerorts aus den Ruinen kroch. Nachdem wir ein Drittel des Weges hinter uns gebracht hatten, kamen uns Wehrmachtsangehörige entgegen. Sie hielten die Frauen an und wollten sie zur Umkehr bewegen. »Kehrt um!«, sagten sie, »Euren Kindern zuliebe, kehrt um! Weiter hinten wird es noch schlimmer.« Erschrocken blieben die Frauen stehen, sahen die Männer ungläubig an. Schon aufzugeben, das kam den beiden wahrlich nicht in den Sinn. Sie nannten den Grund ihres Vorhabens und dass niemand sie davon abbringen würde, den Marsch durch das Trümmerfeld fortzusetzen. Sicher war es der Gedanke an ihre Habe, der die Frauen vorwärtstrieb.

Doch nach wenigen Schritten häuften sich die Grausamkeiten um ein Vielfaches. Zahlreiche Leichen, die auf einer Zeltplane lagen, versperrten den Weg. Viele der Opfer sahen so schauderhaft aus, dass ich mich entsetzt abwendete. Wie von den Männern vorausgesagt, an dieser Stelle erreichte das Grauen seinen Höhepunkt. Bestimmt wären mir die furchtbaren Eindrücke erspart geblieben, wenn meine Mutter von Anfang an die Hinweise der Helfer ernst genommen hätte. Unseligerweise vergaß sie alles um sich herum und ließ mich in meiner Seelenqual allein. Ich betete zu Gott, dass er ihr zu der Einsicht verhelfen möge, nicht weiter durch den Ort des Schreckens zu gehen. Aufmerksam gemacht durch die Bergungskräfte nahmen die Frauen wahr, auch hier hielt der Tod reiche Ernte. Vielleicht gab das den Ausschlag, dass beide ernüchtert umkehrten. Sichtlich erleichtert über ihren Sinneswandel rannte ich aus dem Leichenfeld wieder heraus.

Die Soldaten sollten recht behalten. Immer wenn ich durch diese Straße gehe, sind die Grausamkeiten von damals allgegenwärtig.

Auch wenn die Grunaer Straße den Frauen unmissverständlich zeigte, dass viele Opfer des Bombenterrors noch nicht ihre letzte Ruhestätte gefunden hatten, es hielt sie nicht davon ab, aufgrund ihrer Suche nach der verlorenen Habe weiterhin einen Weg zu unserem ehemaligen Wohnhaus auszukundschaften. Und weil der erste Anlauf misslang, versuchten sie nun vom Hauptbahnhof aus sich dem Neumarkt zu nähern.

Ich erinnere mich noch ganz genau an eine Begebenheit, die mir sehr zu Herzen ging. Auf dem Weg zum Bahnhof, auf der Wiener Straße, lag im Rinnstein ein totes Baby. Es war vielleicht ein halbes Jahr alt. Irgendwer hatte es in ein graues Tuch gewickelt und das Gesicht mit einem Stofffetzen bedeckt. Achtlos gingen die Passanten an dem Bündel vorüber. Die unheilvollen Ereignisse der vergangenen Tage stumpften die Menschen ab. Für viele war es nichts Außergewöhnliches mehr, von Opfern umgeben zu sein. Gerade in jenen Tagen war unsere Stadt ein einziges Leichenschauhaus. Obwohl ich massenhaft auf Tote gestoßen bin, den kleinen, leblosen Körper kann ich nie in meinem Leben vergessen.

Ich kam ins Grübeln. Wie konnte der Herrgott diesen Massenmord dulden? Warum griff er nicht ein? Warum ließ er das zu? Vielleicht hätten Wetterunbilden die Bomber vertreiben können. Ich bekam ein schlechtes Gewissen den Toten gegenüber, ein gewisses

Zugehörigkeitsgefühl. Mit welchem Recht bin ich davongekommen und warum mussten so viele Unschuldige sterben? Dauernd suchte ich Antworten auf diese schier unlösbaren Fragen.

Auf Umwegen stießen wir bis zum Altmarkt vor. Dort waren zahlreiche Einsatzkräfte mit der Bergung der Toten beschäftigt. Auf Tragbahren, in Schubkarren oder anderen Behältnissen, brachten Räumungskräfte laufend Leichen zur Sammelstelle. Die übel zugerichteten Opfer wurden wie Vieh auf Pferdefuhrwerke geworfen und anschließend zu den Friedhöfen der Stadt transportiert. Die sterblichen Überreste der Getöteten hingen kreuz und quer von der Ladefläche herab. Wohin man blickte, überall Leichen, nichts als Leichen. Niemals kann man das Leid vergessen, das die Dresdner damals tausendfach erdulden mussten. Der Altmarkt, einst Mittelpunkt unserer Stadt, war nach den Bombenangriffen ein Ort des Grauens, ein Sinnbild der Unmenschlichkeit.

Noch gaben die beiden Frauen nicht auf, wollten unbedingt bis zum Neumarkt vordringen. Aber weit kamen sie nicht. Ein scheußlicher Verwesungsgeruch, der wie eine Dunsthaube über der Stadt hing, brach ihr weiteres Vorgehen ab. Enttäuscht kehrten sie wieder um. Dann trennten sich unsere Wege. Meine Mutter versuchte zum Bahnhof zu kommen, um endlich unseren Vater in Pirna aufzusuchen, während die Kirchnersfrau mit ihrer Tochter auf die Huttenstraße zurückkehrte.

Allerdings mutete meine Mutter sich und uns Kindern zu viel zu. Von den ungeheuerlichen Strapazen entkräftet, von Hunger und Durst gequält, kamen wir nur schleppend vorwärts. Zum Glück griffen uns unterwegs Helfer vom Roten Kreuz auf und brachten uns zu einem Auffanglager in unmittelbarer Nähe des Hauptbahnhofs. In dieser Notunterkunft standen in langen Reihen Doppelstockbetten, jeweils mit einem Strohsack und einer Decke belegt. Es roch in dem Lager wie in einem Pferdestall, nur unangenehmer, da sich der Duft des Bettstrohs mit dem Geruch der Desinfektionsmittel vermischte.

Dennoch waren wir heilfroh, ein Obdach für die Nacht gefunden zu haben. Die Schwestern versorgten uns sogleich mit Tee und belegten Broten. Doch nach den Tagen ungewollter Enthaltsamkeit konnten wir unseren Durst kaum bändigen und ohne zu warten, verbrühten wir uns die Zunge am heißen Getränk. Gänzlich unbeherrscht rissen wir die Schnitten aus der Verpackung und verschlangen gierig das Festmahl. Nach dieser Stärkung ging es uns wesentlich besser. Zu guter Letzt nahm sich eine Rotkreuzschwester meiner stark nässenden Brandblase an. Sie legte einen sterilen Verband auf die Wunde und ermahnte mich, diese Verletzung nicht auf die leichte Schulter zu nehmen. Auch machte sie mich darauf aufmerksam, dass bei Unsauberkeit die Gefahr einer Blutvergiftung bestände. Meinem Bruder pflasterte sie noch ein paar kleine Kratzer zu, und weil Mutters Herz so flatterte, verabreichte sie ihr eine Beruhigungsspritze.

Zum Schlafen wies man uns ein Bettgestell zu. Doch zur Ruhe kamen wir nicht. Unentwegt war das Stöhnen und Jammern der Verletzten zu hören. Auch das Wimmern der Säuglinge, die das Elend um sich herum noch nicht begreifen konnten, beeinträchtigte die Nachtruhe. Belastend war auch das Wehklagen älterer Obdachloser, die zwischen den Gängen umherirrten und verzweifelt ihr zugewiesenes Lager suchten. Obwohl wir todmüde waren, unter diesen Umständen ließ der Schlaf auf sich warten.

Aber das Schlimmste in dieser Unterkunft war das Ungeziefer, das sich in den Strohsäcken eingenistet hatte und auf Beute wartete. Legte ich mich auf einen drauf, stürzten sich stichwütige Flöhe auf meinen Körper und traktierten ihn nach Strich und Faden. Ich war ihnen auf Gedeih und Verderb ausgeliefert. Und weil ich mir nicht anders zu helfen wusste, trommelte ich alle fünf Minuten mit beiden Händen auf die Decke und hoffte, das Viehzeug damit vertreiben zu können. Doch das war völlig sinnlos, sie drangsalierten mich munter weiter. Während Mutter mit meinem Bruder trotz der Quälerei auf dem Lager einschlief, stand ich wieder auf, setzte mich auf einen Stuhl und versuchte in dieser Stellung ein Nickerchen zu machen. Aber sobald ich meine Augen schloss, verlor ich die Balance und rutschte von der Sitzfläche herunter. Dabei fiel ich Unglückswurm auf meine Brandwunde am Po. Die schmerzte dann so arg, dass ich reumütig zu meiner Mutter unter die Decke gekrochen bin.

Am frühen Morgen verteilten Helferinnen vom Roten Kreuz wieder Schnitten und Tee. Anschließend begaben wir uns mit anderen Gleichgesinnten, die ebenfalls Dresden verlassen wollten, zum Hauptbahnhof. Wenn uns auch die Trennung sehr schwerfiel, wir mussten versuchen, nach Pirna zu kommen, um endlich unseren Vater von der Ungewissheit über unseren Verbleib erlösen zu können.

Die Odyssee nach Pirna und ihre Folgen

Obwohl das Auffanglager nur wenige Schritte vom Hauptbahnhof entfernt war, gaben uns Schwestern vom Roten Kreuz das Geleit zu dem von Trümmern übersäten Bahnhofsvorplatz. Sie halfen beim Überwinden von Hindernissen und achteten darauf, dass keiner von uns zu Schaden kam. Am Platz angekommen bemühten sie sich, einen Zugang zu den Gleisen ausfindig zu machen. Aber das war gar nicht so einfach. Besonders an diesem sensiblen Knotenpunkt der Stadt hinterließen die Bombenangriffe der letzten Tage Spuren der Verwüstung. Um weiteres Unheil zu vermeiden, hatte man das Bahnhofsgelände wegen Einsturzgefahr weiträumig abgesperrt. Unschlüssig liefen wir an der Abriegelung hin und her. Ein Gleisarbeiter bemerkte das und erkundigte sich nach unserem Reiseziel. Als wir es nannten, schickte er uns zu einem Personenzug, der ein Stück außerhalb der Bahnhofshalle stand. Ein unversehrt gebliebenes Schild wies auf die Fahrstrecke »Dresden – Pirna« hin. Erfreut stiegen wir ein. Doch später stellte sich das als ein folgenschwerer Irrtum heraus. Dieser Zug fuhr nicht nach Pirna, sondern in die entgegengesetzte Richtung, nach Radebeul. Kurz nach Reisebeginn hielt er ruckartig an einem unbekannten Haltepunkt an und wir mussten in einen auf dem Nebengleis stehenden Kurzzug der Klasse 4 umsteigen. Allerdings rollten dessen Räder keineswegs zügiger durch die Gegend als die vorherigen. Zu unserem Bedauern entwickelten sie mehr Stand- als Fahrvermögen.

Im Laufe der Zeit stellten sich bei uns Hunger und ein lästiges Durstgefühl ein. Leider gab es in dem Zug keinen Verantwortlichen, der sich um uns kümmerte. Keinen, der Informationen vermittelte oder zuverlässig Auskunft über das wahre Ziel dieser Reise geben konnte. Völlig ausgezehrt von den Anstrengungen der letzten Tage saßen wir mit anderen Leidensgenossen zusammengepfercht in einem unbehaglichen Abteil auf bretterharten Bänken. Ein kalter Fahrtwind blies durch die undichten Fenster. Andauernd liefen mir Kälteschauer über den Rücken. Ich konnte gar nicht so schnell zittern, wie ich gefroren habe. Unseligerweise wurde der Zug nicht beheizt. Es gab nichts, das Wärme spendete, nichts, das die leiseste Hoffnung auf ein baldiges Ende der Beschwerden aufkommen ließ. Auch mein Bruder litt unter den Strapazen. Vom Weinkrampf geschüttelt heulte er so herzerweichend, dass ich froh war, als er endlich in den Schlaf fiel. Gemeinsam mit meiner Mutter versuchte ich derweil seine Qualen zu lindern, indem ich seine klammen Hände und Füße massierte.

Erschwerend kam hinzu, dass im Zug die Beleuchtung nicht funktionierte. Ein Mangel, der uns in ein Stimmungstief versetzte, aus dem wir nicht so schnell wieder herauskamen. Gerade in dieser Jahreszeit dauerte es Stunden, ehe der Tag die Nacht verdrängte. Ohne Licht stundenlang im Finstern ausharren zu müssen, eine belastende Situation, die uns sehr viel abverlangte. Wir fühlten uns im Stich gelassen, vergossen bittere Tränen. Wehmütig dachten wir an unser einstiges Zuhause, an verlorene Wärme und Geborgenheit.

Unglücklicherweise zog sich diese trostlose Bahnfahrt in die Länge. Häufig blieb der Zug nach kurzer Fahrzeit an einer Station stehen, und erst nach längerem Aufenthalt rumpelte er wieder unsanft über die Schienenstöße. Im gemächlichen Tempo bewegte er sich dann wenige Kilometer weiter bis zum nächsten Stillstand, und der ließ nicht lange auf sich warten. Meine Mutter war enttäuscht. Diese Fahrt erfüllte nicht ihre Erwartungen. Sehnsüchtig wünschte sie sich das Zusammensein mit unserem Vater herbei, doch ihre Geduld wurde auf eine harte Probe gestellt. Irgendwann hielt der Zug in Radebeul und irgendwann zog ihn die Lokomotive, ohne einen Haltepunkt auszulassen, wieder zurück nach Pirna. Es war regelrecht eine Odyssee, eine irregeleitete Fahrt, die zwar hoffnungsvoll begann, aber durch unvorhergesehene Zwischenfälle kein Ende nehmen wollte. Endlich, nach zwei Tagen und einer Nacht, erreichten wir die von Dresden rund 20 Kilometer weit entfernte Stadt Pirna.

Es war die traurigste und entbehrungsreichste Reise, die ich jemals in meinem Leben unternommen habe. Unglaublich, was ein Mensch so alles aushalten kann.

Das Wiedersehen war für meine Eltern erschütternd. Mein Vater, der vergeblich auf ein Lebenszeichen von uns gewartet hatte, war durch dessen Ausbleiben fest davon überzeugt, dass wir die Angriffe auf Dresden nicht überlebt hatten. Mit Demut unterwarf er sich der von Gott auferlegten Schicksalsfügung und befasste sich bereits mit der Aufarbeitung der Trauer. Im Gedenken an seine von einem Tag auf den anderen ausgelöschte Familie zündete er in der Marienkirche in Pirna eine Opferkerze an und schloss uns in seine Gebete ein.

Und dann standen wir vier Tage später lebendig vor der Tür. Seine vor Schreck geweiteten Augen zeigten, dass er uns für Hirngespinste hielt. Unser plötzliches Erscheinen war für Vater ein psychischer Schock, aber für meine Mutter ebenfalls, da sie sich diese Begegnung wesentlich schöner vorgestellt hatte. Nach den furchtbaren Erlebnissen der vergangenen Tage konnte sie es kaum erwarten, mit unserem Vater wieder vereint zu sein. Auch wir Kinder eilten ihm freudig entgegen. Wohl schloss er uns in seine Arme, doch wir spürten an seiner Zurückhaltung, an seinem Gesichtsausdruck, das irgendetwas unser Wiedersehen trübte. Im Großen und Ganzen wirkte dieser kühle Empfang auf unsere Mutter wie eine kalte Dusche. Als sie meinen Vater deshalb zur Rede stellte, kam er mit der Sprache heraus. Er hielt es für unwahrscheinlich, dass der Zug für diese geringe Entfernung so viel Zeit brauchte. Mutter wies auf die unglücklichen Umstände hin und rechnete mit seinem Verständnis. Doch stattdessen warf er ihr vor, ihn nicht sofort benachrichtigt zu haben. Und als er sich noch nach dem Verbleib der Papiere erkundigte und Mutter ihm beichten musste, dass ihr der Feuersturm die

Tasche aus der Hand gerissen hatte, verlor Vater die Beherrschung. Die Schelte, die er austeilte, verfehlte ihre Wirkung nicht. Mutter kämpfte mit den Tränen. Seine Äußerungen verletzten sie tief und sie verschloss sich ihm zunehmend. Zweifellos war mein Vater zu weit gegangen. Dennoch durften wir ihn nicht voreilig verurteilen. Sein Unverständnis war durchaus nachvollziehbar. Er konnte sich doch überhaupt nicht in unsere Lage versetzen, die wir gerade mit Gottes Hilfe überstanden hatten. Meine Eltern brauchten eine Weile, um mit sich ins Reine zu kommen. Ich glaube, von dem Tag an zog in ihre Beziehung ein Hauch von Kälte ein.

Wovon wir keine Ahnung hatten, wachgerüttelt durch den Fliegeralarm, der auch die Bevölkerung von Pirna warnte und den Meldungen, die Bombenabwürfe im Raum Dresden voraussagten, stieg mein Vater ahnungsvoll auf den Dachgarten des Kirchenhauses. Besorgt nahm er aus der Ferne das Wummern und die dumpfen Detonationen der Sprengkörper wahr. Kurz darauf sah er am Horizont einen weithin sichtbaren Feuerschein, der sich rasch ausbreitete. Es war in der Tat die Stadt Dresden, die alliierte Bomberverbände heimsuchten. Vater wusste weder ein noch aus. Der Umstand, dass er in diesen schweren Stunden seiner Familie nicht beistehen konnte, beunruhigte ihn sehr. Er musste tatenlos zusehen, wie nach dem ersten Angriff ein zweiter folgte und wie Asche aus der brennenden Stadt, vom Feuersturm getragen, auf den Dachgarten des Kirchenhauses in Pirna fiel. Tags darauf wartete er ungeduldig auf eine Benachrichtigung von uns, und weil die ausblieb, versuchte er am 15. Februar nach Dresden zu gelangen. Obwohl es in den ersten Tagen nach den Angriffen sehr schwierig war, in der zertrümmerten Stadt Fuß zu fassen, gelang es ihm auf Umwegen, bis zum Neumarkt vorzudringen. Als er dann vor dem zerstörten Kirchenhaus stand, der Trümmerhaufen der Frauenkirche ihn fast um den Verstand brachte, war gerade ein Räumungstrupp damit beschäftigt, die Toten aus den Kellern der umliegenden Häuser, darunter auch die aus unserem

Schutzraum, zu bergen. Sie legten die Leichen rings um den Sockel des Lutherdenkmals.

Die sterblichen Überreste der Geborgenen zeigten so grausame Verbrennungen, waren so erbärmlich zugerichtet, dass sich der größte Teil von ihnen nur noch als Fleischbündel zu erkennen gab. Die Opfer waren bis zur Unkenntlichkeit verbrannt, in der intensiven Hitze auf etwa einen Meter zusammengeschrumpft. Sie hatten nichts Menschenähnliches mehr an sich. Vater betrachtete eingehend jeden Toten, versuchte anhand von Kleidungsfetzen, Schuhen oder sonstigen Merkmalen uns zu identifizieren. Er wählte diesen schmerzhaften Weg, um sich Gewissheit zu verschaffen. Weil er aber keine Anhaltspunkte fand, stellte er die Suche ein. Grund genug zu glauben, dass seine Familie nicht mehr unter den Lebenden weilte. Bei dem Bemühen, unter den entstellten Leibern seine Angehörigen erkennen zu wollen, blutete ihm das Herz. Vater stürzte in eine seelische Krise. In tiefer Trauer fuhr er wieder zurück nach Pirna. Diese furchtbaren Eindrücke gruben Furchen in sein Gesicht, ließen ihn um Jahre altern.

Im Pfarrhaus gegenüber der Marienkirche in Pirna, dort, wo Vater am 13. Februar übernachtet hatte, fanden wir vorübergehend eine Bleibe. Ganz oben, direkt unterm Dach, bot der Kirchner meinen Eltern zwei Bodenkammern als Übergangslösung an. Ich fühlte mich in dieser Unterkunft überhaupt nicht wohl. Beide Räume strömten durch die karge Ausstattung keinerlei Behaglichkeit aus. Die abgenutzten Möbel und die wenigen Dinge, die uns der Kirchner zur Verfügung stellte, zeigten deutlich, in welcher erbärmlichen Lage wir uns befanden. Wenn wir auch froh waren, fürs Erste ein Dach über dem Kopf zu haben, fiel es uns dennoch schwer, die neuen Verhältnisse zu akzeptieren. Mit einem Schlag vermissten wir die einfachsten Dinge zum Leben. Ein Zustand, der meine Eltern mit Sorge erfüllte. Nicht einmal einen Wasseranschluss gab es in den Kammern, schon gar nicht eine funktionstüchtige Heizung. Nur ein gusseiserner Kanonenofen mit einem verbeulten Rohr stand verschämt in der Ecke. Seine winzige Herdplatte eignete sich schwerlich als Kochstelle. Vielleicht hätten wir mit dem Öfchen die kalte Zimmerluft etwas anwärmen können, aber das scheiterte am fehlenden Brennmaterial.

Da wir uns seit Tagen nur von Kaltverpflegung ernährten, löste der Anblick der Wärmequelle bei uns die Sehnsucht nach einer heißen Suppe aus. Doch ein solches Verlangen mussten wir uns erst einmal abschminken. Zudem lief nicht alles so, wie wir es erhofften. Der Kirchner legte die Zeiten fest, in denen meine Mutter in der Küche ein Stockwerk tiefer hantieren durfte. Dabei sah er es gar nicht gern, wenn sie seine Küchenutensilien benutzte oder sich an den Heizvorräten vergriff. Aber woher sollten wir es nehmen? Töpfe, Geschirr und diverses Zubehör mussten erst einmal beschafft werden. Selbst das Organisieren von Holz und Kohle waren ein nicht zu unterschätzendes Problem. Verständlich, dass das Angewiesensein auf fremde Hilfe meine Mutter zur Verzweiflung brachte. Es widerstrebte ihr, laufend zu Kreuze kriechen zu müssen. Ebendarum gab es Tage, an denen sie die Küche mied und wir Kinder zu Mittag nur an einer trockenen Rinde kauten. Vater kam entschieden besser weg. Wenn die Frau des Kirchners spitzkriegte, dass Mutter streikte, legte sie in der Stube noch ein Gedeck für ihn mit auf.

Auch bei der täglichen Körperpflege mussten wir auf unsere gewohnten Annehmlichkeiten verzichten. Durch den fehlenden Wasseranschluss schaffte Vater täglich das Wasser mit einem Eimer aus der Küche hoch und nach Gebrauch wieder hinunter. Zum Waschen benutzten wir eine Schüssel, die in einem dreibeinigen Gestell verankert war. Bei Gebrauch schwappte das Nass ständig aus dem mickrigen Behältnis heraus. Da war nur eine Katzenwäsche möglich, was meinem wasserscheuen Bruder sehr zupasse kam. Ich dagegen hätte mich lieber in eine Wanne gesetzt. Aber Vater meinte, dieser fromme Wunsch ließe sich gegenwärtig nicht in die Tat umsetzen.

Es mangelte an Handtüchern, Geschirrtüchern, und auch um Bettwäsche war es schlecht bestellt. Wenn es auch meinen Eltern schwerfiel, es führte kein Weg daran vorbei, sie mussten beim Kirchner das Notwendigste erbetteln. Das brachte aber meine Mutter nicht fertig, und so übernahm Vater die unangenehme Aufgabe.

In dieser kalten Jahreszeit froren wir Tag und Nacht in unserer zerlumpten Kleidung und der Hunger war unser ständiger Begleiter. Zudem konnten wir als Ausgebombte nicht von Vorräten profitieren, und da keiner in den schwierigen Zeiten etwas zu verschenken hatte, bekamen wir auch von Außenstehenden wenig Hilfe angeboten. Für uns eine völlig neue Lebensführung, eine Daseinsweise, die meinen Eltern Sorgen bereitete. Nur wir Kinder fanden uns leidlich damit ab.

Ein gefahrvoller Auftrag

Einige Tage später fassten meine Eltern den Entschluss, in das zerbombte Dresden zu fahren. Ein Entschluss, der eine gewisse Tragik in sich barg. Ungeachtet der Realität fiel es ihnen außerordentlich schwer, sich mit dem Verlust ihrer Habe abzufinden. Schon der Gedanke, dass im Keller des zerstörten Hauses die Kiste mit den eingelagerten Sachen wohlbehalten in der Nische stehen könnte, ließ ihnen keine Ruhe. Sie wollten unbedingt Gewissheit haben und waren bereit, für ihr Vorhaben auch Erschwernisse in Kauf zu nehmen.

Den aktuellen Zeitungsberichten zufolge fuhren die Züge wieder von Pirna nach Dresden. In Anbetracht dieser Meldung stand einer Fahrt in meine Heimatstadt nichts im Wege. Doch kurz vor Beginn geriet Mutters Tatendrang ins Wanken. Mit Unbehagen erinnerte sie sich an die erst kürzlich erlebte, strapaziöse Fahrt und befürchtete eine Wiederholung schlechthin. Doch Vater zerstreute ihre Bedenken und so bestiegen wir Kinder mit den Eltern eine reichliche Woche nach dem Bombardement den Vorortzug nach Dresden und erreichten ohne Zwischenfälle einen provisorisch errichteten Haltepunkt vor dem stark beschädigten Gebäude des Dresdner Hauptbahnhofs.

Von dort aus begaben wir uns durch die halbwegs passierbar gemachte Prager Straße zum Altmarkt. Wider Erwarten kamen wir zügig voran. In einigen Teilen der Innenstadt waren die Aufräumungsarbeiten schon in vollem Gange. Überall begegneten wir den mit Schaufeln und Spitzhacken bewaffneten Räumungskolonnen, die den Trümmerbergen zu Leibe rückten. Wir liefen, einer hinter dem anderen, auf schmalen Pfaden in eine bis ins Mark hinein getroffene Stadt. Fast an jedem Mauerrest flatterten Zettel mit Suchmeldungen nach vermissten Angehörigen. Vielerorts stand dieses

Auskunftsbegehren auch mit weißer Kreide geschrieben an den Fragmenten der zerbombten Häuser.

Der Weg zum Kirchenhaus war jedoch schwieriger als gedacht. Am Altmarkt angekommen, fuhr uns der Schreck in die Glieder. Großflächige Absperrungen bremsten unser zielstrebiges Vordringen ab. Um einer Seuchengefahr vorzubeugen, hatten Wehrmachtsangehörige mitten auf dem Markt, gleich neben der stehen gebliebenen Statue der Germania, Verbrennungsroste installiert und massenweise Opfer der Bombenangriffe darauf geschichtet. Anschließend übergossen sie die Toten mit Benzin und zündeten sie an. Wenn mich meine Erinnerungen nicht täuschen, musste mein Vater sich ausweisen, erst dann durften wir in Begleitung eines Helfers passieren. Auch wenn der junge Mann uns eilig an dem Leichenhaufen vorbeiführte, es war nicht zu vermeiden, dass wir die brennenden Leiber zu Gesicht bekamen. Ein schockierender Anblick, wie die

Leichenverbrennung auf dem Altmarkt, Foto: Walter Hahn, Fotothek

erstickten, erschlagenen und verstümmelten Opfer von den Rosten herunterhingen. Junge, Alte, Frauen und Kinder wurden hier auf entwürdigende Art und Weise eingeäschert. Der aus dem Haufen aufsteigende bestialische Gestank verbrannten Fleisches war kaum zu ertragen. Voller Abscheu presste ich den Ärmel meines Mantels an die Nase und rannte, so schnell ich konnte, daran vorbei.

Dieser menschliche Scheiterhaufen war eine der grauenvollsten Hinterlassenschaften des Bombenterrors auf unsere Stadt, eine Tragödie von unermesslichem Leid. Allein der Gedanke, auch wir könnten unter diesem Leichenberg liegen, ließ die Schreckensnacht von Neuem in uns aufleben. Erschüttert und im Innersten aufgewühlt setzten wir den Weg durch die zertrümmerte Altstadt fort. Jeder Schritt war mit Bangigkeit erfüllt, jeder Blick mit schlimmen Erinnerungen behaftet. Als wir dann am Neumarkt ankamen, bedrückt vor unserer zerstörten Wohnstätte standen, brach meine Mutter in Tränen aus. Sogar mein Vater konnte seine Rührung kaum verbergen. Auch mich erfasste ein beklemmendes Gefühl. Dieser Haufen Schutt, aus dem nur der Torbogen des Eingangs herausragte, war noch vor Kurzem mein Zuhause gewesen. Daneben die zu Fall gebrachte Frauenkirche, deren beklagenswerter Trümmerberg die einstige Pracht kaum ahnen ließ. Überall lagen große Sandsteinbrocken herum, einige davon auch auf der Ruine unseres Hauses. Das Bild dieser unsinnigen Vernichtung prägte sich unauslöschlich in mein Gedächtnis ein.

Als nach einigen Minuten des Gedenkens meine Eltern in das Hier und Heute zurückfanden, suchten sie nach einer Einstiegsmöglichkeit in den Keller. Auf der rechten Seite des Hauseingangs entdeckten sie eine Öffnung. Es war der ehemalige Notausstieg, den Bergungskräfte aufgrund der Markierung notdürftig freigelegt hatten.

Um sich im Ernstfall Zugang zu den Kellern zu verschaffen, brachte man in den Kriegsjahren an sämtlichen Notausstiegen der Häuser in weißer Farbe die Buchstaben LSR (Luftschutzraum) an.

Diese Kennzeichnung erleichterte das Auffinden der Standorte. Deshalb war es schon nach wenigen Tagen möglich, den größten Teil der bei den Angriffen ums Leben gekommenen Menschen zu bergen.

Die Tatsache, dass auch bei unserem Wohnhaus der Ausstieg offen war, bekräftigte die Hoffnung meiner Eltern, den Keller in gleicher Weise begehen zu können. Sie fanden die neuerlichen Umstände erfolgversprechend für die Suche nach den untergestellten Koffern. Ohne lange zu überlegen, räumte mein Vater störende Trümmerstücke zur Seite und Mutter versuchte, den Schutt mit den Schuhen wegzuschieben. Nachdem meine Eltern die Begehung nach ihren Vorstellungen vorbereitet hatten, erwarteten sie von mir, dass ich mich ohne Sperenzchen zu machen in den Keller begebe. Diese Forderung ergab sich aus dem Tatbestand heraus, dass meine Eltern körperlich nicht infrage kamen und mein Bruder für solch ein Unterfangen zu klein war. So fiel die Wahl letztendlich auf mich.

Blick vom Türkenbrunnen zur Ruine der Frauenkirche, Foto: Walter Möbius, Fotothek

Nie wäre mir der Gedanke gekommen, dass ausgerechnet ich mich in dieses Loch zwängen sollte.

Ich war zu Tode erschrocken. Verdattert sah ich meinen Vater an. Den Blick Hilfe suchend zu Mutter gerichtet, lief ich ein paar Schritte rückwärts. »In das Loch soll ich steigen?«, fragte ich und zeigte auf die offene Stelle. Vater nickte. Abwehrend hob ich die Hände und schüttelte den Kopf. Nicht um alles in der Welt war ich gewillt, einen Fuß da hineinzusetzen. Ich hatte wahnsinnige Angst, in dem Durchlass stecken zu bleiben und Furcht, im Keller noch auf Leichen zu stoßen. Die Begegnung mit dem Tod, es schauderte mich, wann immer der Gedanke in mir aufkam.

Mein Aufbegehren brachte Mutter in Verlegenheit. Im Gegensatz zu meinem Vater zog sie ihr Einverständnis zu dem gefährlichen Auftrag zurück und appellierte an seine Verantwortung mir gegenüber. Doch Vater hielt an seinem Vorhaben fest. Er vertrat die Meinung: »Wenn der Keller offen ist, besteht keine Lebensgefahr mehr.« Und fügte hinzu: »Es ist die einzige Möglichkeit, an die Sachen heranzukommen. Ansonsten können wir die Suche glatt vergessen.« Es wäre unklug gewesen, sich seiner Forderung zu widersetzen. Ich musste gehorchen. Mein Vater drückte mir eine Schachtel Streichhölzer in die Hand und erwartete von mir, dass ich seinen Auftrag ordnungsgemäß ausführe.

Leider konnten sich meine Eltern nicht in mein Gefühlsleben hineinversetzen. Sie bekamen nicht mit, dass mir vor dem Kellergang unheimlich graute. Im Grunde genommen hatte ich keinen blassen Schimmer von dem, was mich da unten erwarten würde. Auf Hilfe hoffend drehte ich mich nach meinen Eltern um. Sie bemerkten es nicht. Rückwärts, auf dem Bauch kriechend, schob ich mich Stück für Stück in die schmale Öffnung hinein. Meine Füße suchten die erste Sprosse, meine Hände einen Halt. Loser Schutt rutschte nach. Ich betete laut: »Lieber Gott hilf, dass ich hier wieder heil herauskomme.« Diesen Satz wiederholte ich am laufenden Band.

Zögernd, einen Fuß nach dem anderen setzend, stieg ich auf der in der Wand einzementierten Eisenleiter hinab ins Ungewisse. Unseligerweise war der Abstand zwischen den Sprossen nicht für meine kurzen Beine gedacht. Ich musste aufpassen, dass ich nicht fehltrete. Eine falsche Bewegung hätte genügt, und mein letztes Stündlein hätte geschlagen.

Je tiefer ich hinunterkam, umso weniger konnte ich etwas erkennen. Blindlings tauchte ich in Rauchschwaden ein, die sich immer noch hartnäckig im Keller hielten. Ein übler Geruch von Verbranntem stieg mir in die Nase. Der war so eklig, so widerwärtig, dass ich fast vergaß, Luft zu holen. Jeder Schritt kostete mich Überwindung. Es war totenstill. Nur mein stark klopfendes Herz durchbrach die Stille. Als ich mich wieder ein Stück nach unten bewegte, wurde es duster, zappenduster. Die Dunkelheit verdrängte das Dämmergrau. Mir blieb nichts anderes übrig, ich musste ein Streichholz anzünden. Doch dabei durfte ich nicht den Halt verlieren. Um mich abzusichern, schlang ich beide Arme und Beine um den Längsstab der Leiter und versuchte, ein Hölzchen zum Brennen zu bringen. Aber das eine ums andere Mal brach die Kuppe ab. Vielleicht lag es an meinen zittrigen Händen, dass das Zünden andauernd danebenging.

Wieder und wieder probierte ich ein Streichholz aus. Aber das kurzzeitige Aufflackern brachte keine Erleuchtung. Ich versengte mir einzig und allein die Fingerkuppen. Der stechende Schmerz und die in allen Ecken lauernden Gefahren führten dazu, dass ich durch lautes Beten bei meinem Schutzengel Hilfe anforderte. Aber ob der hier unten von mir Notiz nehmen würde, da war ich mir nicht so sicher.

Im Vorkeller sollte die mit Sachen vollgestopfte Holzkiste stehen. Da beim Angriff unsere gesamte Habe verbrannte, war deren Inhalt die einzige Hoffnung meiner Eltern. Doch die Ereignisse der letzten Tage hinterließen Spuren. Mich erfasste eine Furchtsamkeit, stärker als je zuvor. Auch wenn mein Vater immer wieder beteuerte, dass sich keine Toten mehr im Keller befänden, trotzdem sah ich vor meinen Augen lauter leblose Gestalten aufgereiht auf den Bänken sitzen. Zudem bildete ich mir ein, den Hauch des Todes aus der Tiefe des Kellers wahrzunehmen. Meine rege Fantasie, die mir vortäuschte, noch auf sterbliche Überreste zu stoßen, war durch nichts zu entkräften. Und weil ich Vaters Worten nicht traute, verschwendete ich keinen Gedanken an die Bergung der Sachen und wollte mich auf dem schnellsten Weg wieder nach oben begeben. Aber die anerzogene Disziplin hinderte mich daran, voreilig aufzugeben, und so stieg ich folgsam noch ein weiteres Stück nach unten.

Als ich mich dem Kellerboden näherte, wurde es finster, so finster, dass ich kaum noch etwas erkennen konnte. Kein einziger Lichtstrahl durchdrang das Dunkel. Wieder musste ich ein Streichholz anzünden. Aber das zischte nur auf und erlosch auf der Stelle in der rauchgeschwängerten Luft. Hektisch probierte ich der Reihe nach alle Hölzer aus. Dann war die Schachtel leer. Ich konnte keine Gegenstände mehr im Finstern ausmachen und meine sich von Minute zu Minute steigernde Angst hielt mich davon ab, weiter in den Keller vorzudringen. Unschlüssig verharrte ich auf der letzten Sprosse, und weil ich mir nicht sicher war, ob ich die Leiter vom Fußboden aus ohne Schwierigkeiten wieder erreichen würde, ging ich mit mir zurate. Eine innere Stimme warnte mich vor unbedachtem Handeln. Bestimmt war das mein Schutzengel, der mir ans Herz legte, Vorsicht walten zu lassen. Ich richtete mich danach und wagte den Absprung nicht.

Um mich nicht leichtfertig in Gefahr zu bringen, blieb ich wie ein Klammeraffe am Ende der Stange hängen. Mit weit aufgerissenen Augen starrte ich in die Richtung, in der ich die Holzkiste vermutete. Aber so sehr ich mich auch bemühte, das Dunkel zu durchdringen, nichts deutete auf sie hin. Bestimmt war sie den Flammen zum Opfer gefallen. Ob es aber wirklich so war, konnte ich nicht erkennen. Die Dunkelheit verhüllte den Tatbestand. Unverrichteter Dinge trat ich den Rückweg an. Wenn ich mich auch schämte, mit leeren Händen nach oben zu kommen, ich war froh, als ich wieder an der Oberfläche auftauchte. Meinen Eltern sah ich die Enttäuschung an. Sie hatten fest damit gerechnet, noch Einiges retten zu können. Vater wollte mich daraufhin ein zweites Mal hinunterschicken, aber meine Mutter hielt ihn glücklicherweise davon ab.

Das völlig unüberlegte Bestreben meiner Eltern, Koffer oder gar Bettzeug aus dem Keller bergen zu wollen, beschäftigte mich in einem fort. Im Grunde genommen war das Betreten eines Ruinengrundstücks verboten. Sie hätten auf alle Fälle den Nachweis erbringen müssen, dass diese Dinge tatsächlich ihnen gehören. Ansonsten fasste man das als Plünderung auf und verhängte bei widerrechtlicher Inbesitznahme von fremdem Eigentum harte Strafen. Unerklärlich, dass sich meine Eltern blauäugig solchen Verdächtigungen aussetzten.

Im Übrigen fand ich, dass mein Vater mir zu viel abverlangte. Meinem Alter entsprechend war ich dieser Aufgabe überhaupt nicht gewachsen. Das zeigte die erfolglose Suche nach der Kiste. Ihre Existenz hätte mich sowieso ins Schwitzen gebracht. Wie sollte ich sie öffnen? Der Schlüssel lag in Mutters Tasche und die riss ihr der Feuersturm aus der Hand. Demzufolge war auch der Koffertransport eine schier unlösbare Aufgabe. Außerdem hätte ich die Sachen nie allein auf der Leiter hochbugsieren können.

Bei allem Respekt meinen Eltern gegenüber, viele Fragen blieben offen. Warum hatte mein Vater keine Taschenlampe aufgetrieben und weshalb sicherte er mich nicht mit einer Leine ab? Und warum beauftragte er keinen Räumungstrupp, um nach der Kiste zu fahnden? Der gefährliche Auftrag konnte auch schiefgehen. Wäre mir da unten etwas Schlimmes passiert, wer hätte mir zu Hilfe eilen können? Aber es war sehr schwierig, sich in die Lage meiner Eltern zu versetzen. Was damals in ihnen vorging, ist heute kaum nachvollziehbar. Wenn man nur das besitzt, was man auf dem Leibe trägt, können Entscheidungen getroffen werden, die später auf Unverständnis stoßen.

Da die Bergung der Habseligkeiten misslang, verließen meine Eltern sichtlich unzufrieden unser zerstörtes Haus und versuchten, auf dem gleichen Weg wie vorher aus der Stadt herauszukommen. Abermals liefen wir am Altmarkt vorbei und nach wie vor waren Soldaten damit beschäftigt, die übel zugerichteten Opfer zu verbrennen.

Tagelang ging das Feuer auf dem Altmarkt nicht aus und tagelang lag der üble Gestank verbrannten Fleisches über der Stadt. Übrigens, mir ist kein Mensch mit einer Strichliste zur Zählung der Toten begegnet und ebenso wenig einer, der die einzelnen Körperteile auf der Grunaer Straße registrierte. Ein Soldat sagte zu meinem Vater: »Zuletzt zählten wir die Toten nicht mehr. Die genaue Anzahl der Opfer wird man wohl nie feststellen können.«

Eine Weile sind wir nicht mehr nach Dresden gefahren. Keinen Fuß wollte ich in diese Trümmerwüste setzen. Die erschütternden Eindrücke beschäftigten mich Tag und Nacht. Die Erinnerungen daran kann man nicht auslöschen. Sie bleiben haften, ein Leben lang.

Zufluchtsort Porschendorf

Ein paar Wochen blieben wir noch in Pirna. Da mein Vater aber befürchtete, dass der Bombenkrieg auch diese Stadt nicht verschonen würde, brachte er uns nach Porschendorf, ein kleiner Ort unweit von Pirna.

Nach unserer Ankunft mussten wir uns zuerst im Gemeindeamt registrieren lassen. Dem Antrag meines Vaters, der darum bat, sich mit seiner Familie einstweilen in Porschendorf aufhalten zu dürfen, wurde stattgegeben und die Einweisung in einen Bauernhof vom Bürgermeister abgesegnet. Als wir kurz darauf unsere zugewiesene Bleibe in Augenschein nahmen, waren wir sehr enttäuscht. Das Gehöft wirkte durch den an vielen Stellen abgeplatzten Außenputz sehr baufällig. Nach seiner Beschaffenheit zu urteilen, hatte das Anwesen schon etliche Jahre auf dem Buckel.

Der kühle Empfang der Bäuerin erweckte bei uns den Eindruck, dass wir in dieser dörflichen Idylle nicht erwünscht waren. Weder freundlich noch gesprächig führte sie uns auf den ausgetretenen Stiegen bis hoch unters Dach zu unserem neuen Quartier. Oben angekommen drückte sie meinem Vater die Schlüssel in die Hand und verschwand so mürrisch, wie sie gekommen war. Wieder landeten wir in einer nüchternen, ungemütlichen Kammer mit winzigen, gardinenlosen Fenstern, knarrenden Dielen und einer erbärmlich trüben Funzel und wieder mussten wir eine dürftige Einrichtung hinnehmen. Außer zwei hölzernen Liegestätten, einem wackligen Tisch und vier Sitzgelegenheiten gab es hier oben keine anderen Gegenstände. Auch einen Ofen suchten wir vergebens. Frierend, in Decken gehüllt, saßen wir auf den harten Schemeln am Tisch. Da wärmte uns Kinder nicht einmal eine heiße Suppe auf.

Warum mein Vater ausgerechnet in dem Dörfchen Zuflucht suchte, blieb für mich immer ein Rätsel. Mag sein, dass die anscheinend sichere Lage der Ortschaft eine ausschlaggebende Rolle spielte und er in dem ländlichen Domizil einen gewissen Erholungseffekt für seine Familie einkalkulierte. Dennoch fiel es mir als Stadtkind schwer, in dieser gottverlassenen Gegend Fuß zu fassen. Das verschlafene Nest, wo sich Fuchs und Hase Gute Nacht sagten, konnte ich partout nicht ausstehen.

Was nicht nur mir, sondern auch meinen Eltern ausgesprochen schwerfiel, war die Kontaktaufnahme zu den Einheimischen. Uns beschlich jedes Mal ein unsicheres Gefühl, wenn wir ihnen auf der Dorfstraße begegneten. Kaum einer erwiderte unseren Gruß, nicht selten trafen uns argwöhnische Blicke. Demzufolge fühlten wir uns wie Heimatvertriebene, wie ausgeschlossen von der Gesellschaft, als störe unsere Anwesenheit die Beschaulichkeit des kleinen Ortes. Das belastete meine Eltern und uns Kinder ebenso.

Fürwahr, das Leben auf dem Bauernhof war kein Zuckerlecken. Auch wenn ich mir ständig Mühe gab, ich kam mit diesen primitiven Verhältnissen nicht zurecht. Sie entsprachen keinesfalls meiner gewohnten Lebensweise. Schon der Besuch des unbeleuchteten Toilettenhäuschens, das direkt neben dem Kuhstall stand, brachte mich in arge Bedrängnis. Bei dem ungünstigen Standort war es kein Wunder, dass haufenweise Fliegen und Gewürm das Örtchen heimsuchten. Nicht nur Spinnen, auch ekelhafte Käfer krabbelten an den Wänden des Bretterverschlages rauf und runter. Besonders anrüchig war das Innenleben des Klos. Hob ich notwendigerweise den Deckel der Abortgrube hoch, abgesehen vom scheußlichen Gestank liefen sich im Inneren dicke weiße Maden gegenseitig den Rang ab. Wahrlich, bei diesem Anblick drehte sich bei mir jedes Mal der Magen um. Vielleicht hätte ein wenig Komfort die Sache etwas gemildert, doch die Existenz des Toilettenpapiers schien nicht bis in diese Region vorgedrungen zu sein. Das bezeugte das in rauen Mengen auf einen Nagel aufgespießte Zeitungspapier mit den jeweils neuesten Nachrichten darauf, die übrigens an dieser Stelle ein unrühmliches Ende fanden. Insgesamt gesehen war das Häuschen eine eklige Lokalität, die ich nur im Notfall aufsuchte. Ansonsten hüpfte ich in das nahe gelegene Wäldchen.

Auch hätte ich mich lieber auf den Heuboden zur Ruhe gelegt, denn die Schlafgelegenheiten und das Zubehör in dem Dachstübchen waren eine echte Zumutung. Im Grunde genommen bot man den Viechern im Stall weitaus mehr Annehmlichkeiten an als uns Zugezogenen. Aber wer bettet schon Ausgebombte auf Rosen. Als ich meiner Mutter gegenüber Unzufriedenheit äußerte, meinte sie, es würde sich nicht ziemen, Ansprüche zu stellen. Sie erwartete von mir, dass ich mich mit den Gegebenheiten abfinde. Das brachte ich aber nicht fertig. Noch immer trauerte ich meinem wohligen Federbett nach und jammerte allabendlich über den unschönen Schlafplatz, der mich wegen seines desolaten Zustands und dem widerlichen Desinfektionsgeruch unliebsam an das Auffanglager am Hauptbahnhof erinnerte.

Alle diese Missstände trugen dazu bei, dass unsere Nachtruhe nicht ungetrübt verlief. Vater betraf das weniger. Ihm stand wegen seiner Behinderung eine Liege mit einer halbwegs brauchbaren Matratze zu. Aber für mich gab es keine Alternative. Ich musste mich notgedrungen mit einer Bettstatt begnügen, auf der ein schmuddeliger, in der Mitte stark durchgelegener Strohsack sein Dasein fristete. Meine Mutter lag zwangsläufig in der strohlosen Kuhle und wir Kinder platzierten uns rechts und links daneben. Während der Nacht wälzten wir uns von den Seiten auf sie zu und in der Früh lagen wir beide auf ihr drauf. Kein Wunder, dass unsere Mutter jeden Morgen wie gerädert aufstand und über Rückenschmerzen und Kopfweh klagte. An einen erholsamen Schlaf war somit nicht zu denken.

Bedauerlicherweise überließ uns die Vermieterin keine Bettwäsche. Ein Nachteil, an den ich mich nicht gewöhnen konnte. Dass ich mich am Ende des Tages auf ein altes, schmieriges Sacktuch legen musste, fand ich hanebüchen, doch der Rest der Familie nahm das ohne Murren in Kauf. Ich fror. Die zugewiesene Decke spendete keine Wärme. Als meine Mutter in Anbetracht der kühlen Witterung die Bäuerin um Federbetten für uns Kinder bat, bekam sie eine abschlägige Antwort. Erst nach mehrmaliger Nachfrage rückte sie zwei schwere Pferdedecken heraus. Zwar haftete denen ein aufdringlicher Stallgeruch an, aber unsere derzeitige Lage zwang uns, mit Dingen vorliebzunehmen, die wir normalerweise verpönt hätten.

Und weil mich auch hier das Ungeziefer nicht in Frieden ließ und mein fortwährendes Zetern meiner Mutter auf die Nerven ging, fiel Vater die undankbare Aufgabe zu, Abend für Abend auf Flohjagd zu gehen. Wobei das keineswegs die einzigen Ruhestörer waren, auch Mäuse wagten sich zur vorgerückten Stunde aus ihren Schlupflöchern heraus. Huschten dann diese ungebetenen Gäste über die Dielen und knabberten an heruntergefallenen Brotkrumen herum, zog ich verängstigt die Decke über den Kopf und kam erst wieder zum Vorschein, wenn Vater das Mäusepack mit einem Besen verscheuchte.

Eine Mahlzeit einzunehmen war im Grunde genommen unter aller Würde. Der Umstand, dass uns die Bäuerin nicht ausreichend Geschirr zu Verfügung stellte, führte dazu, dass die Abfütterung immer der Reihe nach ging. Zuerst stillte Vater seinen Hunger, dann Mutter und zuletzt kamen wir Kinder dran. Logisch, dass das Essen inzwischen kalt geworden war. Um dem abzuhelfen, löffelten mein Bruder und ich abwechselnd den Rest der Suppe gleich aus dem Topf heraus. Das war zwar nicht die feine Art, aber Mutter übersah augenzwinkernd unsere ausgefallenen Tischmanieren.

Nachdem sich der Grund unseres Aufenthaltes im Ort herumgesprochen hatte, schenkten uns mitfühlende Einwohner gebrauchte Wäsche oder getragene Kleidungsstücke. Dabei kam ich meistens schlecht weg. Entweder ich musste mich in knallenge Sachen hineinzwängen oder sie schlapperten an mir herum. Nur Mutter erwischte hin und wieder etwas Passendes für sich und meinen Bruder.

Wollte meine Mutter in der Bauernküche eine Suppe kochen, musste sie sich erst Feuerholz besorgen. Deshalb marschierten wir fast täglich in den Wald und brachen an den Nadelbäumen die untersten, trocknen Äste ab. Das dürre Geäst brannte wie Zunder und war im Nu aufgebraucht. Da kam bei uns keine Langeweile auf. Der ständige Bedarf an Heizmaterial sorgte für ausreichend Beschäftigung.

Auch wenn wir auf einem Bauernhof wohnten, es verging kein Tag, an dem uns nicht der Magen knurrte. Ab und zu stellte uns die Bäuerin ein Ei, einen Topf Milch oder ein Schüsselchen Pellkartoffeln vor die Tür. Und da wir eine Aufbesserung unserer Tagesration gut gebrauchen konnten, waren wir für jedes noch so kleine Almosen dankbar. Mit den auf Marken zugeteilten Lebensmitteln konnten wir sowieso keine großen Sprünge machen, und da wir null Reserven hatten, war das für uns eine sehr entbehrungsreiche Zeit.

Aus vielerlei Gründen fühlten sich meine Eltern auf dem Bauernhof nicht wohl und hielten Ausschau nach einer anderen Bleibe. Zufällig erfuhr der seinerzeit amtierende Pfarrer von Berggießhübel, den Vater aufgrund seiner Tätigkeit als Kircheninspektor gut kannte, von unserem Schicksalsschlag. Und weil er für längere Zeit verreisen wollte, schlug er meinem Vater vor, das Pfarrhaus während seiner Abwesenheit zu bewohnen. Ohne lange zu überlegen, nahmen meine Eltern das Angebot an. Unsere Habe war im Nu zusammengepackt und hoffnungsvoll fuhren wir mit dem Bus von Pirna aus ins östliche Erzgebirge nach Berggießhübel.

Bei unserer Ankunft war das Pfarrhaus verwaist. Der Hausherr hatte sich nach dem Westen abgesetzt. Nur die Schlüssel lagen unter dem Abstreicher. In einem hinterlegten Brief gestattete er meinem Vater, über die im Haus befindlichen Lebensmittel frei zu verfügen. Großzügig überließ er uns einen Sack Kartoffeln, Gläser mit eingewecktem Obst und verschiedene Konservendosen. Auch in der Speisekammer fanden wir noch Tüten mit Teigwaren, Reis und Hülsenfrüchten. Diese zusätzlichen Nahrungsmittel halfen uns, die ersten Wochen in der neuen Unterkunft gut zu überstehen. Außerdem lagerte im Schuppen noch genügend Brennmaterial zum Heizen und Kochen. Wir bewohnten zwei schöne Zimmer, konnten uns in der Wohnküche aufhalten und auch unser lang gehegter Wunsch ging in Erfüllung; nach Wochen der Enthaltsamkeit konnten wir endlich wieder ein Bad benutzen, was wir dank der Abwesenheit des Hausherrn ausgiebig in Anspruch nahmen.

Da aber mein Vater in seinem Beruf keine Beschäftigung fand, ließ er sich vorübergehend von der Kirchgemeinde in Berggießhübel als Küster einstellen. Diese Arbeit, wenn auch ungewohnt, lenkte ihn zeitweilig von den anstehenden Problemen ab und er sah viel optimistischer in die Zukunft als Wochen vorher. Wir Kinder fühlten uns im Pfarrhaus wohl, lernten Freunde kennen, und unsere zurückgewonnene Unbekümmertheit verdrängte die schlimmen Erlebnisse der vergangenen Wochen. Unsere Eltern lebten wieder auf. Meiner Mutter huschte oftmals ein Lächeln über die Lippen und Vater sah geflissentlich über manches hinweg.

Die Russen kommen!

Der abscheuliche, unzählige Opfer fordernde 2. Weltkrieg, den die damalige deutsche Regierung unter Führung von Adolf Hitler am 1. September 1939 angezettelt hatte, neigte sich im April 1945 dem Ende entgegen. Wenn auch die Deutsche Wehrmacht an manchen Frontabschnitten noch hartnäckig Widerstand leistete, nichts konnte den Vormarsch der Roten Armee aufhalten. Die russischen Streitkräfte marschierten schneller als erwartet in unser Land ein. Anfang Mai 1945 kapitulierte die Deutsche Wehrmacht und auf dem Brandenburger Tor in Berlin wehte die rote Fahne. Der Krieg war zu Ende, das Morden und Töten ebenfalls. Der lang ersehnte Frieden, das kostbarste Gut der Menschheit, hielt nach über fünf Jahren militärischer Auseinandersetzungen endlich wieder Einzug in unser Land.

Als meine Eltern aus sicherer Quelle erfuhren, dass der Einmarsch der russischen Truppen über die tschechisch-deutsche Grenze unmittelbar bevorstand, gerieten sie in Panik. Es war für sie undenkbar, ein Leben unter bolschewistischer Befehlsgewalt zu führen. Einen entscheidenden Beitrag dazu leisteten die Stimmungsmacher von Funk und Presse, die bestrebt waren, die auf den Kriegsschauplätzen der Ostfront an der Zivilbevölkerung begangenen Gräueltaten und Gewaltverbrechen ausnahmslos der Roten Armee anzulasten. Unsicher geworden fassten meine Eltern den Entschluss, mit uns Kindern in den Westen zu flüchten. Wenn auch Vieles dagegen sprach, sie wollten sich lieber auf die Seite der westlichen Alliierten schlagen, als die Russen zu akzeptieren. Ungeachtet der Tatsache, dass es angloamerikanische Bomber waren, die uns das unsägliche Leid zugefügt hatten, in jener Zeit fürchteten alle die Herrschaft des Kommunismus.

Um den Fluchtplan in die Tat umzusetzen, bedurfte es noch

einiger Vorbereitungen. Sich auf Schusters Rappen davonzumachen, kam für uns nicht infrage. Wir brauchten ein halbwegs stabiles Transportmittel, das unsere Marschverpflegung und meinen Bruder aufnahm, sollte er die weiten Strecken zu Fuß nicht schaffen. Doch woher nehmen? Von den Einwohnern konnten wir keine Hilfe erwarten. Jeder hatte mit sich selbst zu tun. Vater durchforstete das kirchliche Grundstück und entdeckte im Schuppen einen ausgedienten Leiterwagen. Mutter nahm ihn sogleich unter die Lupe. »Mit dem kommen wir nicht weit«, sagte sie, »der ist völlig hinüber.« Vaters Bewertung fiel dagegen günstiger aus. Er meinte: »Besser als gar nichts. Das Wenige, was wir haben, wird diese Klapperkiste schon aushalten.«

Auf Vaters Geheiß bepackte meine Mutter den umstrittenen Notbehelf mit unserer spärlichen Habe. Als Mundvorrat legte sie einen Karton Konservendosen auf die Ladefläche und stellte vorsorglich Gläser mit eingewecktem Obst dazu. Den Proviant für unterwegs verstaute sie in einen Korb und zum Durstlöschen hängte Mutter Henkelkrüge mit Tee an die Holme des Wagens. Zum Schluss verhüllte sie alles mit einer Decke und polsterte das Innere mit Sofakissen aus. Mit dieser Fuhre, meinen Bruder obenauf, zogen wir an einem der ersten Tage im Wonnemonat Mai in den frühen Morgenstunden Richtung Westen.

Diese vorschnell getroffene Entscheidung meiner Eltern war eine Fahrt ins Ungewisse. Wir mussten davon ausgehen, dass der aller Voraussicht nach sehr beschwerliche Fußmarsch von meinem Bruder und von unserem Vater wegen seiner Behinderung kaum zu bewältigen war. Obendrein verfügte meine Mutter über kein zweckmäßiges Schuhwerk. Das Gleiche traf auch für mich zu. Im Grunde genommen fehlte uns für so ein riskantes Vorhaben die entsprechende Ausrüstung.

Zweifel kamen auf. Schon der Marsch tagsüber kostete Nerven, ganz zu schweigen von dem Nächtigen unter freiem Himmel. Wenn ich mir schon zu Beginn der Wanderschaft kalte Füße holte, wie sollte ich dann die frostigen Nachtstunden überstehen? Vermutlich machten sich meine Eltern keine Gedanken darüber. Zudem war die Ernährungslage kritisch. Unsere Wegzehrung reichte bestenfalls für zwei, drei Tage. Wehmütig dachte ich an das Pfarrhaus zurück. Dort hatte ich zumindest ein Dach über dem Kopf und ein warmes Bett wartete ebenfalls auf mich. Nie wäre mir im Traum eingefallen, dass ich einmal mit meinen Eltern mit Sack und Pack wie Tippelbrüder über die Landstraße ziehen würde. Was sollte bloß aus uns werden?

Nach der Betriebsamkeit im Ort zu urteilen, waren wir offensichtlich nicht die Einzigen, die sich auf den Weg machten, um einer russischen Besatzung zu entgehen. Viele flohen vor dem einrückenden Feind, keiner wollte denen in die Hände fallen. Dass die Deutsche Wehrmacht einmal der Roten Armee unterliegen würde, hätte sich damals niemand von uns vorstellen können. Nun war es soweit. Aufgeschreckt durch die Parole: »Die Russen kommen!« verlegte ein beachtlicher Teil der im Osten lebenden Bevölkerung seinen Wohnsitz in westliche Gefilde.

Was nicht vorauszusehen war: Unsere Flucht entpuppte sich als eine Reise mit Hindernissen. Nachdem wir uns mit dem Leiterwagen am Ortsausgang Berggießhübel in den Flüchtlingsstrom eingeordnet hatten, geriet bereits nach wenigen Metern der ganze Pulk ins Stocken. Viele Wehrmachtsfahrzeuge, die sich auf dem Rückzug befanden und etliche mit Koffern und Kisten beladene Pferdefuhrwerke, die im Schneckentempo über die Landstraße krochen, behinderten den Verkehr. Ebenso erschwerten die am Straßenrand liegengebliebenen Kraftwagen die Durchlässigkeit der Fahrbahnen. Dessen ungeachtet versuchten zu Fuß flüchtende Einwohner mit ihren Habseligkeiten in dem Gewühl voranzukommen. Auch wir bemühten uns, das Gefährt nach vorn zu schieben. Aber ständig drängten uns größere Verkehrsmittel zurück.

Wie zu erwarten, nach wenigen Kilometern trat Stillstand ein.

Die Fahrzeugschlange bewegte sich weder vor noch zurück. Eingezwängt zwischen einem Laster und einer Pferdekutsche steckten wir mit unserem Wägelchen eine geraume Zeit in dem Schlamassel fest.

Vater verlor zunehmend die Geduld. Seine Ellbogen gebrauchend, bahnte er sich einen Weg durch das Getümmel, wollte zunächst allein die Umgebung erkunden. Nach seiner Rückkehr nahm er die Zügel in die Hand. Zuallererst mussten wir mit unserem Vehikel eine steile Böschung erklimmen. Weiter ging es über brachliegendes Ackerland, über vom Tau aufgeweichtes Erdreich. Mehrmals sackten wir in Unebenheiten ein, stießen an Feldsteine an oder blieben in einer Furche hängen. Jedes der vier Wagenräder eierte verdächtig. Ein sichtbares Zeichen, dass das altersschwache Gefährt dem ständigen Auf und Ab nicht gewachsen war. Ich stand tausend Ängste aus. Mit Müh und Not erreichten wir die von Vater entdeckte Umgehungsstraße. Aber auch dieser Vorstoß scheiterte. In dem Durcheinander war kein Boden zu gewinnen. Wir kamen einfach nicht vom Fleck.

Die Zeit verging. Die Abenddämmerung brach herein. Ein kühler Wind kam auf. Ich bibberte in meinen schäbigen Sachen und hatte Hunger, einen Bärenhunger. Abgesehen von einigen Scheiben Zwieback, spürte ich schon seit Längerem eine Leere im Magen. Zaghaft ergriff ich Mutters Hand. Mir schauderte vor dem Gedanken, die ganze Nacht auf der Landstraße verbringen zu müssen. Vermutlich erging es meinen Eltern ebenso. Mit einem Mal wurde ihnen bewusst, auf was für ein Abenteuer sie sich da eingelassen hatten. Sicher trug auch der erbärmliche Anblick von uns Kindern dazu bei, dass sie völlig überraschend ihren Fluchtplan aufgaben. Doch aus dieser verzwickten Lage ohne Blessuren herauszukommen, war gar nicht so einfach. Erst nach mehrmaligen Versuchen gelang meinem Vater die Kehrtwendung. Total erschöpft und hundemüde stapften wir im Dunkeln über feuchte Wiesen und Felder zurück in das Pfarrhaus nach Berggießhübel.

Als sich Tage später die russischen Kampftruppen vom Sudetenland her auf das Osterzgebirge zubewegten, verbarrikadierte mein Vater das Pfarrhaus gegen unerwünschte Besucher. Um das Eindringen zu erschweren, nagelte er mit Brettern, die er im Schuppen fand, alle Fenster der Kellerräume und deren Eingänge zu. Vorsichtshalber verschloss er noch die ungenutzten Räume im Obergeschoss. Sogar auf dem Dachboden sperrte er jede einzelne Abstellkammer ab, und damit niemand einen Blick hineinwerfen konnte, verhängte Vater die Lattenverschläge mit Betttüchern. Mutter fand seine Sorgfalt reichlich übertrieben. Damit würde er erst recht das Augenmerk auf die Bodenkammern lenken, meinte sie.

Vater verteidigte seine Vorgehensweise. Er fühlte sich für die auf dem Boden eingelagerten Sachen der Bekannten des Pfarrers verantwortlich. Als er mir auf mein Bitten hin Einsicht in eine der Kammern gewährte, staunte ich nicht schlecht. Mein Blick fiel auf prallgefüllte Kleidersäcke und in Mottentüten eingemummelte Pelzmäntel, die eng zusammengepresst an einer Stange hingen. War niemand in der Nähe, öffnete ich neugierig die Verschlüsse und warf einen Blick hinein. Ein Stück war schöner als das Andere. Schade, dass ich da oben keine Modenschau abhalten durfte.

Besonders intensiv beschäftigte sich mein Vater in jenen Tagen mit dem Hab und Gut des Gastgebers. Beflissen inspizierte er die Räume mit dem Ziel, wertvolle Gegenstände vor etwaigen Plünderungen zu bewahren. Das Ausgewählte wickelte er in Tücher, stopfte es in Leinensäcke und schleppte die Sachen bei einsetzender Dunkelheit mit meiner Mutter in die Leichenhalle auf dem Friedhof. Ich fand diese Stätte zum Fürchten, aber nach Vaters Dafürhalten waren die Schätze dort gut aufgehoben. Besuche von Unbefugten schloss er aus, da erfahrungsgemäß die Menschen zu Lebzeiten den Ort mieden wie der Teufel das Weihwasser.

Sogar eine Kiste Bücher, deren verfänglicher Inhalt dem Gegner nicht in die Hände fallen sollte, schaffte Vater auf den Gottesacker und vergrub sie im Erdreich. Nur Mutters goldene Uhr, das letzte Andenken, das ihr noch geblieben war, versteckte er unerklärlicherweise auf dem Wäscheboden hinter einem Balken. Damit war aber meine Mutter nicht einverstanden. Sie wollte viel lieber das Schmuckstück in ihrer Schürzentasche verschwinden lassen. Doch Vater korrigierte sein Tun nicht.

Am 8. Mai 1945 lag Reif auf den Dächern der Kleinstadt. Über Nacht hatte es dünn geschneit. Der Schnee umhüllte die Umgebung mit einer zarten, weißen Decke. Ein frischer, feuchter Morgenwind drängte den von uns sehnlichst erwarteten Frühling zurück. In aller Herrgottsfrühe weckte uns ein gleichmäßiges, dumpfes Dröhnen, das unaufhörlich näher kam. Ein Geräusch, das sich wie Motorenbrummen von schweren Panzerfahrzeugen anhörte. In mir kroch Angst hoch. Wieder ereilte uns das Kriegsgeschehen, und wieder waren wir auf Gedeih und Verderb dem Feind ausgeliefert.

Vater rief besorgt: »Im Pfarrhaus seid ihr nicht sicher! Packt alles Notwendige zusammen! Ihr müsst schnell weg von hier!« Dieser plötzliche Aufbruch kam im unpassendsten Moment. Gerade war ich dabei, mir aus Pastors Bücherschrank einige lesenswerte Exemplare auszuleihen. Ich maulte. Auch meine Mutter fand den Zeitpunkt des Weggangs sehr ungünstig. Sie hatte sich inzwischen in Berggießhübel eingelebt, war heimisch geworden. Nun riss Vater sie aus ihrer gewohnten Umgebung heraus. Doch die unsichere Lage ließ keine Zeitverschwendung zu. Vater drängte zur Eile und brachte uns in die nahe beim Pfarrhaus stehende Kirche. Mit eilig zusammengerafften Dingen und einer Decke unterm Arm stieg ich höchst missgestimmt die knarrenden Holzstiegen hinauf auf den kirchlichen Dachboden.

Es roch muffig in dem alten Gebäude. Unwillkürlich schickte meine Mutter ein Stoßgebet gen Himmel. Sie konnte ihr Misstrauen gegenüber dem fragwürdigen Unterschlupf kaum verbergen. Doch Vater schwor Stein und Bein, uns in einem für tabu erklärten Versteck untergebracht zu haben.

Argwöhnisch betrachtete ich diese Behausung. Sie machte keinen guten Eindruck auf mich. Bestimmt lag das an den Spinnweben, die mannigfach vom Dachgebälk herunterhingen. Ständig musste ich achtgeben, dass ich nicht mit meinen Haaren in den aufgespannten Fangnetzen hängenblieb. Davor graute mir. Auch vor dem Staub, der fingerdick auf dem Fußboden lag, rümpfte ich die Nase. Angewidert breitete ich die Schlafdecken aus. Vater störte mein fortwährendes Gemecker. Er ließ durchblicken, dass er vorerst keine Abhilfe schaffen könne. Auch wenn es mir nicht in den Kram passte, ich musste mich wohl oder übel mit diesen Widrigkeiten abfinden.

Nachdem uns Vater mit Verhaltensregeln überhäuft hatte, verließ er uns wieder. Er wollte auf gar keinen Fall das ihm anvertraute Pfarrhaus aus den Augen lassen. Nach seinem Fortgang schob ich mit Mutter einen kleinen weißen Kindersarg, der vordem unbeachtet in einer Ecke stand, auf die Falltür, die unsere Zufluchtsstätte verschloss. Zum Beschweren stopften wir zerbrochene Dachziegel hinein. Wir hofften, damit unerwünschte Besucher fernzuhalten. Mit Vater vereinbarten wir ein Klopfzeichen, das ihn ankündigte, wenn er uns mit dem Notwendigsten versorgte. Zudem mussten wir ihm hoch und heilig versprechen, das Hindernis nur bei Wahrnehmung des abgesprochenen Signals zur Seite zu räumen. Wenn es mir auch nicht leicht fiel, Vater gehen zu lassen, weit mehr berührte mich die Anwesenheit des Kindersargs. Obwohl ich jeden Blickkontakt zu vermeiden suchte, ihm permanent den Rücken zukehrte, fortwährend drückte er auf meine Tränendrüsen.

Uns war schwer ums Herz. Wie drei arme Sünder hockten wir auf dem Boden und harrten der Dinge, die da kommen sollten. Seit Wochen bemühten wir uns, die Erlebnisse der Bombennacht zu verdrängen, und schon wieder stand uns ein Kampf ums nackte Überleben bevor.

Doch Zeit zum Nachdenken hatten wir nicht. Wir hielten uns erst kurz in dem Versteck auf, als die Russen in Berggießhübel einmarschierten. Das Städtchen wirkte wie ausgestorben, die Straßen waren menschenleer. Die wenigen verbliebenen Einwohner verschanzten sich in ihren Häusern, hängten als Zeichen der Kapitulation weiße Bettlaken aus den Fenstern. Kettenrasselnd fuhren Panzerfahrzeuge den Kirchberg zum Pfarrhaus hoch. Auf den Rohren der Geschütze saßen bis an die Zähne bewaffnete russische Soldaten. Einige rannten mit schussbereiten Maschinengewehren neben den Fahrzeugen einher, und obwohl sich niemand auf die Straße traute, ballerten sie ziellos in der Gegend herum.

Durch die Ritzen der Bretter des Dachbodens konnte ich mit meiner Mutter auf die gegenüberliegende Straßenseite blicken. Uns standen die Haare zu Berge. Brutal drückten die Besatzer mit ihren Stiefeln die Türen der Häuser ein und verschafften sich damit Zutritt. Die verängstigten Bewohner trieben sie auf die Straße. Anschließend plünderten sie deren Wohnungen aus und transportierten das geraubte Gut mit ihren Militärfahrzeugen ab.

Beunruhigt verfolgten wir das gewalttätige Vorgehen. Das fremde Stimmengewirr, das wüste Geballer und die Jammerlaute der Anwohner verunsicherten uns in höchstem Maße. Angst machten uns auch die durch Mundpropaganda verbreiteten Hinweise von Übergriffen der russischen Besatzer auf deutsche Frauen und Mädchen. Meine Mutter zweifelte an der Sicherheit des Verstecks und flehte zu Gott, er solle dafür sorgen, dass uns niemand hier oben entdecken möge. Und damit uns keine Geräusche verraten, liefen wir Kinder auf den knarrenden Dielen ganz sachte auf leisen Sohlen. Gespräche führten wir nur im Flüsterton.

Einige Zeit später klopfte es an die Falltür. Uns fuhr der Schreck in die Glieder. Auf das unbekannte Zeichen reagierten wir mit Schweigen. Erst als wir Vaters Stimme hörten, schoben wir den Kindersarg zur Seite. Er brachte zwei Deserteure der Deutschen Wehrmacht mit nach oben. Sie baten um Asyl, weil sie annahmen, auf dem Kirchenboden sicher zu sein. Auch wenn der Krieg zu Ende war, trotzdem mussten sie damit rechnen, erschossen zu werden, sollte ihnen irgendwer auf die Spur kommen. Vater organisierte für die Soldaten Zivilkleidung. Ihre Uniformen und Waffen vergrub er zu mitternächtlicher Stunde auf dem Friedhof. Wäre er dabei erwischt worden, hätte diese Gefälligkeit schlimm für ihn ausgehen können.

Bedingt durch den personellen Zuwachs schaffte Vater noch zusätzlich Trinkwasser und Proviant heran. Dementsprechend mussten auch die Eimer der Nottoilette häufiger als sonst geleert werden. Vater war ständig auf Achse, schleppte unentwegt Gießkannen voll Wasser vom Friedhof heran. Weder wir noch die Soldaten durften ihm dabei helfen. Die Gefahr, entdeckt zu werden, war groß.

Licht gab es hier oben nicht. Sobald es dunkel wurde, wickelten wir uns in eine Decke und legten uns auf die harten Dielenbretter. Für Kurzweil sorgten die beiden desertierten Soldaten. Ihren Erzählungen zufolge hatten sie wochenlang auf verlorenem Posten gekämpft, x-mal dem Tod ins Auge geschaut. Bis ins kleinste Detail schilderten sie ihre Flucht durch die feindlichen Linien. In der Heimat angekommen setzten sie sich der Gefahr aus, wegen Fahnenflucht erschossen zu werden.

Das zermürbende Ausharren auf dem Kirchenboden kostete eine Menge Kraft. Wenn uns schon der Tag viel abverlangte, die nächtlichen Stunden waren wesentlich aufreibender. Nacht für Nacht brachten uns die schändlichen Ausschweifungen der Besatzer um den Schlaf. Ihr lautes Gegröle und die irrsinnige Ballerei ließen keinen zur Ruhe kommen. Nicht minder gingen uns die Hilferufe der Frauen und Mädchen, die russische Soldaten aus den benachbarten Häusern zerrten, sehr zu Herzen. Vater erzählte meiner Mutter ausführlich, was sich abends auf dem Friedhof abspielte. Auch, dass die Russen ihre Opfer missbrauchten, verschwieg er nicht. Noch mehr beschäftigte ihn aber die Tatsache, dass, wer sich schützend vor die Opfer stellte, gnadenlos erschossen wurde. Der Krieg hatte uns alle wieder eingeholt.

Meinen Vater, der sich mit einem Bewohner aus dem Ort als Bestatter nützlich machte, lastete diese Tätigkeit voll aus. In den ersten Wochen der Besetzung verging kaum ein Tag, ohne dass Menschen auf solch tragische Weise ihr Leben einbüßten. Die Getöteten wurden ohne Seelsorger unter die Erde gebracht. Wiederum eine Folge des menschenverachtenden Krieges.

Inzwischen bezog eine Gruppe russischer Offiziere im Pfarrhaus Quartier. Noch nie war mein Vater einem Russen begegnet. Kein Wunder, dass er ihnen nicht über den Weg traute. Doch dann war er angenehm überrascht. Die im Pfarrhaus stationierten Soldaten duldeten Vaters Anwesenheit, waren höflich und respektierten seine kirchlichen Dienste. Somit bekam er keine Scherereien, wenn er sich in der Kirche und auf dem Dachboden zu schaffen machte.

Dank seiner Hilfsbereitschaft in der Gemeinde bekam Vater oft Lebensmittel geschenkt. Mithin brauchten wir nicht am Hungertuch zu nagen. Wir knapperten Zwieback, löffelten trockne Haferflocken und manchmal überraschte uns Vater mit Eingewecktem aus der pfarrhäuslichen Speisekammer. Mehr konnten wir nicht erwarten. Warmes Essen hatte Vater kurzerhand von der Speisekarte gestrichen.

Schon über eine Woche vegetierten wir auf dem Dachboden und ein Ende war nicht in Sicht. Das von der Außenwelt abgeschiedene Dasein war kaum zu ertragen. Ich sehnte den Augenblick der Rückkehr in meine gewohnte Umgebung herbei. Aber am meisten machte mir die Untätigkeit zu schaffen. Die geliehene Lektüre hatte ich im Nu ausgelesen und Vater vergaß allzu oft, mir Nachschub aus der Bibliothek des Pfarrhauses mitzubringen. Die Erlebnisse der Soldaten kannte ich inzwischen auswendig und viel Neues hatte Vater, wenn er uns besuchte, auch nicht zu berichten.

Doch eines Tages gab es für uns ein böses Erwachen. Die quälende Langeweile war schlagartig vorbei. Obwohl wir keinen engen Kontakt zu den Deserteuren pflegten, übertrugen sie ihre Kopfläuse auf Mutter und mich. Und da wir beide lange Haare hatten, dauerte es eine Weile, bis wir dieses Übel wieder loswurden. Besonders nachts, wenn die Peiniger Blut saugten, erzeugte jeder Stich eine juckende Stelle. Unaufhörlich kribbelte und krabbelte es auf meinem Kopf herum. Und weil das kein Ende nehmen wollte, kratzte ich mir die Kopfhaut blutig. Ein unerträglicher Zustand, der mich übellaunig und reizbar machte. Gern hätte ich die Landser vom Boden verbannt, aber damit hätte ich das Problem auch nicht gelöst.

Hinzu kam noch, dass es hier oben keine Gelegenheit gab, die verlausten Haare zu waschen. Das Heranschaffen des dazu notwendigen Zubehörs überforderte meinen Vater in gleichem Maße, wie unserer Bitte nachzukommen, ein wirksames Mittel gegen Ungeziefer aufzutreiben. Das Einzige, was er meiner Mutter in die Hand drückte, war ein Staubkamm, den ihm eine mitfühlende Seele schenkte. Aber der brachte auch keinen spürbaren Erfolg. Um nun diese Plagegeister wieder loszuwerden, mussten wir hinter jeder Laus her sein. Deshalb kämmten wir stundenlang die Haare und lasen, wie die Affen im Zoo, uns gegenseitig die Läuse vom Kopf ab. Nachfolgend streiften wir die Eier (Nissen) von den Strähnen und zerdrückten sie zwischen den Fingernägeln. Eine Verfahrensweise, die ich sehr widerlich fand. Es dauerte Tage, bis wir den Biestern den Garaus machen konnten. Mit Abscheu denke ich daran zurück.

Als die russischen Offiziere weiter zogen, nahmen Rotarmisten, darunter auch einige Soldatinnen, das Pfarrhaus in Beschlag. Diese unkalkulierbare Mischung brachte Vater in Verlegenheit. War doch die Personenzahl gegenüber der vorherigen Einquartierung um ein Vielfaches höher. Auch setzte sich, dem Erscheinungsbild nach, die Truppe aus gewaltbereiten Belagerern zusammen. Vater war das zu gefährlich. Deshalb zog er zu uns auf den Kirchenboden und wartete, bis sich die Truppe wieder in Marsch setzte. Jeden Tag umschlich er das Haus und schaute nach, ob die Luft rein war. Endlich, nach knapp zwei Wochen Aufenthalt in unserem Versteck, gab Vater Entwarnung. Wir packten unsere Siebensachen und liefen zum Pfarrhaus zurück. Die desertierten Soldaten verschwanden grußlos bei Nacht und Nebel.

Als uns nur noch wenige Schritte vom Pfarrhaus trennten, fiel uns die gänzlich schief in den Angeln hängende Haustür auf. Und als wir dann völlig ahnungslos den Fuß über die Schwelle des Hauses setzten, erwartete uns ein heilloses Durcheinander, ein unglaubliches Drunter und Drüber, ein jegliches Maß übersteigendes Chaos. Nach Vaters Einschätzung eine Demonstration der Übermacht, ein Siegestaumel der Russen in höchster Vollendung.

Mit uns Kindern an der Hand liefen meine Eltern von Zimmer zu Zimmer. Meine Mutter fiel von einer Ohnmacht in die andere. Alle Türen der Wohnräume hatten die Besatzer brutal eingedrückt, jeden Schrank, jede Schublade gewaltsam aufgebrochen. Die Dachkammern, bis auf etwas Kleinkram, total ausgeräumt. Was den Besatzern gefiel, nahmen sie mit, alles andere lag verstreut im Haus umher. Das Meiste davon war hinüber. Zerfetzte, mit Speiseresten bekleckerte oder mit Alkohol übergossene Kleidungsstücke legten Zeugnis ab von den zügellosen Ausschreitungen, die während unserer Abwesenheit im Pfarrhaus über die Bühne gegangen waren.

Sämtliche Räume hatten die Besatzer dermaßen verwüstet, dass wir annahmen, im Haus habe eine Horde Vandalen gehaust. Alles, was denen in die Hände fiel, schlugen sie kurz und klein. Kein Bild, kein Spiegel, weder Glas noch Porzellan, überstanden die Wutattacken. Sogar das Toilettenbecken im Bad lag völlig zerdeppert neben der Wanne. Auch die Gardinen hatten sie allesamt heruntergerissen. Dabei waren einige Fensterscheiben zu Bruch gegangen. Wahllos bemächtigten sie sich etlicher Einweckgläser aus der Vorratskammer und warfen sie samt Inhalt auf den Fußboden. Folglich standen in den Wohnräumen Pfützen einer glitschigen, mit Glassplittern gespickten Obstbrühe nebst zermatschten Früchten.

Auch in der Küche sah es sehr chaotisch aus. Dort standen Behältnisse mit einem Gemisch aus verschiedenen Nahrungsmitteln herum, die aufgrund einer hinzugefügten, undefinierbaren Flüssigkeit bereits in Gärung übergegangen waren. Ein übelriechendes Zeug, das nicht ekliger sein konnte. Vater rümpfte die Nase und meinte: »Hier haben die Russen bestimmt mit Natursekt nachgeholfen.«

Aber der Gipfel der Zügellosigkeit war zweifellos die in den Räumen und im Treppenhaus verteilte Notdurft der Besatzer. Vermutlich sollte es ein Zeichen der Missachtung sein, dass sie überall ihre Visitenkarte zurückließen. Auch wenn sich ihre in Töpfen, Schüsseln oder anderen Gefäßen zurückgelassenen Geschäfte sehr ungünstig auf unser Befinden auswirkten, den Besatzern musste es viel Spaß gemacht haben, ihre Ausschweifungen auf die Spitze zu treiben. Das zeigten ihre bewusst in Szene gesetzten Hinterlassenschaften.

Noch mehr Ekel kam bei uns auf, wenn diese Dinge fatalerweise auf dem Fußboden landeten. Das war, gelinde ausgedrückt, eine Riesensauerei. Wir mussten höllisch aufpassen, damit wir nicht auf dieser Masse ausrutschten. Bei solchen extraordinären Zugaben blieb sogar meinen Eltern die Spucke weg. Auch die im Schlafzimmer der Länge nach aufgeschlitzten Betten, aus denen die Federn ungehindert herausquollen, irritierten sie ebenso wie die kreuzweise zerstochenen Matratzen.

Nach den herumliegenden leeren Schnapsflaschen zu urteilen, feierten die russischen Soldaten ihren Siegeszug mit Unmengen von Wodka und anderweitigem, hochprozentigen Gesöff. Die Überbleibsel, wie abgeschlagene Flaschenhälse, zerbrochene Gläser und Gefäße mit Resten von Fusel, in deren brauner Brühe jede Menge aufgeweichter Zigarettenkippen schwammen, gaben Aufschluss über das vulgäre Besäufnis, das allem Anschein nach im Pfarrhaus stattgefunden hatte. Ohne Frage, der penetrante Geruch von Alkohol und der abgestandene Tabakrauch vervollständigten den überaus scheußlichen Nachgeschmack, den die Russen nach ihrem Abzug hinterließen.

Sicher war das ein Teil der Rache für das Leid, das die Deutschen mit dem aufgezwungenen Krieg dem russischen Volk zugefügt hatten. Eine Art Vergeltung für die Verwüstungen ihres Landes und die Ermordung zahlreicher Zivilisten. Noch konnten wir uns nicht vorstellen, dass das Verhalten der deutschen Truppen in den besetzten Gebieten keinesfalls human verlaufen war. Aber den Erzählungen der desertierten Soldaten zufolge wurde mit der russischen Zivilbevölkerung weitaus grausamer umgegangen als mit uns.

Dennoch fiel es meinen Eltern außerordentlich schwer, die angerichteten Schäden der Besatzer zu verkraften. Als meine Mutter den Saustall sah, war sie nicht gut auf die Russen zu sprechen. Auch Vater ging das Schlachtfeld an die Nieren. Er zerbrach sich den Kopf, wie er dem Hausherrn die eingetretenen Schäden erklären sollte. Trotzdem konnten wir uns nicht beklagen. Das Haus war nicht abgefackelt, wir trugen keinen körperlichen Schaden davon und wurden auch nicht unserer Habe beraubt, denn wir besaßen gar keine.

Wir Kinder aber sahen in dem Tohuwabohu ein ganz und gar aus dem Rahmen fallendes Abenteuer. Besonders amüsant fanden wir die irren Ferkeleien der Besatzer. Wenn wir die zu Gesicht bekamen, hielten wir uns, die erzürnten Blicke unserer Eltern missachtend, den Bauch vor Lachen. Doch mit dem Entfernen von Schmutz und Unrat wollten wir nichts zu tun haben und versuchten, der anstehenden Säuberungsaktion aus dem Wege zu gehen. Lieber machten wir uns in der Nachbarschaft nützlich. Für unsere Hilfsdienste erhielten wir öfter ein warmes Essen oder wurden mit Naturalien belohnt. Und weil sich meine Eltern so eingehend mit der Beseitigung der Mängel im Haus beschäftigten, duldeten sie mehr oder weniger unsere Abwesenheit.

Mit Schrubber, Seife und reichlich Wasser rückten meine Eltern dem Schmutz zu Leibe. Trotzdem dauerte es Tage, ehe sie das

Pfarrhaus annähernd in den alten Zustand versetzen konnten. Leider war der größte Teil der Gegenstände nicht mehr zu gebrauchen. Vieles wanderte auf den Müll. Noch eine Zeit lang erinnerte der am Schuppen liegende Unrat an das wüste Vorgehen der Besatzer.

Als mein Vater der auf dem Hausboden versteckten Uhr meiner Mutter nachspürte, war das gute Stück verschwunden. Trotz verzweifelter Suche blieb sie unauffindbar. Entweder hatte irgendwer das Versteck entdeckt oder mein Vater verwechselte den Dachbalken. Mutter war todunglücklich. Damit verlor sie das letzte Erinnerungsstück, das ihr noch geblieben war. Lange, sehr lange trauerte sie dem unersetzlichen Verlust nach.

Als die Russen im Ort eine Kommandantur einrichteten, nahmen meine Eltern an, dass sie über kurz oder lang mit einem Besuch der Besatzer rechnen mussten. Deshalb stellten sie sich rechtzeitig darauf ein. Um keine Aufmerksamkeit auf sich zu lenken, zog sich meine Mutter wie eine alte Waschfrau an. Ohne Hemmungen schlüpfte sie in eine hässliche Kittelschürze, band ein unschönes Kopftuch um und schlurfte mit unpassenden Pantinen durchs Haus. Im Wettstreit mit einer Vogelscheuche hätte sie garantiert den Sieg davongetragen. Ich dagegen musste eine Verjüngungskur über mich ergehen lassen. Obwohl ich mittlerweile fast vierzehn Jahre zählte, machte sie aus mir ein Schulmädchen, das die erste Klasse besuchte. Sie flocht mir Zöpfe, band rosa Schleifchen ins Haar und streifte mir ein Spitzenröckchen über, das sie auf die Schnelle aus einer abgerissenen Gardine zusammengeschustert hatte. Leider konnte ich mich nicht im Spiegel betrachten, es gab ja keinen mehr. Aber der Blick ins Fensterglas war Ernüchterung genug.

Tatsächlich, wenige Tage später kamen russische Armeeangehörige und eine Soldatin ins Haus. Die junge Frau stolzierte in einem unmöglichen Aufputz vor uns auf und ab. Über ihre Uniform hatte sie einen langen, auf dem Fußboden schleifenden Pelzmantel gehängt. Ein exquisites Stück, das zweifellos aus einem der

Kleidungssäcke vom Hausboden stammte. Ihre groben Militärstiefel und die Kopfbedeckung, ein Käppi der Roten Armee, ergaben einen äußerst grotesken Anblick. Bestimmt wollte sie Bewunderung einheimsen, doch ich konnte mir kaum das Lachen verkneifen.

Inzwischen versuchte mein Vater mit den russischen Soldaten ins Gespräch zu kommen. Auch wenn ich noch so die Ohren spitzte, aus dem Kauderwelsch wurde ich nicht schlau. Um sich verständlich zu machen, fuchtelten die Männer mit Händen und Füßen herum. Dabei entging ihnen glatt, dass Vater, um uns zu schützen, es mit der Wahrheit nicht so genau nahm. Mich machte er zur Waise, meine Mutter zur Tante und er selbst fand sich mit der Rolle des Onkels ab. Und da ich keineswegs wie ein Wonneproppen aussah, erwähnte Vater beiläufig meinen schlechten Gesundheitszustand. Vermutlich glaubten die Soldaten seine Geschichte, denn bis zu ihrer Abberufung brachten sie uns fast täglich etwas Milch oder kleine Mengen Lebensmittel ins Haus. Diese zusätzliche Versorgungsquelle half uns, über die schwierige Ernährungslage hinwegzukommen. Deshalb konnten wir uns über diese Besatzer nicht beklagen. Wenn uns auch bei jedem Besuch das Herz in die Hose rutschte, aber sie kamen uns keinesfalls zu nahe. Dennoch waren wir froh, wenn sie wieder das Haus verließen.

Was auffiel: Seitdem ein russischer Kommandant die Geschicke des Ortes lenkte, waren kaum noch Übergriffe zu verzeichnen. Eine spürbare Erleichterung, denn die Rotarmisten begegneten uns wesentlich respektvoller als Wochen vorher.

Von nun an wurde jede arbeitsfähige Person im Ort zu Hilfsdiensten herangezogen. Auch wir Jugendlichen mussten mit zugreifen. Fast jeden Tag fuhren uns russische Armeeangehörige im Beisein eines Dolmetschers in einem offenen Mannschaftswagen zu verschiedenen Arbeitseinsätzen. Meist war das Fahrzeug brechend voll. Das hielt aber die Soldaten nicht davon ab, im feuchtfröhlichen Zustand laut grölend auf der Ladefläche herumzuhopsen. Dabei klopften sie sich pausenlos auf die Schenkel und stampften mit den Stiefeln den Takt dazu. Uns Mädchen war da oft mulmig zumute. Auch ich atmete erleichtert auf, wenn man mich mit dem Fahrzeug wieder wohlbehalten am Pfarrhaus absetzte.

Mit einigen Leidensgefährtinnen bekam ich den Auftrag, in den umliegenden Häusern Hamsterlager der Einwohner aufzuspüren und bei größeren Beständen Meldung zu erstatten. Doch ich fühlte mich nicht wohl dabei. Gerade bei älteren Leuten versuchte ich manches zu übersehen. Keine einfache Sache, denn die Männer, die uns beaufsichtigten waren auf Erfolg erpicht. Das Sammelgut wurde beschlagnahmt, auf Lastwagen geladen und abtransportiert. Die Proteste der Einwohner fanden kein Gehör. Bei Befehlsverweigerung wurden drastische Strafen angedroht. Über den Verbleib der eingesammelten Waren konnte keiner Auskunft geben.

Wenn wir auch mit den Schattenseiten des Lebens vorlieb nehmen mussten, so versuchten wir doch, uns irgendwie durchzuschlagen. Vater verdingte sich als Küster und Mutter kümmerte sich um den Haushalt. Sie bemühte sich, uns einigermaßen satt zu bekommen. Das war oft sehr schwierig, denn Lebensmittel waren knapp und unsere Vorräte gingen zur Neige. Aber auf Vater war immer Verlass. Er versorgte uns immer mit dem Nötigsten. Wie er es fertigbrachte, dass wir nicht hungern mussten, blieb sein Geheimnis.

Das Mittagessen bereitete meine Mutter auf dem Küchenherd zu. Einen Gasanschluss gab es im Pfarrhaus nicht. Wir waren auf Holz und Kohlen angewiesen. Doch eines Tages waren die Heizvorräte aufgebraucht und wir mussten für Nachschub sorgen. Da mein Vater meistens unabkömmlich war, liefen wir Kinder mit unserer Mutter in das nahe Wäldchen, um Holz zu sammeln. Zum Glück hing im Schuppen eine Säge. Sie erleichterte Mutters schwere Arbeit. Zwar war den Förstern das eigenmächtige Werkeln im Wald ein Dorn im Auge, aber ohne Hilfsmittel hätten wir die knüppeldicken Äste von den Bäumen nicht absägen können. Die Ausbeute stapelte ich mit meinem Bruder zu einem Haufen und band das Ganze mit einer Wäscheleine zusammen. Kündigte meine Mutter den Aufbruch an, zogen wir das sperrige Bündel aus dem Unterholz heraus. Mitunter blieben wir im Gestrüpp hängen und hatten Mühe, die Fuhre wieder flott zu machen. Nachdem wir den Haufen aus dem Strauchwerk herausgezerrt hatten, schleiften wir ihn auf der Landstraße entlang bis in die Ortschaft hinein. Nach dieser Schufterei kamen wir völlig erschöpft im Pfarrhaus an. Doch das Gesammelte reichte nur wenige Tage und die Plackerei ging von vorne los.

Auch Vater war rührig und erstand bei einem Händler einen Sack Kohlen. Der deckte für eine Weile den Bedarf der Kochstelle und sicherte uns den wöchentlichen Badespaß.

Doch mit dem Leben in einer Kleinstadt kamen wir nicht zurecht. Wenn sich auch Berggießhübel als ein landschaftlich reizvoller Kurort präsentierte, wir waren die Großstadt gewohnt und hatten die Absicht, wieder nach Dresden überzusiedeln. Vater bekam in der Gemeinde sowieso keine Anstellung, die seinen Wünschen entsprach und ich konnte in dem Ort meine Schulbildung nicht abschließen, noch weniger einen meinen Wünschen entsprechenden Beruf ergreifen. Auch wollten meine Eltern ihren Sohn hier nicht in die Schule schicken. Und so machten wir uns erneut auf den Weg in eine andere Bleibe.

Der Krieg war zu Ende, unser Leben danach

Wir verließen das Pfarrhaus in Berggießhübel und zogen zurück ins Kirchenhaus nach Pirna. Dort hielten wir uns aber nur für kurze Zeit auf, denn mein Vater bekam nach Kriegsende im Pfarramt keine Anstellung mehr. Er gehörte zu denen, die in den dreißiger Jahren dem Bund Deutscher Christen beitraten. Aufgrund dessen wurde er vom Dienst suspendiert mit dem Hinweis, erst einmal Gras über diese Sache wachsen zu lassen. Sicher könne er seinen Beruf zu einem späteren Zeitpunkt wieder ausüben. Aber mein Vater wollte kein Gnadenbrot essen, versuchte eigenständig Arbeit zu finden. Er hatte vor, seinen Wohnsitz nach Crimmitschau, seiner Heimatstadt, zu verlegen und sich dort eine neue Existenz aufzubauen. Das Haus seiner Eltern war groß genug, um ihn und seine Familie aufzunehmen. Er erwartete von meiner Mutter, dass sie dem Ortswechsel zustimme und mit uns Kindern nachkomme. Doch diese Forderung sollte sich nicht erfüllen.

Meine Mutter hatte sich seit der Bombennacht, dem gravierenden Einschnitt in ihrem Leben, stark verändert. Sie ordnete sich nicht mehr unter, war selbstbewusster geworden. Viele Entscheidungen meines Vaters nahm sie nicht mehr ohne Widerspruch hin, was er nur ungern akzeptierte. Deshalb war es durchaus nachvollziehbar, dass sie sich widersetzte, die Stadt Pirna nahe bei Dresden zu verlassen.

Ihr Aufbegehren brachte Vater in Schwierigkeiten. Mutters Verhalten zeigte in aller Deutlichkeit, dass eine räumliche Trennung zwischen ihr und meinem Vater nicht mehr zu vermeiden war. Darüber hinaus kündigte sie allem Anschein nach auch die eheliche Gemeinschaft auf. Dass sie obendrein noch die Kühnheit besaß, sich über das christliche Gebot »Das Weib habe dem Manne zu folgen« einfach hinwegzusetzen, war für Vater eine herbe Enttäuschung. Gekränkt und in seiner Mannesehre verletzt, fuhr er wieder in seine Heimatstadt zurück. Nachdem er in einer Tuchfabrik eine gut bezahlte Stelle als Hauptbuchhalter angeboten bekam, versuchte er erneut, meine Mutter zu bekehren. Doch sie verweigerte ihm den Gehorsam. Auch wir Kinder rebellierten, wollten auf gar keinen Fall in das »Hinterland« übersiedeln, und zur gestrengen Großmutter väterlicherseits gleich gar nicht. Dass unsere ablehnende Haltung die Trennung der Eltern beschleunigte, hatten wir nicht erwartet. Zu spät wurde uns der Verlust eines Elternteils bewusst.

Noch heute habe ich den tieftraurigen Blick meines Vaters vor Augen, als er von uns Abschied nahm. Es sollte sein letzter sein. Wenige Wochen später erkrankte er an Magentuberkulose. Seine Heilungschancen waren gering. Sicher trugen auch die seelischen Konflikte dazu bei, dass es für ihn keine Rettung gab. Er starb in den Armen seiner Mutter. Wir erfuhren sein Ableben erst durch eine Traueranzeige in der Tageszeitung von Crimmitschau, die uns Tante Else zuschickte. Kurz darauf teilte uns sein Anwalt mit, Vater hatte meine Mutter und uns Kinder enterbt.

Als ich Jahre später an seinem Grab stand, ging mir das sehr nahe. Bewegt nahm ich Abschied von einem Menschen, der mich auf meinem Werdegang fürsorglich begleitet hatte. Ich verdankte ihm viel und je älter ich wurde, umso mehr fehlte mir sein väterlicher Rat. Ein schlichter Grabstein erinnert an sein aufopferungsvolles Leben im Dienste der Kirche.

Nun waren wir drei auf uns selbst angewiesen. Erneut ging meine Mutter auf Wohnungssuche. Das Einwohneramt in Pirna stellte uns in einem Mietshaus auf der Langestraße im vierten Stock ein Zimmer mit einer winzigen Küche zur Verfügung. Wir besaßen kein Mobiliar, keinen Hausrat, es fehlte an allem. Gut, dass die Volkssolidarität sich um uns kümmerte. Dank ihrer Unterstützung konnten wir uns einigermaßen wohnlich einrichten.

Wenn wir auch im Großen und Ganzen zurechtkamen, aber

mit den Schlafgelegenheiten hatten wir immer wieder Pech. Seitdem wir unsere pieksauberen Betten dem Feuer preisgeben mussten, verfolgte uns von Bleibe zu Bleibe nur ekelerregendes Viehzeug. Und auch in dieser Wohnung verbarg sich in den gebrauchten Matratzen jede Menge blutdürstiges Ungeziefer. Sobald meine Mutter das Licht löschte und wir uns auf dem Nachtlager ausstreckten, fielen Scharen von Bettwanzen über uns her. Sie krochen aus den Auflegern heraus und bissen uns in jede erreichbare Körperstelle. Sofort bildeten sich Quaddeln auf der Haut, die so unerträglich juckten, dass ich die halbe Nacht mit Kratzen verbrachte. Trieben es die Plagegeister gar zu toll, stand Mutter wieder auf und schaltete das Licht ein. Beeilten wir uns, sahen wir träge, mit Blut vollgesaugte Biester auf dem Bettlaken liegen. Das lichtscheue Gesindel sammelte meine Mutter ein und ertränkte es im Waschbecken. Doch die Quälerei war damit noch nicht zu Ende. Durch ihre vermehrungsfreudige Art ging in der darauffolgenden Nacht der Spuk wieder von vorne los. Mich schüttelt es vor Ekel, wenn ich an diese Überfälle denke. Erst nach dem Besuch eines Kammerjägers trat Ruhe in unseren Betten ein.

Als die Volkssolidarität ehrenamtliche Helfer suchte, bot meine Mutter ihre Mitarbeit an. Ihr wurde die Aufgabe übertragen, bei den Einwohnern nicht benötigte Wäsche und Kleidung einzusammeln. Die gestifteten Sachen sollten ausschließlich Bedürftigen zugutekommen. Leider war in der Nachkriegszeit die Spendenfreudigkeit nicht sehr groß und deshalb an manchen Tagen die Ausbeute nicht der Rede wert. Mehrfach wurde uns die Türe vor der Nase zugeschlagen und manch böses Wort hinterhergeworfen. Dessen ungeachtet liefen wir treppauf, treppab von Tür zu Tür. Hinterher waren wir vollkommen fertig. Unsere Füße schmerzten vom vielen Treppensteigen. Zwar bekamen wir immer von dem Sammelgut etwas ab, doch im Allgemeinen konnten wir mit den ausrangierten Kleidungsstücken keinen Staat machen.

Finanziell versuchte meine Mutter mit Hängen und Würgen über die Runden zu kommen. Aufgrund ihres schlechten Gesundheitszustandes bekam sie eine bescheidene Invalidenrente zugesprochen. Uns Halbwaisen bewilligte der Staat einen kleinen Betrag an Lebenshilfe. Zum Glück legte das Kirchenamt noch jeden Monat 150,Mark Unterstützung dazu. Trotzdem blieb nach Abzug der laufenden Kosten nur ein geringer Teil zum Leben übrig. Um das Einkommen etwas aufzubessern, half meine Mutter bei personellen Engpässen in einer Likörfabrik aus. Mit Frauen gleichen Schicksals schlug sie per Hand massenhaft Hühnereier auf und trennte die Dotter vom Klaren. Ein für die Herstellung von Eierlikör notwendiger Arbeitsgang. Wenn auch anfangs nicht alles glattging, aber nach kurzer Einarbeitungszeit beherrschte sie die »Trennung« perfekt. Aus betrieblichen Gründen wurde diese Tätigkeit vorwiegend nachts ausgeführt, und wenn Mutter frühmorgens heimkam, war sie immer sehr lustig.

Mein Bruder ging wieder zur Schule, und da unser Vater nicht mehr lebte, wurde ihm als Minderjähriger ein Vormund zu Seite gestellt. Dessen Aufgabe war es, sich um die schulischen und erzieherischen Belange seines Schützlings zu kümmern. Außerdem unterstützte er meine Mutter in Rechtsfragen und finanziellen Angelegenheiten.

Auch ich wollte nicht untätig zu Hause herumsitzen und hielt Ausschau nach einer Lehrstelle als Damenschneiderin. Da ich mir vorgenommen hatte, später einmal den Beruf einer Modezeichnerin auszuüben und die Zulassung zu diesem Studium nur mit einem Facharbeiterabschluss möglich war, klapperte ich mit meiner Mutter die Schneiderwerkstätten nach einem Ausbildungsplatz ab. In einem Modeatelier war zufällig einer frei. Ich wurde angenommen und durfte schon nach zwei Jahren meine Gesellenprüfung ablegen. Fortan arbeitete ich als Gehilfin und leitete selbstständig Lehrlinge an. Obwohl von vornherein feststand, dass meine Mutter mir nie und nimmer finanziell unter die Arme greifen könnte, trotzdem wollte ich mein Ziel nicht aus den Augen verlieren und versuchte nebenbei, mir ein spezielles Fachwissen in dieser Branche anzueignen. Aber der Traum, die Modewelt später einmal mit meinen Kreationen begeistern zu können, erfüllte sich nicht. Der Herrgott lenkte mein Leben in andere Bahnen.

Bei meiner Meisterin habe ich viel gelernt. Ihre Devise lautete: »Ein Kleidungsstück muss so gut verarbeitet sein, dass es von rechts, wie von links getragen werden kann.« Sie schaute uns auf die Finger und wehe, wenn wir bei dem anvertrauten Stück nicht genügend Sorgfalt walten ließen. Da wurde sie zornig und oftmals kam sogar die Schere geflogen. Um unsere Vorgesetzte nicht zu verärgern, schauten wir an solchen Tagen nicht hoch und stichelten emsig an den Sachen herum.

Regelmäßig hielt meine Chefin im kleinen Kundenkreis in ihrer Wohnstube eine Modenschau ab. Dazu beauftragte sie uns, ob Lehrling oder Gehilfin, den Damen neumodische Stücke aus ihrer Kollektion vorzuführen. Leider kam ich dafür nicht infrage. Sie sagte: »Unsere Kleine können wir nicht nehmen. Die hat ein Plättbrett mit zwei Erbsen drauf gezweckt.« Meist setzte sie noch eins drauf: »Mit einer Mausefaust als Brust kann man eben nicht Modell stehen.« Ihre Worte verletzten mich tief und ich wurde rot vor Scham.

Aber wovon sollte ich eine füllige Oberweite bekommen? In dieser Nachkriegszeit gingen wir fast jeden Abend hungrig zu Bett. Das wenige, was es auf Lebensmittelmarken gab, reichte vorne und hinten nicht. Um überleben zu können, waren wir auf zusätzliche Nahrungsmittel angewiesen. Der Schwarzhandel blühte und die Preise stiegen ins Uferlose. Für ein Brot unter der Hand musste man damals 90 Mark berappen. Ich verdiente als Lehrling nur 45 Mark im Monat. Wollte ich eins erwerben, gingen zwei Monatslöhne drauf. Wenn ich dann dem Verkäufer mein sauer verdientes Geld hinblättern musste, tat mir das in der Seele weh. Aber wir hatten kaum etwas zu beißen und Mutter war froh, wenn ich sie unterstützte. Um das tägliche Quantum nicht zu überschreiten, ritzte sie auf jedem Laib Brot die Tagesration ein. Bis zur Kerbe durfte abgeschnitten werden, mehr war nicht drin. Gute Butter kannten wir nur vom Hörensagen. Der Preis war für uns nicht erschwinglich. Deshalb braute meine Mutter aus Mehl, Wasser und Majoran einen Ersatzaufstrich zusammen. Diese Pampe strich sie uns Kindern aufs Brot. Ab und zu brachte sie mir zu Mittag ein Kochgeschirr voll Zottelsuppe in die Werkstatt. Dazu schüttete meine Mutter rohe, geriebene Kartoffeln ins kochende Wasser, ließ das Ganze gar werden und fügte zur Geschmacksverfeinerung einen Würfel Brühpaste hinzu. Am Ende kam eine schleimige, gewöhnungsbedürftige Suppe zustande, die ich trotz Mutters kreativer Kochkunst appetitlos hinunterwürgte. Gelegentlich tischte sie uns Kindern einen Brei aus gekochten Getreidekörnern auf. Wenn auch ein Klecks Rübensirup das Gericht bekömmlicher machen sollte, es schmeckte keinen Deut besser. Gebratene Grützwurst mit Pellkartoffeln war da eher zu genießen. Ich stufte es als Sonntagsessen ein. Die Schalen der Kartoffeln warfen wir nicht weg. Mit Mehl vermischt, in Öl gebraten und mit Zucker bestreut, verputzten wir sie zum Abendbrot. Sogar aus Kohlrüben, eigentlich Tierfutter, bereitete unsere Mutter ein Essen zu. Weil sie aber befürchtete, dass der »Schweinefraß« uns ebenso krankmachen würde wie unseren Vater, ließ sie sich und uns Kinder von einem Spezialisten untersuchen. Dem Ergebnis nach waren wir alle gesund.

In dieser angespannten Situation nutzte meine Mutter jede Gelegenheit, um uns Kinder so gut es ging mit Nahrungsmitteln zu versorgen. Kilometerweit wanderte sie mit uns in die Pirnaer Hochebene, um Kartoffeln zu stoppeln oder Ähren zu lesen. Kamen wir dann in die Nähe einer Ackerfläche, sahen wir schon von Weitem an der Begrenzung eine Masse Menschen stehen. Gab der Bauer die Scholle frei, stürzten sich die Wartenden auf den Acker und wühlten wie besessen nach den in der Erde verbliebenen Knollen. Dabei mussten wir achtgeben, dass uns keiner aus Versehen in den Fuß hackte. Das hätte unser Schuhwerk garantiert nicht verkraftet.

Auch die Körnersuche war ein mühevoller Broterwerb. Nach vorn gebeugt, ohne aufzublicken, lasen wir vom abgeernteten Feld die liegengebliebenen Ähren auf. Waren wir nicht flink genug, schnappte uns ein anderer die Beute weg. Mitunter nahmen wir stundenlange Fußmärsche in Kauf, um in den Waldgebieten der Sächsischen Schweiz Heidelbeeren zu pflücken. Viel kam nicht zusammen. Wir waren ja nicht die Einzigen, die auf Beerensuche gingen.

Unzählige Male liefen wir auf die Dörfer, um bei den Bauern zu betteln. Erwischten wir einen guten Tag, drückte uns die Bäuerin ein paar Kartoffeln oder eine Handvoll Getreide in die Hand. Doch allzu oft wurden wir mit Hunden vom Hof gejagt. Dann weinte Mutter, und wir Kinder versuchten sie zu trösten. Diese Bittgänge waren sehr erniedrigend. Nie hätte meine Mutter solche Demütigungen auf sich genommen, hätte uns der Hunger nicht so geplagt. Auch, dass wir nichts zum Tauschen hatten, wirkte sich negativ auf unsere Ernährungslage aus. Doch allen Widrigkeiten zum Trotz ließen wir uns nicht unterkriegen. Allerdings stand die von uns so sehnlichst herbeigewünschte bessere Zukunft noch in den Sternen.

In vielerlei Hinsicht vermissten wir väterlichen Schutz. Oft musste meine Mutter ihre Ellbogen gebrauchen, um sich durchzusetzen und allzu oft sah sie sich genötigt, für das Wohl ihrer Kinder zu kämpfen. Wofür ich allerdings kein Verständnis aufbringen konnte, war ihre negative Einstellung zu unserer Existenz. Sie bedauerte zutiefst, dass wir bei den Bombenangriffen auf Dresden nicht ums Leben gekommen waren. »Uns wäre eine Menge erspart geblieben«, sagte sie immer, »und viel Gutes haben wir auch nicht zu erwarten.« Zugegeben, Mutter hatte viel durchgemacht, viel Leid ertragen müssen, aber ihre Äußerungen waren nicht gerechtfertigt.

Weshalb dachte sie nicht an uns Kinder? Wer weiß, wie schrecklich unser Abgang von der Welt ausgefallen wäre. Aber Hand aufs Herz, wie ich mich an ihrer Stelle verhalten hätte, weiß ich allerdings nicht.

In unangenehmer Erinnerung geblieben ist mir eine Impfung gegen Typhus. Aufgrund dieser plötzlich aufgetretenen Seuche wurde die Bevölkerung von Pirna aufgerufen, sich unverzüglich impfen zu lassen. Vermutlich schleppten Heimkehrer aus russischer Gefangenschaft die Krankheit ein. Das Rote Kreuz errichtete eine provisorische Impfstelle auf dem Pirnaer Marktplatz. Der sich rasch bildenden Menschenschlange verabreichten Mediziner mit einer ziemlich kompakten Spritze eine Injektion neben dem Brustbein. Die Abfertigung erfolgte nach militärischer Manier. Ruck, zuck, und ehe ich mich versah, verpasste mir die Schwester eine Spritze. Noch heute spüre ich die Einstichstelle.

Ein neuer Lebensabschnitt

Das Leben ging weiter. Mein Bruder paukte in der Schule das Einmaleins, ich werkelte Tag für Tag in der Schneiderwerkstatt und Mutter versuchte, uns Kinder durch die schwere Zeit zu bringen.

Mein Beruf lastete mich voll aus und auch nach Feierabend warteten noch häusliche Pflichten auf mich. Die wenigen Mußestunden, über die ich verfügte, nutzte ich für Kinobesuche oder spazierte mit meiner Freundin Suse nach Cunnersdorf, ein Ort, den wir von Pirna aus gut zu Fuß erreichen konnten. Jeden Samstag spielte dort im Gasthof »Heiterer Blick« eine Kapelle zum Tanz auf und beim Swing und Boogie-Woogie lernte ich einen jungen Mann kennen. Dieses Mannsbild verdrehte mir den Kopf, und nachdem wir beide jede Menge kesse Sohlen aufs Parkett gelegt hatten, waren wir ein Herz und eine Seele. So oft es ging, wanderten wir durch die Sächsische Schweiz oder paddelten mit einem Faltboot die Elbe aufwärts. Wollte mein flotter Tänzer mir unterwegs ein Mittagessen spendieren, war das nur mit Abgabe von Kartoffeln möglich. Bei Fleischgerichten musste er noch Lebensmittelmarken opfern. Ohne dies wurde damals in dieser Gegend in keinem Gasthaus ein warmes Essen verabreicht. Da sich die Bauern der umliegenden Dörfer für berufsbedingte Gefälligkeiten meines Bekannten, er war Elektromonteur bei der Energieversorgung, oft mit Naturalien erkenntlich zeigten, war es für ihn ein Leichtes, den geforderten Obolus an Erdäpfeln oder dergleichen zu entrichten.

Aufgrund seiner nicht gerade üppigen Entlohnung fasste mein Freund den Entschluss, noch etwas hinzuzuverdienen. Das kam seinem Betrieb nicht ungelegen und er bot ihm als Nebenbeschäftigung den Posten eines Schaltwärters im Umspannwerk Pirna-Copitz an. Sogar eine Übernachtungsmöglichkeit, ein so genanntes »Ledigenzimmer«, stellte er zur Verfügung. Das war ein kleiner Anbau am

Wohnhaus des Umspannwerkes mit separatem Eingang, komplett eingerichtet mit Möbeln, Heizofen und Kochstelle.

Wenn ich Mutter um Erlaubnis bat, meinen Freund in Copitz besuchen zu dürfen, beschwor sie mich, den Karren nicht in den Dreck fahren zu lassen. Anfangs wusste ich nicht so recht, was sie damit meinte, aber eines Tages war diese Mahnung überfällig. Obwohl sie noch keinen Verdacht schöpfte, ich kam nicht umhin meiner Mutter zu beichten, dass ich guter Hoffnung war. Über dieses »Missgeschick« regte sie sich maßlos auf. Dass ausgerechnet ihre Tochter ein uneheliches Kind in die Welt setzen wollte, hielt sie in diesen schweren Zeiten nicht für angebracht. Es folgte eine Moralpredigt, gespickt mit sittlichen Verhaltensregeln wie Enthaltsamkeit vor der Ehe und so weiter und sofort. Auch wenn ich schon das vierte Jahr mit meinem Auserwählten zusammen war, Mutter änderte ihre ablehnende Haltung nicht. Für sie zählte nur, was die Leute sagten und dass man mein Verhalten ungehörig fand, daran zweifelte sie nicht.

Auf den Nachwuchs angesprochen, hielt sich Mutters Vorfreude in Grenzen. Sie fand an der Rolle der Großmutter keinen Gefallen, fühlte sich stattdessen vorschnell ins hohe Alter versetzt. Ich dagegen schwebte auf Wolke sieben und war egoistisch genug, das heranwachsende Leben wie eine Gottesgabe anzusehen. Meine neue Lage beflügelte mich, und als ich in einem Schaufenster einen wunderschönen Kinderwagen aus Korbgeflecht zum Preis von 100 Mark stehen sah, griff ich zu. Ohne lange zu überlegen, gab ich mein mühsam Gespartes für dieses exquisite Fahrzeug aus. Stolz fuhr ich ihn nach Hause. Während ich den Wagen die vier Stockwerke hochhievte, kam meine Mutter hinzu und schlug entsetzt die Hände über dem Kopf zusammen. Sie befürchtete, dass sich meine voreilige Anschaffung wie ein Lauffeuer in der Nachbarschaft herumsprechen würde. Und so war es auch. Neugierige Nachbarn ließen mich fortan nicht mehr aus den Augen, versuchten meine Mutter auszuhorchen.

Ihr war das äußerst unangenehm und sie wich den Fragen mit fadenscheiniger Begründung aus.

Auch meiner Meisterin musste ich reinen Wein einschenken. Sie war natürlich über die Kündigung des Arbeitsverhältnisses sehr überrascht, wollte unbedingt die Beweggründe wissen. »Warum verlassen Sie uns? Gefällt es Ihnen nicht bei mir?«, löcherte sie mich. Beim Nennen der Ursache musterte sie mich eingehend von oben nach unten und meinte: »Das kann nicht wahr sein. Man sieht doch gar nichts. Wo haben Sie es denn versteckt?« Ungern ließ sie mich gehen. Auch mir fiel der Abschied von meinen Arbeitskolleginnen schwer. Wenn ich auch oft mit den Tücken des Berufes zu kämpfen hatte, manches Donnerwetter über mich ergehen lassen musste, so war es doch eine sehr lehrreiche Zeit, die ich keinesfalls missen möchte.

Mutters größte Sorge galt meiner Zukunft. Sie wollte ihr zukünftiges Enkelkind in geordneten Verhältnissen aufwachsen sehen. Aber so schnell kriegte sie mich nicht unter die Haube. Mein Freund war öfter auf Montage und ich war noch nicht willens, meine persönliche Freiheit so schnell aufzugeben. Aber Mutter ließ nicht locker. Schließlich gab ich ihrem Drängen nach und bestellte mit meinem Partner das Aufgebot. Am 2. Juni 1950 tauschten wir im Standesamt Pirna die Ringe und besiegelten mit unserer Unterschrift die eheliche Gemeinschaft.

Für die Hochzeitsfeier nutzten wir ein leer stehendes Zimmer im angrenzenden Wohnhaus des Umspannwerkes. Dort konnten wir, ohne auf die Nachbarn Rücksicht zu nehmen, mit unseren Freunden mal so richtig auf die Pauke hauen.

Beim Nachprüfen unseres Hausrats stellte ich fest, dass für die Feier noch Kaffeetassen fehlten. Deshalb lieh ich mir von der Mutter meines Mannes ein komplettes, 24-teiliges Service aus. Ich musste ihr aber hoch und heilig versprechen, dass ich es pfleglich behandeln würde. Es war eine Hinterlassenschaft ihrer Mutter.

Nachdem alle Gäste der Einladung gefolgt waren, mein Schwiegervater mit einem dreifachen Hoch auf das Brautpaar die Feier eröffnete, wurde mit Alkolat, ein nach Alkohol schmeckendes Getränk, angestoßen. Zum Kaffeetrinken gab es, den damaligen Verhältnissen entsprechend, Blümchenkaffee, selbst gebackenen Kuchen und Schlagma, ein Sahneersatz aus geschlagenem Eiweiß. Nach dieser Stärkung las Vater Elsner allerlei lustige Begebenheiten aus der Hochzeitszeitung vor. Ein guter Freund gab frivole Witze zum Besten. Das brachte die ganze Bande in Stimmung. Alle lachten, sangen und quasselten so laut durcheinander, dass man sein eigenes Wort kaum verstehen konnte. Auch die Bemühungen eines Kofferradios, sich mittels Musik gegen das aufgekratzte Völkchen durchzusetzen, blieben ergebnislos. Der Versuch meines Mannes, die Gäste mit Gesellschaftsspielen zu unterhalten, stieß auf wenig Gegenliebe. Sein Bruder, der mit einer bombigen Überraschung prahlte, fand da eher Gehör.

Natürlich waren alle neugierig auf das Angebot meines Schwagers und gaben keine Ruhe, bis er das Geheimnis lüftete. Er plauderte aus, dass es ihm gelungen war, ein Tischfeuerwerk der Extraklasse aufzutreiben, das er am späten Abend zu zünden gedachte. Da aber keiner von den Gästen bis dahin warten wollte, baten sie ihn, den Zeitpunkt der Einlage vorzuverlegen. Ihm schmeichelte das und erfreut willigte er ein. Um dafür Platz zu schaffen, mussten wir aber das Kaffeeservice meiner Schwiegermutter von der Tafel räumen. Wir schafften es, der Bequemlichkeit halber, nicht eine Treppe tiefer in die Küche, sondern stellten es vorerst auf das breite Fensterbrett gleich neben der Tür.

Von den Anwesenden angefeuert, baute mein Schwager ein Arrangement von Feuerwerkskörpern auf die Tischplatte. Erfolgsverwöhnt startete er mit einem Feuerzeug diese Einlage. Ohne Verzögerung gingen die Knaller der Reihe nach Flitter sprühend hoch. Eine gelungene Darbietung, die alle Anwesenden mit überschwänglichem Beifall belohnten. Lediglich der Rauch, der daraus entstand, kam nicht so gut an. Um dem abzuhelfen, stürzte mein Schwager ans Fenster und versuchte es zu öffnen. Doch es klemmte, ging einfach nicht auf. Als er die Geduld verlor, Gewalt anwendete, löste sich das breite Oberlichtfenster aus der Halterung und kam mit voller Wucht auf ihn zu. Er stieß einen Schrei aus. Doch ehe jemand zu Hilfe eilen konnte, schreckte ein fürchterlicher Krach die gesamte Hochzeitsgesellschaft auf. Wie gelähmt starrten alle auf den Ort des Geschehens. Die sich plötzlich herunterneigende Glasscheibe hatte den überwiegenden Teil des abgestellten Geschirrs völlig platt gedrückt.

Meine Schwiegermutter wurde kreideweiß, dem Schwiegervater verschlug es die Sprache und mein Schwager hätte sich am liebsten die Kugel gegeben. Gott sei Dank, dass ich nicht der Sündenbock war. Mit Tränen in den Augen kehrte meine Schwiegermutter die Scherben zusammen. Den Rest vom Service verstaute sie im Henkelkorb. Viel war ja sowieso nicht übrig geblieben. Sie sagte nur: »Kurt, komm! Wir gehen!«, packte ihre Sachen und verschwand. Mein Mann wollte sie zurückhalten, aber den beiden war die Lust am Feiern vergangen. Uns aber nicht. Nachdem wir dem zerdepperten Geschirr eine Gedenkminute zollten, ging die Festivität von vorne los. Allem Übel zum Trotz wurde es noch eine feuchtfröhliche Hochzeitsfete und mein Schwager war heilfroh, dass er sich nicht erschossen hatte.

Nach dieser Panne ließ ich mich bei meinen Schwiegereltern eine Weile nicht sehen. Immerhin verführte ich ihren Sohn und lud somit einen Teil der Schuld auf mich. Über den ärgerlichen Vorfall haben wir später kein Sterbenswörtchen mehr verlauten lassen.

Unsere kirchliche Trauung sollte eigentlich in der Marienkirche in Pirna stattfinden. Doch meine Mutter fand es unpassend, dass ich in dem Zustand vor den Altar trete. Sie schämte sich für mich und empfahl mir, mich in einer Kirche außerhalb von Pirna trauen zu lassen. Das kam uns gelegen, wollten wir doch ohnehin die Flitterwochen in einem Ferienheim der Energieversorgung in Oybin verbringen. Und da diese Kirche eine sehr begehrte Hochzeitskirche war, bemühten wir uns sogleich um einen Termin. Leider Gottes flatterte uns eine Absage ins Haus. Zum Glück war der Pfarrer vom Nachbarort Lückendorf bereit, uns den Segen zu erteilen. Seinem Zeitplan nach sollte die Trauung schon in den nächsten Tagen stattfinden. Darüber waren wir froh und weihten die Heimleiterin ein. Doch die Dame konnte das nicht für sich behalten. Als wir uns an dem besagten Tag nach dem Frühstück, es gab Mehlsuppe und Marmeladenbrot, auf den Weg machten, staunten wir nicht schlecht. Die gesamte Belegung des Ferienheims stand abmarschbereit vor der Tür. Ich fand das umwerfend schön. Mit einem Lied auf den Lippen wanderten mein Mann und ich in heiterer Gesellschaft über den Töpfer zur Lückendorfer Kirche.

Zu meinem Bedauern ging mein Traum »Ganz in Weiß« nicht in Erfüllung. Zum einen fehlte mir das nötige Kleingeld für so eine Robe und zum anderen hätte es figürlich sowieso nicht zu mir gepasst. So zog ich es vor, mich in einem schlichten Kostüm, das meinen Umstand einigermaßen kaschierte, trauen zu lassen. Die kleine Kirche war gut gefüllt. Niemand nahm Anstoß an meinem Äußeren. Ich bekam den Segen wie jede andere auch. Für mich Frischvermählte ein unvergessliches Erlebnis, für meinen Angetrauten ebenfalls.

Nach der Rückkehr überraschte uns die Leiterin mit einer hübsch gedeckten Tafel, Blumen und kleinen Geschenken. Bevor wir aber Platz nehmen durften, startete die gesamte Belegschaft mit viel Trara eine Polonaise durchs ganze Haus. Danach folgte der »vergnügliche« Teil der Feier. Die aus dem Hut gezauberten Beiträge der Feriengäste waren zum Totlachen. Wir fühlten uns in dieser Runde pudelwohl. Den Schwips danach bekamen wir vom sauren Apfelwein der Heimleitung. An und für sich habe ich an dem Tag meine Familie nicht vermisst.

Als meine Kinder noch klein waren

Weil in den Nachkriegsjahren Wohnraum nicht ausreichend zur Verfügung stand, zog ich zu meinem Mann in das Ledigenzimmer auf der Schönen Höhe nach Pirna-Copitz. Dort kam Ende Juli 1950 mein Sohn Ulrich zur Welt. Obwohl ich mit 20 Jahren die Säuglingspflege noch nicht perfekt beherrschte, so bemühte ich mich doch, meinem Wunschkind eine gute Mutter zu sein. Ich hegte und pflegte das kleine Kerlchen, verwöhnte ihn nach Strich und Faden. Was mich allerdings bedrückte, war die Tatsache, dass aufgrund der Existenz zweier deutscher Staaten, diejenigen in vielen Dingen das Nachsehen hatten, die im Osten des Landes beheimatet waren. Das bekam ich häufig zu spüren, wenn ich meinem Söhnchen unterwegs die Flasche reichte, die meist Haferschleim oder ein Gemisch von Milch und Kartoffelstärke enthielt. Doch viele zogen durch ihre westlichen Verbindungen ihren Nachwuchs mit Kakaomilch auf und fütterten ihn mit Bananen ab. Bedauerlicherweise konnte ich meinem Kind solche Extras nicht bieten. Diese Ungerechtigkeit machte mir sehr zu schaffen.

Man könnte fast glauben, mein Filius wollte diese Nachteile auf eigene Faust ausgleichen. Denn eines schönen Tages, als ich mich mit ihm auf dem Gelände des Umspannwerkes aufhielt, büxte er aus. Ich suchte ihn, rannte verzweifelt an der Umzäunung entlang. Dabei bemerkte ich eine fehlende Zaunlatte und darunter eine Kuhle. Und genau durch diese Vertiefung war der Bengel in den angrenzenden Schrebergarten gekrochen. Ich traute meinen Augen nicht. Mopsfidel hockte er in einem fremden Erdbeerbeet und naschte genüsslich von den süßen Früchten. Trotz seines Widerstandes ergriff ich den Ausreißer und suchte mit ihm schnurstracks das Weite.

Ein anderes Mal stillte er seinen Appetit mit einer Gaumenfreude der besonderen Art. Im Jahr 1952 feierten wir die Konfirmation meines Bruders. Den Umständen entsprechend plante meine Mutter ein Kaffeetrinken im engsten Familienkreis. Der Konfirmand wünschte sich eine Schokoladentorte. Die Zutaten organisierte mein Mann und der Bäcker zauberte daraus einen delikaten Leckerbissen. Da die Vorbereitungen der Feier meine Mutter und mich sehr in Anspruch nahmen, kam bei uns beiden Müdigkeit auf. Nach einem kurzen Nickerchen sah ich prüfend zur Tafel und bekam einen Riesenschreck. Das mit einer Schokoladenglasur und Sahnehäubchen verzierte Backwerk war nicht wiederzuerkennen. Mein Söhnchen aber auch nicht. Sein verschmiertes Mäulchen sagte alles. Statt sich mit Bausteinen zu beschäftigen, hatte er, während wir schliefen, die »Hitsche« aus der Küche geholt und sich an dem auf dem Tisch stehenden Prachtstück zu schaffen gemacht. Er war gerade dabei, sein mit einem Löffel in die Torte gegrabenes Loch zu vertiefen, als meine Mutter ihn daran hinderte. Sie befürchtete, ihrem Enkel würde von der Buttercreme schlecht werden. Doch ihre Sorge war unbegründet. Ihm ging's bestens. Geschickt kaschierten wir die Unebenheiten der Torte und der Schaden war behoben. Trotz des Dilemmas, mir schmeckte die Torte, den Gästen auch.

Zum Aufbau einer Freileitung delegierte der Betrieb meinen Mann nach Johanngeorgenstadt. Ich lebte einige Wochen allein mit meinem Kind in der kleinen Behausung auf der Schönen Höhe. Doch über Langeweile konnte ich mich nicht beklagen. Nach seiner Abreise schickte mir mein Mann einen Holzkoffer selbst gepflückter Kirschen nach Hause. Eine nicht zu verachtende Aufbesserung des Speiseplans. Und weil sich diese Früchte hervorragend zum Einwecken eigneten, kochte ich viele Gläser davon ein. Unser Nachtisch war für Wochen gesichert.

Als sich wieder Nachwuchs bei uns angemeldet hatte, nahm mein Mann eine Tätigkeit im Umspannwerk Langburkersdorf bei Neustadt in Sachsen auf. Wir zogen in eine Dienstwohnung, die unserer vierköpfigen Familie ausreichend Platz bot. Auch einen

Garten im Grundstück durften wir nutzen. Weil aber die Ernährungslage in den fünfziger Jahren im Osten des Landes noch nicht zufriedenstellend war, legten wir Beete für Gemüse und Erdbeeren an. Auch einige Kaninchen brachten wir in selbst gezimmerten Boxen unter. Sogar ein Zickel zogen wir auf. Das Schlachten der Tiere überließen wir dem Fleischer. Und da der Geschmack des Ziegenfleisches mir nicht sonderlich behagte, tauschte ich das Böckchen gegen Schweinefleisch ein.

Auch mein zweiter Sohn Frank kam in den eigenen vier Wänden zur Welt. Eigentlich wollte ich ein Mädchen haben, aber Mutter tröstete mich. »Hauptsache, das Kind ist gesund und es ist alles dran«, sagte sie immer. Mit Haferschleim und Grießbrei päppelte ich den kleinen Hosenmatz auf. Die Landluft bekam den Kindern gut, auch an Auslauf mangelte es nicht. Der Garten bot genügend Platz für Schaukel, Wippe und einem Kasten voller Sand. Der Knüller war ein kleines Bächlein, das sich durch die Wiese schlängelte. Zu meinem Bedauern konnten die beiden Buben der Anziehungskraft des Gewässers kaum widerstehen. Andauernd kamen sie pitschenass nach oben.

Im Nachbargrundstück, unmittelbar am Zaun, stand ein Bienenstock. Wann immer ich mich im Garten aufhielt, ständig summten von dem Völkchen welche um mich herum. Bei einer ungewollt hastigen Bewegung stach mich eine besonders Angriffslustige auf ein Augenlid. Sofort schwollen beide Lider an. Ich konnte nichts mehr sehen, war auf die Hilfe des Hausarztes angewiesen. Der verabreichte mir Spritzen und verordnete Umschläge mit essigsaurer Tonerde. Mein Mann reichte Urlaub ein, der Kinder wegen, sie mussten ja versorgt werden. Es dauerte Tage, bis die Schwellungen wieder zurückgingen. Der Arzt meinte, so ein Fall sei in seiner Praxis noch nicht vorgekommen. Noch heute halte ich mich von Bienenhäusern fern.

Auch die Wintermonate gestalteten sich in dieser Gegend sehr reizvoll. Die weiße Pracht blieb auf dem Lande viel länger liegen als in der Stadt. Als uns einmal zu Weihnachten die Eltern meines Mannes besuchten, wollte er sie mit einer Schlittenfahrt in den tief verschneiten Winterwald überraschen. Er mietete einen Pferdeschlitten samt Kutscher und vergnügt nahm die Familie in dem mit Fellen ausgelegten Fuhrwerk Platz. Aber oh Schreck, nach der Fahrt über den Ungerberg blieb der Schlitten beim scharfen Einbiegen in einen Nebenweg plötzlich in den Schneerändern am Straßenrand hängen. Die Kutsche kippte um und wir flogen allesamt im hohen Bogen heraus. Erschrocken rappelte sich einer nach dem anderen wieder auf. Aber wo waren meine Söhne abgeblieben? Nach einer Schrecksekunde kroch der Große völlig verdattert aus einer Wehe heraus, doch vom Nachzügler fehlte jede Spur. Das Kerlchen war damals einen Monat alt, und damit die Kälte ihm nichts anhaben konnte, hatte ich ihn in eine Decke gewickelt und zu meinen Füßen ins warme Stroh gebettet. Was keiner von uns bemerkte, das Bündel landete in einer tiefen Schneewehe. Zum Glück gab mir das jämmerliche Geschrei die Richtung an, in der er zu Boden ging. Ich buddelte ihn aus dem kalten Weiß heraus und war froh, dass er sich bei dem Sturz nicht verletzt hatte. Von einer Schlittenfahrt hatte ich erst einmal die Nase voll, meine Schwiegereltern ebenfalls.

Rückkehr nach Dresden

Als mein Mann 1953 eine Stelle als technischer Bearbeiter in Dresden angeboten bekam, zogen wir wieder zurück nach Pirna in eine Betriebswohnung der Energieversorgung. Eine ehemalige Direktionswohnung mit vier Zimmern, die aufgrund des damaligen Wohnungsmangels zwei Familien Unterkommen gewährte. Sogar ein Balkon gehörte dazu, den wir aber der Kinder wegen wenig nutzten. Wir richteten uns ein gemütliches Heim ein und auch den beiden Buben stand genügend Platz zur Verfügung, um ihren Spieltrieb ausleben zu können.

Meine Mutter, die nach wie vor mit meinem Bruder in Pirna wohnte, war hocherfreut, uns wieder in ihrer Nähe zu haben. Hoffte sie doch, dass unsere Familie endlich sesshaft werden würde. Doch den Wunsch konnte ich ihr nicht erfüllen. Diese Betriebswohnung sollte nur eine Übergangslösung sein. Von dem Ziel, eines Tages wieder in meine Heimatstadt Dresden zurückzukehren, ließ ich mich von niemandem abbringen. Als im Jahr 1954 die Wohnungsbaugenossenschaft-Energie um Mitglieder warb, redete ich meinem Mann zu, dieser Organisation beizutreten. Ich war mir sicher, dass seine Mitgliedschaft uns den Weg nach Dresden ebnen würde.

Am Großen Garten im Stadtteil Striesen erwarb die AWG einige Grundstücke für ihren Wohnungsbau. Dieser ideale Standort kam uns sehr gelegen und ohne zu zögern, bewarben wir uns für eine 4-Zimmer-Wohnung in der Gegend. Weil sich aber die Vergabe nach der Mitgliedsnummer richtete und mein Mann unbedingt ein Arbeitszimmer haben wollte, war in dem Ziegelbau auf der Comeniusstraße 75 nur noch eine Wohnung mit drei Zimmern frei. In welchem Stadtteil weitere Bauvorhaben mit größeren Wohnflächen entstehen würden, konnte uns damals keiner sagen. Es kostete mich viel Überredungskunst, meinem Mann die kleinere Variante schmackhaft zu machen. Wenn er auch ungern auf ein Arbeitszimmer verzichtete, aber letzten Endes stimmte er doch meinem Vorschlag zu. Wenige Monate später zog die AWG in der Nähe des Hauptbahnhofs weitere Häuserblöcke hoch, aber nicht in üblicher Ziegel-, sondern in Großblockbauweise. Gut, dass ich mich durchgesetzt hatte.

Um sich einen Anspruch auf Wohnraum zu sichern, musste jedes Mitglied einen Baukostenzuschuss und eine festgelegte Anzahl von Aufbaustunden entsprechend der Wohnungsgröße erbringen. Den geforderten Zuschuss in Höhe von 1.200 Mark sparten wir uns vom Munde ab. Für die Ableistung der 600 Arbeitsstunden fuhren wir jedes Wochenende von Pirna nach Dresden und halfen bei der Enttrümmerung der Häuser auf der Comeniusstraße.

Ausgestattet mit Hacke und Schaufel versuchten wir Genossenschaftler, die Baustelle unseres zukünftigen Hauses zu beräumen. Wir Frauen klopften von den aus dem Schutt geborgenen Ziegelsteinen den alten Mörtel ab. Die Verwertbaren stapelten wir zu Blöcken, den Abfall brachten wir mit der Schubkarre zum Ablageplatz. Auch unsere Männer packten kräftig mit an. Tagelang schaufelten sie Unmengen von Schutt in bereitgestellte Loren einer Trümmerbahn, die damals auf der Comeniusstraße entlang rollte.

Ohne Frage, das Enttrümmern der Baustelle war eine elende Schinderei. Besonders uns Frauen fiel die ungewohnte Arbeit schwer. Bei jedem Wetter, ob Sonne oder Regenschauer, leisteten wir unermüdlich Zuarbeiten. Trotz Handschuhen bekamen wir Schwielen und schmerzende Blasen an den Händen. Und was sehr nachteilig war, nach dem stundenlangen Zureichen der Ziegel konnten wir kaum noch die Arme bewegen. Leider gab es keinen Aufenthaltsraum auf der Baustelle, nur ein ausgedienter Straßenbahnwagen, vollgestopft mit Baumaterial, nahm das Werkzeug und unsere Arbeitsklamotten auf. Gelegenheit zum Waschen war keine vorhanden. Nur notdürftig mit Lappen und Bürste gesäubert traten wir nach getaner Arbeit den Heimweg an.

Was wir Trümmerfrauen damals unter äußerst schwierigen Bedingungen zuwege brachten, kann sich heute keiner vorstellen. Ohne entsprechende Arbeitskleidung, in unpassendem Schuhwerk und allzu oft mit knurrendem Magen, leisteten wir Hunderte von Arbeitsstunden. Uns spornte der eiserne Wille zum Aufbau an. Wir wollten dazu beitragen, möglichst schnell moderne Wohnungen entstehen zu lassen, natürlich auch im eigenen Interesse. Damit rückte die Realisierung unseres Wunsches nach hellen Räumen, fließend kaltem und warmem Wasser mit Bad und Badewanne, und vielleicht einem Balkon, dem Traum jedes Städters, in greifbare Nähe. Aber preiswert musste die Wohnung sein. Diese Garantie gab uns die Genossenschaft. Deshalb nahmen wir jede Menge Entbehrungen in Kauf. An manchen Tagen trudelten wir so spät zu Hause ein, dass wir die Kinder gar nicht mehr zu sehen bekamen. Sie wurden von den Großeltern ins Bett gebracht.

Nach drei Jahren war unser Häuserblock im Rohbau fertig. Als die bunten Bänder der Richtkrone im Wind flatterten, konnten wir es kaum erwarten, unsere Wohnung in Besitz zu nehmen. Doch wir mussten uns gedulden, die Plackerei war noch nicht zu Ende. Mein Mann, ein gelernter Elektriker, erhielt mit einigen anderen Genossenschaftlern den Auftrag, den gesamten Wohnblock zu installieren. Als er in unserem Haus hantierte, setzte er mich als Handlanger ein. Ich half beim Kabel ausmessen, fädelte Strippen in Rohre ein und lernte, mit der Wasserwaage umzugehen. Sogar das Anrühren von Gips gehörte zu meinen Aufgaben. Aber wehe, wenn die Masse suppte oder gar hart wurde, da bekam ich manch deftiges Schimpfwort zu hören.

Dann kam der Tag, an dem die einzelnen Etagen an die künftigen Mieter vergeben werden sollten. In einer Versammlung forderte die AWG die Wohnungsberechtigten unseres Hauses auf, ihre Wünsche zu äußern. Wie erwartet, die meisten entschieden sich für das erste oder zweite Obergeschoss. Trotz der vom Vermieter angeprie-

Rückkehr nach Dresden

senen Vorteile der übrigen Stockwerke konnte keine Einigung erzielt werden. Nun hoffte die AWG mit einem Los die Entscheidung herbeizuführen. Das Glück war meinem Mann hold. Er zog die begehrte zweite Etage. Mit einem Glas Sekt haben wir das gebührend gefeiert.

Angesichts der bevorstehenden Fertigstellung setzte man uns Frauen zur Endreinigung der Wohnungen ein. Das war keineswegs ein problemloses Unterfangen, denn Eimer, Schrubber und Seifenzeug mussten erst einmal beschafft werden. Ohne warmes Wasser zu haben, putzten und schrubbten wir wie die Weltmeister. Obwohl wir uns Mühe gaben, das Gewischte sah nach dem Trocknen nicht viel besser aus als vorher. Der feine Staub war schwer wegzukriegen. Deswegen traktierten wir den Fußbodenbelag so lange, bis wir mit dem Ergebnis zufrieden waren.

Als Anfang 1959 unser Neubaublock im hellsten Außenputz erstrahlte, der Tag des Einzugs immer näher rückte, herrschte bei den künftigen Mietern Hochstimmung.

Die Einladung zur Schlüsselübergabe für das neue Heim lag

Ende März 1959 im Briefkasten. Der Termin war der 5. April. Als ich die Schlüssel in Empfang nahm, hätte ich die ganze Welt umarmen können. Endlich war ich wieder in meiner Heimatstadt angekommen. Meine Mutter gönnte mir von Herzen die Heimkehr. Damit auch sie wieder Stadtluft schnuppern konnte, wollte ich mich in Dresden nach einer Bleibe für sie umsehen. Doch sie lehnte ab. Sie meinte: »Einen alten Baum verpflanzt man nicht.« Seit Jahren wohnte sie auf dem Sonnenstein in einem altersgerechten Neubau mit Blick auf das Elbsandsteingebirge. Nun gedachte sie auch dort ihren Lebensabend zu verbringen. Leicht fiel es mir nicht, das zu respektieren.

Nun begann auch für mich und meinen Mann ein beruflicher Neuanfang. Mein Mann nahm ein Fernstudium an der Ingenieurschule in Zittau auf, ich hängte meinen gelernten Beruf als Damenschneiderin an den Nagel und fing in der Energieversorgung in Dresden als technische Zeichnerin an. Etwas später qualifizierte ich mich zur Meisterin. Als mein Mann nach vier Jahren seinen Ingenieur in der Tasche hatte, setzte auch ich mich auf die Schulbank und studierte ebenfalls an dieser Einrichtung das Fach Ökonomie. Nach erfolgreichem Abschluss wechselte ich zum Institut für Energieversorgung über und man vertraute mir das Amt eines stellvertretenden Hauptbuchhalters an. Dieser Beruf erforderte zwar eine gehörige Portion Durchsetzungsvermögen, aber davon ließ ich mich nicht abschrecken. Wenn auch das Verwalten der Finanzen sowie das Aufstellen der Bilanzen keine einfache Sache war, so versuchte ich doch meinen Aufgaben gerecht zu werden. Nachdem mein Vorgesetzter sich zur Ruhe setzte, übte ich noch einige Jahre das Amt des Hauptbuchhalters aus.

Die Frauenkirche – ein Mahnmal für den Frieden

Es verging kein Jahrestag der Zerstörung Dresdens, an dem ich nicht mit meiner Mutter die Ruine der Frauenkirche aufsuchte. Wir setzten uns auf die Bank, die vor unserem ehemaligen Hauseingang stand, und verharrten im stillen Gedenken der unzähligen Opfer, die am 13./14. Februar 1945 bei den verheerenden Bombenangriffen auf so tragische Weise ums Leben gekommen waren. Auch uns traf das Schicksal hart. Wenn wir auch in der Familie keinen Toten zu beklagen hatten, trotzdem konnten wir uns der Tränen nicht erwehren. Zu tief saß der Schmerz um das verlorene Zuhause.

Aber nicht nur wir trauerten um das Vergangene. Jahr für Jahr versammelten sich an dem Trümmerberg des Gotteshauses Hunderte, später Tausende Dresdner Bürger und gedachten der Schreckensnacht, die im Februar 1945 der Stadt Dresden den Todesstoß versetzte. Im Laufe der Zeit wurde es zur Gewohnheit, auf den Steinbrocken der Frauenkirche brennende Kerzen aufzustellen. Ein Lichtermeer mit der Botschaft: Nie wieder Krieg.

Sehr oft nahm ich meine beiden Söhne mit zur Stätte meiner Kindheit. Ihrem Alter entsprechend konnten sie mit dem Wort »Krieg« nichts anfangen, doch beim Anblick des zerstörten Gotteshauses stellten sie mir immerzu Fragen: »Weshalb haben die Bomber die Kirche kaputtgemacht? Und warum baut sie keiner wieder auf?« Nicht immer gelang es mir, die richtige Antwort zu finden.

Nachdem in Dresden der Wiederaufbau alter Baudenkmäler vom Staat, wenn auch sehr zögerlich, gefördert wurde, gab sich meine Mutter der Hoffnung hin, dass eines Tages auch die Frauenkirche wie Phönix aus der Asche steigen würde. Doch mit der Zeit glaubte sie dann nicht mehr daran. Auch ich fand den Gedanken völlig absurd. Aus einer Schutthalde eine neue Kirche auferstehen zu lassen,

Die Frauenkirche, ein Mahnmal für den Frieden

kostete Millionen. Dafür gab die DDR kein Geld aus, da waren andere Projekte wichtiger. Deshalb blieb der trostlose Trümmerhaufen jahrein, jahraus im Zentrum der Stadt unberührt liegen. Das Einzige, was ihn belebte, waren Schafe, die in den fünfziger Jahren vor der Ruine weideten. Sie ernährten sich von Grasbüscheln, die zwischen den Schuttmassen wucherten. Fast ein halbes Jahrhundert lag die zerstörte Kirche wie in einem Dornröschenschlaf. Nur grünes Gestrüpp und wild wachsende Rosen beschönigten die traurigen Überreste. Ein wahrhaft befremdlicher Anblick.

Mehrmals nahmen die Stadtväter Anlauf, den Trümmerhaufen wegzuräumen, obwohl er mit der Zeit uns Dresdnern ans Herz gewachsen war. Doch das scheiterte an den hohen Kosten. 1966 erklärte der Rat der Stadt, die Reste des Gotteshauses als Mahnmal gegen Krieg und Zerstörung stehen zu lassen. Eine Gedenkstätte für das, was der von Hitler entfesselte Weltkrieg angerichtet hatte. Sie sollte die nachfolgenden Generationen an das unermessliche Leid

Weidende Schafherde vor der Ruine der Frauenkirche, Foto: Walter Möbius, Fotothek

erinnern, das unsere Stadt damals erdulden musste. Denn letztendlich waren die Bombenangriffe auf Dresden überflüssig, so überflüssig wie der Krieg.

Die Zeit verging und in der DDR war das Ende des Sozialismus nicht mehr aufzuhalten. Im Dezember 1989 hielt der damalige Kanzler der Bundesrepublik, Helmut Kohl, auf dem Neumarkt vor der Ruine der Dresdner Frauenkirche eine bewegende Rede. Er sprach von der Einheit Deutschlands, begrüßte den Wiederaufbau der Frauenkirche und wünschte den Dresdnern viel Erfolg für das Vorhaben. Tausende Zuhörer spendeten begeistert Beifall. Unzählige sächsische Fahnen wehten im Wind und auf Transparenten stand der Slogan: »Deutschland einig Vaterland«. Solche Bilder kann man niemals im Leben vergessen.

1990 kam die Wende. Wenige Wochen nach dem Mauerfall scharte sich ein kleiner Kreis Dresdner Bürger um Prof. Ludwig Güttler und beschloss, den Aufbau des barocken Kunstwerks von George Bähr voranzutreiben. Er gründete eine Bürgerinitiative, die 1990 mit dem »Ruf aus Dresden« eine gewaltige Spendenlawine ins Rollen brachte. Es war für viele eine Herzensangelegenheit, dieses Vorhaben finanziell zu unterstützen. Auch das Ausland war sehr spendenfreudig.

Und tatsächlich, fast ein halbes Jahrhundert nach dem Bombenhagel auf Dresden begannen Baukräne Anfang 1993 das Trümmergebirge der Frauenkirche Stück für Stück abzutragen. Die geborgenen Steine wurden nummeriert und in Regalen vorzugsweise auf dem Neumarkt und am Elbufer gelagert. Die Entscheidung war gefallen, das Gotteshaus sollte wieder aufgebaut werden. Ein schwieriges, sehr verwegenes Unterfangen, dem nicht alle zustimmten. Viele waren dagegen, hielten den Wohnungsbau für sinnvoller. Doch wir Dresdner hatten die Wiedererrichtung des Kuppelbaues nie aus den Augen verloren. Auch weltweit verfolgte man mit großem Interesse das gewaltige Aufbauwerk. Und was kaum einer für möglich gehalten hätte, durch den »Ruf aus Dresden« verwandelte sich Jahre später ein Haufen Trümmer in eine der prächtigsten Kirchen Europas.

Im Februar desselben Jahres besuchte ich mit meiner Mutter die Ruine der Frauenkirche. Doch der Weg fiel ihr schwer. Sie ahnte, dass das ihr letzter Gang sein würde und betete zu Gott, er solle schützend seine Hand über jene halten, die den Mut aufbrachten, die Kirche in ihrer alten Schönheit wieder auferstehen zu lassen. Bewegt nahm sie Abschied vom Trümmerberg und hoffte, dass ihre Kinder den Wiederaufbau noch erleben.

Der Verlust der Wohnstätte zehrte an ihrer Gesundheit. Die schrecklichen Erlebnisse der Bombennacht konnte sie nie vergessen. Aber trotz aller Entbehrungen erreichte sie, im Gegensatz zu meinem Vater, noch ein dankbares Alter, ehe sie uns für immer verließ.

Jahr für Jahr verfolgte ich den Wiederaufbau der Frauenkirche. Als der Pfarrer im August 1996 die Unterkirche im Kellergewölbe einweihte, zählte ich zu den Glücklichen, die dabei sein durften. Doch ich fand mich in dem Gewölbe nicht zurecht. Die Neugestaltung verlief nach modernen Gesichtspunkten und deckte sich in keiner Weise mit meinen Kindheitserinnerungen. Wo einst die Toten ruhten, entstand ein Raum für Andachten und kirchliche Veranstaltungen. Aber für mich war ausschlaggebend, dass ein Stück Frauenkirche wieder Wirklichkeit wurde und damit die Zeit des toten Gesteins ein für alle Mal beendet schien.

Auch zum 50.Jahrestag der Zerstörung Dresdens gedachte ich der Opfer der Angriffe. Als mich auf dem Neumarkt eine Reporterin des MDR um ein Interview bat, nahm das eine Lehrerin zum Anlass, mich zu einem Vortrag in die 6. Volksschule nach Bühlau einzuladen. Als der Tag heranrückte, betrat ich mit Herzklopfen das Klassenzimmer. Es überraschte mich, in den Schülern der 8. Klasse eine so wissbegierige Zuhörerschaft zu finden. Ich schilderte ihnen die verheerenden Bombenangriffe und deren Folgen auf unsere Stadt, berichtete von den unzähligen Opfern, die im Feuersturm ums Leben kamen, und appellierte an die Jugendlichen, für die Erhaltung des Friedens zu kämpfen. Denn jeder Krieg ist einer zu viel. In der anschließenden Diskussionsrunde ging es den Schülern vordergründig um den Aufbau der Frauenkirche, den sie aus Kostengründen ablehnten. Nur die Ruine sollte als Mahnmal stehen bleiben. Mit Argumenten wie steigender Tourismus oder einmal in der Kirche getraut zu werden, versuchte ich die Schüler vom Gegenteil zu überzeugen. Ich glaube, es ist mir gelungen.

Als im April 1999 der Herzog von Kent eine Flammenvase für den Eckturm und im Jahr 2000 ein neues Turmkreuz an die Stiftung Frauenkirche übergab, waren das weitere gezielte Schritte, die zum Aufbau der Kirche beitrugen. Nachdem der Rohbau fertig war, gab ich, einem Aufruf der Sächsischen Zeitung folgend, einen Bericht als Zeitzeugin vom 13. Februar 1945 in der Redaktion ab und bekam als Honorar zwei Karten für das erste Konzert im Hauptraum der Frauenkirche zugeschickt. Als ich die Eintrittskarten in den Händen hielt, war ich überglücklich. Ich konnte es kaum erwarten, den Fuß über diese heilige Schwelle zu setzen. Doch der Schritt in den behelfsmäßig hergerichteten Kirchenraum ist mir dann doch sehr schwer gefallen.

Ich bekam zwei Plätze an den seitlichen Emporen zugewiesen. Von da aus konnte ich mit meinem Mann die Solisten und das Orchester gut sehen. Der Altar war mit Stoffbahnen verhängt, seine Rekonstruierung noch nicht abgeschlossen. Im Kirchenschiff standen in langen Reihen provisorisch aufgestellte Stühle und Bänke. An der Decke hingen an Stahlgerüsten Fernsehkameras, die während des Konzertes auf die Künstler und das Publikum schwenkten. Als die Veranstaltung begann, konnte ich meine Tränen kaum zurückhalten. Die Erinnerungen an meine verstorbenen Eltern ließen mich nicht zur Ruhe kommen. Ich bedauerte unendlich, dass ich mit ihnen das Erlebnis nicht teilen konnte. Obwohl das Gotteshaus noch einer Baustelle glich, dieser erste Kirchgang war für mich sehr ergreifend.

Dann reihte sich, wie bei einer Perlenkette, ein baulicher Höhepunkt an den anderen. Im Mai 2002 wurde die Frauenkirche mit einer 23 Meter hohen Kuppel gekrönt, eine der schwierigsten baulichen Herausforderungen. Ein Jahr später erhielt sie sieben neue Glocken. Leider mussten nach dem Guss sechs Stück neu angefertigt werden. Die massiven Verzierungen veränderten den Klang. Beim zweiten Anlauf klappte es. Als die Glocken auf einem Tieflader in Dresden eintrafen, säumten Tausende Zuschauer die Straßen. Auch ich schloss mich dem Festzug an. In einem Festgottesdienst auf dem Schlossplatz wurde das Geläut feierlich geweiht. »Unser Gotteshaus hat endlich seine Stimme wieder«, sagte der Pfarrer der Frauenkirche.

Auch im Juni 2004 stand die Kirche im Mittelpunkt des Geschehens. Reichlich 60.000 Zuschauer waren gekommen und verfolgten gespannt, wie der Kran die Turmhaube mit der Nachbildung des vergoldeten Kreuzes auf die Kuppel der Frauenkirche setzte. Eine unbeschreibliche Freude erfasste uns Dresdner. Elbflorenz bekam seine weltberühmte Silhouette, seinen Cannaletto-Blick zurück. Das Werk wurde mit viel Beifall gewürdigt. Gemeinsam sangen wir: »Nun danket alle Gott.« Nie hätte ich gedacht, dass ich das noch erleben durfte.

Auch der Magister Martin Luther kehrte, frisch aufpoliert und in alter Würde, wieder auf seinen Sockel zurück.

Einen Monat später fiel das letzte Gerüst und der Steinbau war abgeschlossen. Im Jahr 2005 bestand erstmals die Möglichkeit, die Kuppel zu besteigen. Auch ich kletterte die vielen Stufen hoch bis

Aufsetzen der Turmhaube mit Kuppelkreuz 2004, Foto: Siegfried Bregulla, Fotothek

zur Aussichtsplattform, um den herrlichen Blick über die Stadt zu genießen, auf den ich so lange hatte warten müssen.

Äußerlich war die Kirche wieder hergestellt. Nun konnten die Ausgestaltung des Innenraums und der Einbau der Orgel in Angriff genommen werden. Doch um den Klangkörper tobte ein langer Streit. Einige wollten den Nachbau der Silbermann-Orgel, andere eine Ausführung, die den heutigen Ansprüchen Rechnung trägt. Am Ende gab man einer klangvollen Orgel aus Frankreich den Vorzug.

Dann kam der Tag, den ich niemals vergessen werde. Am 30. Oktober nach rund sechzig Jahren feierte ich inmitten tausender, freudig gestimmter Menschen die Weihe der Frauenkirche auf dem Neumarkt. Zu dieser Feierlichkeit war halb Dresden auf den Beinen. Das Wunder des Aufbaus war vollbracht. Ich sah und hörte den Gottesdienst auf der Großbildleinwand, die man vor der Frauenkir-

Weihegottesdienst der Frauenkirche, Foto: Siegfried Bergulla, Fotothek

che aufgestellt hatte. Es war ein Tag der Freude, aber auch ein Tag voll schmerzlicher Erinnerungen. In all den Jahren war das Bild der alten, ehrwürdigen Frauenkirche nie aus meinem Herzen gewichen. Doch der Anblick des neuen, prächtigen Gotteshauses ließ die Vergangenheit verblassen.

Für die ehemaligen Mitglieder der Gemeinde, die vor der Zerstörung in der Frauenkirche getauft, konfirmiert oder getraut wurden, fand am 31. Oktober, dem Reformationsfest, anlässlich der Weihe ebenfalls ein Gottesdienst statt. Ein unerhörtes Glücksgefühl, die Wiederauferstehung der Frauenkirche hautnah auf sich wirken zu lassen. Nach der Öffnung des Kirchenportals betrat ich voller Ehrfurcht das neu erbaute Gotteshaus. Für uns Veteranen waren die vordersten Reihen im Kirchenschiff reserviert. Vom Geschehen überwältigt nahmen wir unsere Plätze ein. Es war eine bewegende Gebetsstunde, die wir ergrauten Alten erleben durften. Wir ehemaligen Mitglieder der Frauenkirchengemeinde beteten gemeinsam, tauschten Gefühle aus. Als dann das Orgelspiel erklang, drang es bis in den letzten Winkel meines Herzens. Es gab keinen, der nicht feuchte Augen hatte.

Neugierig schaute ich mich in der Kirche um. Alles erstrahlte im neuen Glanz. Die farbliche Gestaltung des Innenraums, der reichlich vergoldete Altar, die wunderschönen Deckengemälde und das edle Gestühl – bei so viel Pracht und Herrlichkeit kam ich aus dem Staunen nicht heraus. Doch als mein Blick an dem leeren Fleck an der linken Säule des Altars hängen blieb, war ich enttäuscht. Die kleine kunstvolle Kanzel, von der ich als Kind den Pfarrer so gern nachgeahmt hatte, ließen die Bauherren einfach weg. Bestimmt gab es Gründe dafür, doch mir fehlte ein Stück Frauenkirche, ein Stück Erinnerung. Ich versuchte für das Versäumnis eine Erklärung zu finden. Als ich einen Verantwortlichen um Auskunft bat, meinte er, sie würde nicht mehr gebraucht. Früher bestieg der Pfarrer die kleine Kanzel, damit die Gemeinde seine Worte besser verstehen konnte.

Dank der ausgezeichneten Akustik wäre das heute nicht mehr nötig. Außerdem erfolgte deren Anbau erst nach dem Tode von George Bähr. Und da sie sozusagen nicht zur Urfassung der Frauenkirche gehörte, wurde auf ihren Anbau verzichtet. Sicherlich spielten auch Kostengründe eine Rolle. Nach meinem Dafürhalten wäre es sehr wohl eine Bereicherung gewesen. Schade, nur auf alten Fotos kann man das protestantische Prunkstück noch bewundern.

Auch die Polsterstühle mit dem weinroten Samtbezug erlebten keine Auferstehung. Sie mussten neuzeitlichem Gestühl weichen, genau wie die silbernen Leuchter am Altar, die man durch schmiedeeiserne ersetzte. Vermutlich passte auch der rote Kokosläufer, der damals das Kirchenschiff vom Eingang D bis zur Kanzel schmückte, nicht mit dem Neubau zusammen. Doch diese Nebensächlichkeiten

Dresden, Frauenkirche Kanzel, Foto: Walter Möbius, Fotothek

trübten keinesfalls das Erscheinungsbild der neuen Frauenkirche. Ich konnte es kaum fassen, wieder in der Kirche zu sein. Es kam mir vor, als wäre ihr Niedergang vor sechzig Jahren nur ein böser Traum gewesen.

Gottlob, die Frauenkirche ist auferstanden aus Ruinen. Dresden hat sein Kleinod wieder, die »Steinerne Glocke«, wie man sie früher nannte, das Wahrzeichen unserer Stadt. Mit Dankbarkeit dachte ich in diesen Augenblicken an den zielstrebigen Einsatz der Erbauer sowie die weltweit eingebrachten Spenden, die es ermöglichten, dieses Gotteshaus nach den Plänen von George Bähr wieder auferstehen zu lassen. Von außen originalgetreu nachgebaut, innen aber mehr für die Menschen von heute. Zusammen mit dem Neumarkt ist die Frauenkirche ein Anziehungspunkt für die Touristen aus aller Welt. Nach den Bombenangriffen war die Kuppel aus

Die Frauenkirche, ein Mahnmal für den Frieden

dem Stadtbild verschwunden und ich dachte, dass ihr Aufbau ein unerfüllbarer Wunsch sein werde. Nun ist die Kirche in ihrer Ursprünglichkeit wieder entstanden, in ihrer unübertroffenen, einzigartigen Schönheit. Als ein Symbol der Hoffnung, des Friedens und der Versöhnung. Das Elbpanorama ist wieder komplett. Die Frauenkirche thront wie eh und je über den Dächern der Stadt. Nur einen Schein heller, neu und elegant, wie eine »Schöne Madam«.

Wunder gibt es immer wieder

Den Wiederaufbau der Dresdner Frauenkirche verfolgte die Welt mit großem Interesse. Nun hoffte ich, dass auch die Neugestaltung des Neumarkts die gebührende Aufmerksamkeit finden würde. Seit seiner Zerstörung im Februar 1945 war es still um ihn geworden. Jahrzehnte lang blieb er unbebaut. Geblieben war bei uns Dresdnern die Sehnsucht, mit ihm ein Stück verloren gegangener Identität zurückzugewinnen. Obwohl der Stadtrat bereits 1990 den Beschluss fasste, das vollständig zerstörte Neumarktgebiet am Fuße der Frauenkirche nach historischem Vorbild wieder aufbauen zu lassen, zog sich die Durchsetzung des Projektes wider Erwarten in die Länge.

Im Herbst 2002 fand in Dresden ein Architektenwettbewerb für das Gebiet zwischen Hilton-Hotel und Neumarkt statt. Für das Areal konnten im Ergebnis dessen die Bauherren Arturo Prisco und Kai von Döring gewonnen werden. Sie stellten sich der großen Herausforderung, unmittelbar an der Frauenkirche das alte Zentrum wieder entstehen zu lassen. Zwei Jahre später erfolgte die Grundsteinlegung des Quartiers an der Frauenkirche. Als kurz darauf erste Grabungen stattfanden, die Archäologen eifrig in der Erde wühlten, kam Bewegung in die Sache. Auch ich konnte es kaum erwarten, die Kellerräume des Kirchenhauses in Augenschein zu nehmen. Ich war gespannt, was da alles zum Vorschein kommen würde. In den fünfziger Jahren hatte man die zerstörten Wohnflächen eingeebnet und die Keller mit Schutt verfüllt. Diese freien Flächen nutzten die Bürger als Parkplätze. Nun sollte der Gebäudekomplex neben der Frauenkirche seine Grundmauern preisgeben. Doch niemand wusste genau, was sich unter der Asphaltfläche verbarg. Die Bauarbeiter staunten nicht schlecht, als sie auf vollständig erhaltene Kellergewölbe stießen.

Woche für Woche verfolgte ich nun das Baugeschehen auf dem Neumarkt. Trotz hoher Absperrgitter versuchte ich einen Blick in unseren ehemaligen Luftschutzkeller zu werfen. Zeigten doch die Örtlichkeiten just den Raum, in dem ich die Folgen des Bombenangriffs auf unsere Stadt am eigenen Leibe zu spüren bekam. Auf Anhieb erkannte ich die Stelle, wo seinerzeit mein Sitzplatz war und die Nische, in der die verflixte Holzkiste mit unseren Sachen stand. Wie zu erwarten ließ mir die Vergangenheit keine Ruhe. Ich machte mir immer noch im Stillen Vorwürfe, dass ich seinerzeit bei der Suche nach ihr versagte. Jedes Mal, wenn von dem missglückten Auftrag die Rede war, nahm mich meine Mutter in Schutz. Sie war fest davon überzeugt, dass die Kiste, wie alles andere auch, im Keller verbrannte. Sicher entsprach das den Tatsachen. Nur mich quälten andauernd Gewissensbisse, weil ich es versäumt hatte, ihr Vorhandensein an Ort und Stelle zu überprüfen.

Und da ich mich nach wie vor mit ihrem Verbleib beschäftigte, rückte ich dem verantwortlichen Bauleiter so lange auf die Pelle, bis er mir gestattete, dass ich das von den Archäologen freigelegte, sauber ausgefegte Kellergeschoss des ehemaligen Kirchenhauses ein-

Keller des Kirchenhauses Neumarkt Nr. 3

mal aus der Nähe betrachten durfte. Aber so sehr ich auch hineinschaute, kein bisschen deutete auf das umstrittene Objekt hin. Als er mir noch die Hand darauf gab, nichts Verwertbares in unserem Keller gefunden zu haben, entlastete das mein Schuldgefühl. Mir fiel ein Stein vom Herzen. Nun konnte ich endlich den Schlussstrich unter diese Geschichte ziehen.

Dass die am 15. Februar 1945 eingestürzte Frauenkirche ihre Auferstehung feierte, war für mich ein kaum zu begreifendes Wunder. Doch der Wiederaufbau des ehemaligen kirchlichen Wohnhauses bedeutete mir weitaus mehr. Das emporwachsende Gebäude legte sich wie Balsam auf die Wunde, die der Bombenangriff durch die Zerstörung meines Elternhauses im Innersten gerissen hatte. Jeder neu vermauerte Stein nährte die Hoffnung, dass ich vielleicht

Quartier 1 an der Frauenkirche im Rohbau

doch noch den Tag erleben könnte, an dem es wieder an seinem alten Platz steht.

Mein Wunsch war gar nicht so abwegig. Erwartungsgemäß gingen die Arbeiten am Quartier 1 zügig voran. Schon nach wenigen Wochen nahm der Neubau Gestalt an und der Dachstuhl sah seiner Vollendung entgegen. Den Ablauf des Innenausbaus verdeckte eine am Mauerwerk herabhängende, für Werbezwecke genutzte übergroße Staubschutzplane. Auch auf der Seite zur Frauenkirche hin befestigten die Bauleute eine ebensolche. Im Gegensatz zur vorderen wurde dort in grauweißer Farbgestaltung die künftige Fassade des Hauses dargestellt.

Inzwischen war der Bau soweit gediehen, dass das Richtfest gefeiert werden konnte. Viele Dresdner und Touristen strömten auf den Markt, als am 28. Oktober 2005, genau zwei Tage vor der Weihe der Frauenkirche, ein Mensch im Engelskostüm die funkelnde Richtkrone auf das Dach des Komplexes setzte, genauer gesagt auf den Nachbau des Weigelschen Hauses. Während die Bauherren symbolisch den letzten Nagel in den Dachstuhl des Hauses schlugen, spendeten die Besucher euphorischen Applaus. Nachfolgend zündeten die Bauarbeiter auf dem Gerüst ein bengalisches Feuer an. Zum Ausklang boten die Veranstalter dem staunenden Publikum ein mit musikalischen Einlagen untermaltes, aufwendig inszeniertes Feuerwerk.

Nachdem wieder ein Jahr vergangen war, die Außenarbeiten kurz vor dem Abschluss standen, legten die Verantwortlichen den Termin für die Eröffnung des Quartiers 1 an der Frauenkirche fest. Die Feierlichkeiten sollten am 22. September 2006 um 20.00 Uhr stattfinden. Zeitungsberichten zufolge versammelten sich an diesem denkwürdigen Abend mehr als 10.000 Besucher auf dem Neumarkt. Ein Glück, dass ich mich beizeiten auf den Weg gemacht hatte. So fiel es mir nicht schwer, einen Sitzplatz am Lutherdenkmal zu ergattern. Von da aus konnte ich das groß angekündigte Ereignis am besten im Auge behalten. Wenn auch viele zur Frauenkirche pilgerten, das meiste Gedränge gab es vor dem festlich illuminierten Weigelschen Haus, dem Nachbargebäude meines damaligen Elternhauses. Dort hatte man für die Redner ein Podest errichtet und um die Zeit bis zum Beginn der Schau zu überbrücken, sorgte ein Farbenspiel von Lichteffekten für Kurzweil.

Pünktlich 20.00 Uhr begann die Einweihungsfeier, ein aufsehenerregender Festakt. Von der Kuppel der Frauenkirche schwebte ein Engel im wehenden Gewand und üppiger Lockenpracht herab. Es war derselbe, der von Anfang an die einzelnen Bauphasen des Quartiers begleitet hatte. Vom Kran gesichert, flog er bedächtig über die Zuschauer hinweg und segnete mit weihevollen Gesten das Geschaffene. Dann drehte er, am Seil hängend, einige Runden über das Quartier und landete zuletzt auf dem Podest vor dem Weigelschen Haus. Nach und nach erhellten sich die Fenster der Gebäude. Die Bewohner winkten von oben herab auf die Menschenmenge. Die Investoren dankten den Bauarbeitern für ihre Einsatzfreudigkeit und eröffneten unter dem Applaus der Zuschauer das Quartier 1 an der Frauenkirche.

Nachfolgend lief ein Film über die Geschichte des Neumarkts, den die Bauherren auf eine am Weigelschen Haus hängende Leinwand projizierten. Darin wurde nicht nur das Gestern, sondern auch das Heute vom ersten Spatenstich an dokumentiert. Im Anschluss daran begann die Hauptattraktion des Abends. Ein Feuerwerkskünstler arrangierte ein grandioses Raketenspektakel, das die Besucher mit Beifall belohnten, bei mir aber schlimme Erinnerungen wach rief. Der von den Scheinwerfern in flammendes Rot getauchte Himmel, die grellen, aufzuckenden Blitze mit ihrem Bange machenden Lärm, entfachten ungewollt die Erinnerung an die Vorgänge der Bombennacht vom 13. Februar, als der Feuerschein der brennenden Häuser den Horizont erhellte. Mir war, als würde sich Vergangenes wiederholen, als hätte man das Rad der Geschichte zurückgedreht.

In Gedanken sah ich mich an der Laterne stehen. Erlebte noch einmal, wie unser Wohnhaus einstürzte und die Steine bis zu meinen Füßen rollten. Mir ging das alles so nahe, dass ich einige Minuten brauchte, um wieder in die Gegenwart zurückzufinden.

Bei der Veranstaltung war die Begeisterung der Dresdner zu spüren. Die neu errichteten Bürgerhäuser mit ihrer fast originalgetreuen Fassadengestaltung kamen gut an. Eine gelungene Neuauflage des Marktes, der schon vor der Zerstörung als einer der meistbesuchten Plätze Europas gepriesen wurde. An keinem Platz Dresdens hängen so viel Geschichte, so viel Tragik und so viel Triumph.

Auf alle Fälle war es ein Fingerzeig des Schicksals, dass mir ausgerechnet vor dem wieder aufgebauten Haus am Neumarkt Nummer 3 der Investor, Herr Prisco, über den Weg lief. Den Immobilien-König kannte ich aus Zeitungsberichten. Er war maßgeblich am Aufbau des Quartiers an der Frauenkirche beteiligt. Diese einmalige Gelegenheit wollte ich mir nicht entgehen lassen und sprach ihn an. Dabei erwähnte ich, dass ich bis zum 13. Februar 1945 in diesem Haus gewohnt hatte. Natürlich konnte ich meine Aufregung kaum verbergen. Ebenso wenig gelang es mir, meine weinerliche Stimme in den Griff zu bekommen. Aber das störte Herrn Prisco nicht. Geduldig hörte er mir zu, und als ich den Wunsch äußerte, die Räume nach ihrer Fertigstellung einmal besichtigen zu dürfen, war er nicht abgeneigt. Er versprach mir, dafür Zeit einzuplanen und gab mir den Hinweis, mit seinen Vorzimmerdamen einen Termin auszuhandeln.

Doch schon das erste Telefonat mit dem Sekretariat machte meine Hoffnungen zunichte. Der Terminkalender von Herrn Prisco war so rappelvoll, dass für solch ein Ansinnen einfach die Zeit fehlte. Das hielt mich aber keineswegs davon ab, wiederholt im Büro anzurufen. Wenn auch ohne Erfolg, denn die Damen gaben ihren Chef nicht so ohne Weiteres frei, sie schirmten ihn regelrecht ab. Weil ich aber nicht locker ließ, erklärte sich eine Mitarbeiterin bereit, in seiner Vertretung die Besichtigung des Hauses zu übernehmen. Das entsprach aber nicht meinen Erwartungen. Fast sah es so aus, als müsste ich meinen Herzenswunsch zu Grabe tragen. Nun versuchte ich auf eigene Faust, das strenge Geschäftsgebaren der Firma zu umgehen und mich auf direktem Wege an den Investor heranzupirschen. Das Glück war auf meiner Seite, an der anderen Herr Prisco am Apparat. Er erinnerte sich an mich und war bereit, meiner Bitte nachzukommen. Bei einem erneuten Vorstoß im Büro berief ich mich auf das mit ihm geführte Gespräch und siehe da, auf einmal lief alles so ab, wie ich es mir vorgestellt hatte. Für das Treffen wählte die Managerin den 13. Februar 2007 aus. Den Tag, an dem vor zweiundsechzig Jahren mein Zuhause in Schutt und Asche versank. Ich konnte mir keinen besseren Zeitpunkt wünschen. Wenngleich ich noch ein paar Wochen warten musste, so war ich doch mit dem Erreichten zufrieden und genoss die Vorfreude auf die hochrangige Verabredung im neu aufgebauten Haus.

Die Zeit verging. Das Kreuz auf dem Kalender war nicht zu übersehen. Voller Erwartung begab ich mich am vereinbarten Termin zur »Piazza Nova«, eine italienische Gaststätte, die sich sowohl im Parterre als auch in der ersten Etage des Hauses »An der Frauenkirche 1« (früher Neumarkt 3) niedergelassen hatte. Als ich meinen Fuß über die Schwelle setzte, sah ich mich im Geiste mit einem Milchkrug im Verkaufsraum der damals dort ansässigen »Pfunds Molkerei« stehen, aber nur für einen Augenblick, dann holten mich die netten Worte der Bedienung in die Gegenwart zurück. Alles war für meinen Besuch vorbereitet. Ich nahm an einem gedeckten Tisch Platz. Die Herren Arturo Prisco und Kai von Döring kamen etwas später. Ihre herzliche Begrüßung nahm mir die Befangenheit. Zuerst schauten wir uns die Fotos vom ehemaligen Kirchenhaus an. Ich schwärmte von der schönen Zeit, die ich mit meinen Eltern dort verbrachte. Nach einer kulinarischen Stärkung kam der lang ersehnte Augenblick der Wohnungsbegehung. Was ich in meinen kühnsten Träumen nie für möglich gehalten hätte, ich durfte sechs Jahrzehnte nach der Zerstörung die neu errichteten Räume des ehemaligen Kirchenhauses wieder betreten. Ein unbeschreibliches Gefühl erfasste mich. Wie in Trance lief ich den beiden Herren hinterher. Wenn ich auch den Verlust meines Zuhauses nie verschmerzen werde, so erfasste mich doch eine unendliche Freude und Dankbarkeit den Bauherren gegenüber, die das kirchliche Wohnhaus in alter Schönheit wieder entstehen ließen.

Ungewohnt für mich war der Zugang zum Haus. Entgegen der früheren Bauweise befindet sich der Eingang des Gebäudes neuerdings auf der Ostseite des Hauses, sozusagen um die Ecke herum. Mit dem Fahrstuhl fuhren wir in die 3. Etage. Das wäre seinerzeit nicht möglich gewesen. Da lief ich noch brav die vielen Stufen hinauf. Auch das moderne Treppengeländer eignete sich nicht wie das vorherige zum Hinunterrutschen. Aber das wäre altersmäßig sowie-

Quartier 1 an der Frauenkirche nach der Fertigstellung

so nicht mehr machbar gewesen. Mit dem Fahrstuhl waren wir im Nu oben. Erwartungsvoll stand ich vor der Wohnungstür. Ich hatte weiche Knie. Eine junge Frau forderte mich freundlich auf, einzutreten. Ich war sozusagen wieder zu Hause angekommen. Trotzdem, etwas fremd mutete mich das Ganze schon an. Die gesamte 3. Etage ist einer Bank vorbehalten. Natürlich deckt sich die Anordnung der Zimmer keineswegs mit der von früher. Die Gestaltung wurde den Bedürfnissen der heutigen Zeit angepasst. Aber das spielte ohnehin keine Rolle. Obwohl ich versuchte, mich zusammenzunehmen, doch beim Betreten der einstigen Wohnräume konnte ich mich der Tränen kaum erwehren. Versonnen stand ich am Fenster der ehemaligen Schlafstube meiner Eltern. Der Blick von da aus auf die Frauenkirche, auf den Eingang D, entsprach meinen Erinnerungen. Nur die dunklen Quader des alten Gotteshauses, vermischt mit den hellen Steinen des Neubaus, zeigten ungewohnte Konturen. Es wird noch Jahre dauern, bis sie nachdunkeln und die Frauenkirche nicht mehr so ein gesprenkeltes Aussehen hat. Dann blickte ich vom Wohnzimmerfenster aus auf den Markt. Auch da hatte sich kein grundlegender Wandel vollzogen. Das Lutherdenkmal stand wie eh und je auf seinem alten Platz. Mir war, als sei die Zeit stehen geblieben, als hätten die schlimmen Ereignisse nie stattgefunden. Mein Rundgang endete im Kinderzimmer. Ich vergaß alles um mich herum und wäre am liebsten noch ein Weilchen geblieben.

Die Herren ließen mir Zeit zur Besinnung, respektierten meinen Rückblick in die Vergangenheit. Dann ermunterten sie mich, mit ihnen die dreistöckige Passage an der Frauenkirche zu besichtigen. Eine Einkaufsmeile, deren italienisches Ambiente den Geschäften eine besondere Anziehungskraft verleiht. Vor der Zerstörung gab es hier nur beengte Mietwohnungen, und auch die Läden waren alles andere als geräumig. Nun gehören die verräucherten Kneipen, die damals entlang der Münzgasse reichlich zu finden waren, der Vergangenheit an. Ein neuer Baustil präsentiert sich den Besuchern.

Altes und Neues wechseln sich ab. Statt dunkler Innenhöfe trifft man auf Annehmlichkeiten wie Fahrstuhl, Rolltreppe und reizende Kaffeestübchen, die ebenso wenig wegzudenken sind wie die eleganten Geschäfte, die sich vor allem bei den Touristen besonderer Beliebtheit erfreuen.

Die Führung durch das Quartier an der Frauenkirche war für mich der Höhepunkt des Tages. Ich spazierte mit den Herren durch die einzelnen Etagen und fühlte mich sehr wohl dabei. Selbstverständlich probierte ich mit ihnen das italienische Eis im Untergeschoss aus und auch der Mokka eine Etage höher schmeckte vorzüglich. Ich genoss die Stunden der unvergesslichen Eindrücke und war den Herren sehr dankbar, dass sie mir ihre kostbare Zeit geschenkt hatten.

Sehr oft besuche ich die Gasträume im ersten Stock des ehemaligen Kirchenhauses, die »Piazza Nova«. Dort war damals das Pfarramt der Frauenkirche untergebracht, der Arbeitsplatz meines Vaters. Für mich ein Ort der Erinnerung, der Besinnung, der Einkehr. Genau an der Stelle, an der sein Schreibtisch stand, am Tisch 33, nehme ich Platz. Bilder aus der Vergangenheit tauchen auf. Doch wenn ich aus meiner Träumerei erwache, merke ich sofort den Unterschied. Ich habe weder ein Ausmalbuch noch meine Buntstifte vor mir liegen. Nur die Speisekarte starrt mich an. Ernüchtert bestelle ich das Essen. Aber so ist nun mal der Lauf der Zeit.

Oft werde ich gefragt, warum ich nicht wieder in das neue Haus gezogen bin. Wenn auch Gelegenheit vorhanden war, aber der Verlust meines Zuhauses ist für mich ein abgeschlossenes Kapitel. Die Erinnerungen daran würden mich dort weitaus mehr belasten als anderswo.

Wenn ich zurückdenke, auch bei mir hat der 2. Weltkrieg den Lebenslauf bestimmt. Er zerriss meine Kindheitsträume, ließ mich viel zu früh erwachsen werden. Auch in die Zukunft griff er ein, veränderte maßgeblich meinen Werdegang. Den Bombenangriff auf Dresden habe ich überlebt, aber einem Großteil der Einwohner war dies nicht vergönnt. Damit sich das nicht wiederholt, müssen wir alle für den Erhalt des Friedens kämpfen.

Ich hoffe, dass diese grausamen Erlebnisse, die ich als Zeitzeugin für die Nachwelt zu Papier gebracht habe, niemals in Vergessenheit geraten. Sie sind ein unverzichtbarer Teil der Geschichte unserer Stadt Dresden und sollten die Erinnerung wach halten an die sinnlose Zerstörung der unersetzlichen Kulturdenkmäler und an die unzähligen Opfer der Bombennacht vom 13./14. Februar 1945.

Trotz allem habe ich viel erreicht und blicke auf ein erfülltes Leben zurück. Somit bewahrheitet sich mein Taufspruch:

> »Befiehl dem Herrn deine Wege und hoffe auf ihn,
> er wird's wohlmachen.«

Gaststätte »Piazza Nova« in der ersten Etage des neu aufgebauten Hauses am Neumarkt Nr. 3

Der Striezelmarkt kehrt auf den Neumarkt zurück

Eigentlich wollte ich hier den Schlusspunkt setzen, aber ein von mir nicht vorhersehbares Ereignis bewegte mich so nachhaltig, dass ich es dem Leser nicht vorenthalten möchte.

Was mich so durcheinanderbrachte, war der glückliche Umstand, dass der Striezelmarkt nach mehr als siebzig Jahren auf den Neumarkt zurückkehrte. Wie in alten Zeiten standen reihenweise weihnachtlich geschmückte Verkaufsstände auf dem historischen Pflaster. Und genau wie anno dazumal war die wieder aufgebaute Frauenkirche die Schirmherrin, die den Buden auf dem Markt Schutz gewährte.

Wenn sich auch das Angebot zum größten Teil nach den Bedürfnissen der heutigen Zeit richtet, doch in dem einen oder anderen Verkaufsstand kann man noch traditionelle Handwerkskunst bewundern. Im Gegensatz zu den damaligen Gepflogenheiten schenkt man heutzutage an fast allen Imbissständen Glühwein aus. Auch das Brutzeln von Bratwürsten und Bouletten ist nicht mehr wegzudenken. Seinerzeit gab es auf dem Markt nur Wiener Würstchen oder Altdeutsche. Die drückte der Verkäufer in eine längs aufgeschnittene Semmel, strich Senf darüber und überreichte sie dem Kunden in einer Pappschale. Ob es seinerzeit Glühwein gegeben hat, weiß ich nicht. Dass mir aber so wie früher der Duft der gebrannten Mandeln in die Nase steigen würde, hatte ich nicht erwartet. Auch nicht, dass mich an einem Stand ein junger Mann mit einem Fez auf dem Kopf bediente. Ich dachte, ich träume. Zwar verkaufte er mir keinen türkischen Honig, sondern pries starken Mokka an. Sei's drum, auch der braune Trunk mundete mir sehr.

Nicht weit vor dem Quartier 1 war ein wunderschöner Tannenbaum zu bewundern. Der Lichterglanz und die leuchtenden Sterne versetzten mich in eine weihnachtliche Stimmung wie lange nicht. Als ich am Lutherdenkmal verweilte, die Glocken der Frauenkirche zum Abendgebet läuteten, fühlte ich mich wie in meinen Kindheitstagen. Bilder vom einstigen Striezelmarkt zogen an mir vorüber. Ich sah mich leichtfüßig von Bude zu Bude hüpfen.

Mit den Jahren fällt mir das Laufen schwer. Trotzdem besuche ich den Weihnachtsmarkt auf dem Neumarkt. An frühere Zeiten anknüpfend, wenn dichtes Gedränge herrscht und die Kauflustigen mit Päckchen behangen, sich durch die Budenreihen zwängen. Ich lausche Posaunenklängen, höre Weihnachtslieder und vergesse alles um mich herum. Dann reißen mich Gaukler aus meinen Träumen. Sie geben sich viel Mühe, mich mit ihren Darbietungen zu unterhalten.

Blicke ich über den Striezelmarkt, erinnert mich das neu aufgebaute Haus neben der Frauenkirche an das Kirchenhaus, wo ich meine Kindheit verbrachte. Auch die Frauenkirche ist wieder präsent. Der Trümmerhaufen musste dem Aufbauwillen der Menschen weichen. Die Wunden des Krieges sind verheilt. Der Dresdner Striezelmarkt mausert sich zu einem Besuchermagnet. Noch nie war Dresden so schön. Möge uns das Geschaffene noch lange erhalten bleiben.

Es lohnt sich.

Striezelmarkt auf dem Neumarkt, 2012

DRESDEN
INFORMATION

Dresden Information GmbH
Prager Str. 2b, 01069 Dresden

Fon.: +49 (0)351 / 501 501 | Fax.: +49 (0)351 / 50 509
www.dresden.de /tourismus
info@dresdeninformation.de

Ust-IDNr.: DE282060455

18.09.2014 10:48 Bed. 17 Rg.: 96973

1x Unvergessen (24.90) 24.90

MWST	Netto	Steuer	Brutto
7.00%	23.27	1.63	24.90

Summe : 24.90 EUR

BAR: 50.00 EUR
RÜCKGELD: 25.10 EUR

Es bediente Sie: Praktikant(in)

Vielen Dank für Ihren Einkauf!
Wir wünschen Ihnen einen angenehmen
Aufenthalt in Dresden!

